施工工艺标准手册系列

地铁工程施工工艺标准

GY-1-4-2018

中建三局第一建设工程有限责任公司

中国建筑工业出版社

图书在版编目(CIP)数据

地铁工程施工工艺标准 GY-1-4-2018/中建三局第一建设工程有限责任公司. —北京：中国建筑工业出版社，2018.5
(施工工艺标准手册系列)
ISBN 978-7-112-22049-6

Ⅰ.①地… Ⅱ.①中… Ⅲ.①地下铁道-工程施工-标准-技术手册 Ⅳ.①U231-65

中国版本图书馆 CIP 数据核字(2018)第 063289 号

责任编辑：范业庶　张　磊
责任校对：焦　乐

施工工艺标准手册系列
地铁工程施工工艺标准 GY-1-4-2018
中建三局第一建设工程有限责任公司
*
中国建筑工业出版社出版、发行（北京海淀三里河路 9 号）
各地新华书店、建筑书店经销
北京科地亚盟排版公司制版
北京市密东印刷有限公司印刷
*
开本：787×1092 毫米　1/16　印张：16¾　字数：403 千字
2018 年 7 月第一版　2018 年 7 月第一次印刷
定价：**64.00** 元
ISBN 978 - 7 - 112 - 22049 - 6
(31942)

发 布 令

为规范中建三局第一建设工程有限责任公司承建的各类工程的施工工艺，提升公司技术水平，保证工程质量，公司根据国家有关法规、标准和规程，结合公司实际情况编制形成《中建三局第一建设工程有限责任公司施工工艺标准手册》（简称“施工工艺标准手册”）。

“施工工艺标准手册”总结提炼了公司的成熟经验成果，将公司的先进工艺标准化、规范化，将局部的经验积累上升为公司施工工艺管理的强制性规定，以提高生产率和专业管理人员的业务素质，是支撑公司实现“精益建造”、“均质化履约”战略的重要举措。

“施工工艺标准手册”经公司科技专家委专家审查通过，现予以发布，自 2018 年 1 月 1 日起执行。公司所有工程施工工艺均应严格执行本“施工工艺标准手册”。

中建三局第一建设工程有限责任公司

董 事 长：

党委书记：

2018 年 1 月 1 日

《施工工艺标准手册系列》
编　委　会

序

我国自 2002 年 3 月 1 日起进行施工技术标准化改革，出台了《建筑工程质量验收统一标准》和 13 项分项工程质量验收规范，实行建筑法规与技术标准相结合的体制，我国标准化事业得到快速发展。随着社会主义市场经济不断发展，标准体系和标准化管理体制不能满足市场在资源配置中起决定性作用和更好发挥政府作用的要求。2015 年，国务院印发《深化标准化工作改革方案》（国发〔2015〕13 号），推进标准体系改革，明确提出要放开搞活企业标准，企业根据需要自主制定、实施企业标准。鼓励企业制定高于国家标准、行业标准、地方标准，具有竞争力的企业标准。建立企业产品和服务标准自我声明公开和监督制度，逐步取消政府对企业产品标准的备案管理，落实企业标准化主体责任。

习近平在致第 39 届国际标准化组织大会的贺信中指出，中国将积极实施标准化战略，以标准助力创新发展、协调发展、绿色发展、开放发展、共享发展。

管理水平和技术优势是关系一个企业发展的关键因素，而企业技术标准在提升管理水平和技术优势的过程中起着相当重要的作用，它是保证工程质量和安全的工具，实现科学管理的保证，促进技术进步的载体，提高企业经济效益和社会效益的手段。在发达国家，企业技术标准一直作为衡量企业技术水平和管理水平的重要指标。

中建三局第一建设工程有限责任公司（以下简称中建三局一公司）作为中建集团内首家拥有全行业覆盖的“三特三甲”资质的三级法人单位，长期以来一直非常重视企业技术标准的建设，将其作为企业生存和发展的重要基础工作和科技创新的重点之一。经过多年努力，取得了可喜的成绩，形成了一大批企业技术标准，促进了企业生产的科学化、标准化、规范化。企业技术标准已成为公司独特的核心竞争力。

随着我国市场经济体制的不断完善，企业技术标准体系在市场竞争中将会发挥越来越重要的作用。面对建筑业竞争日趋激烈的市场环境，我们顺应全球经济、技术一体化的发展趋势，响应国家标准化改革号召，建立了公司自己的技术标准体系，加速推进企业的技术标准建设。通过技术标准建设，使企业实现“精益建造”、“均质化履约”，提升公司管理水平，保障企业取得跨越式发展，为我们“全面争当中建集团三级单位优秀排头兵”的奋斗目标提供良好的技术支撑。

《施工工艺标准手册》是公司技术系统集合公司全体职工实践经验，本着对企业、对行业负责的态度，精心编制而成的。在此，我谨代表公司对这些执着奉献的科技工作者，致以诚挚的谢意。

该标准是中建三局一公司的一笔宝贵财富，希望通过该标准的出版，能促进我国建筑行业技术标准的建设和发展。

中建三局第一建设工程有限责任公司

执行总经理：

丛书前言

《施工工艺标准手册》是公司施工活动的重要依据和实施标准，施工工艺管理的强制性规定，保障产品质量、安全的重要依据，规范建造过程的有效手段，增强企业的市场竞争力的重要途径。公司历来十分注重企业技术标准的建设，将企业技术标准作为关系企业发展的重要基础工作来抓。为满足“精益建造”、“均质化履约”战略发展的需要，响应国家标准化改革导向，公司于2016年启动本《施工工艺标准手册》编制工作，以期提升公司履约水平与市场竞争力。

此次出版的系列《施工工艺标准手册》是我们所编制的众多企业技术标准中应用最为普遍的一类标准。由公司技术部、技术中心统一策划组织，各区域公司、专业公司多家单位参与了编制工作，是公司多年宝贵经验的整合、总结和升华，体现了公司特色和技术优势。在标准编制中，在结构上参考了中国建筑集团有限公司施工工艺标准，在内容上主要针对容易出现的质量通病环节，着重从施工工序、工艺、施工质量控制的角度，对施工过程中的控制要点采用规范化的图片结合文字进行阐述，旨在更有效地消除质量通病，提高施工管理水平，实现公司施工工艺标准化，确保工程施工质量。另外，考虑到企业技术标准的相对先进性，我们将公司最新的专利、工法等自主知识产权成果等融入其中，以体现公司特色施工技术。

本系列标准包括道路工程、桥梁工程、隧道工程、地铁工程、土建工程、钢结构工程6项分册。可以作为企业生产操作的技术依据和内部验收标准，工程项目施工方案、技术交底的蓝本，编制投标方案和签订合同的技术依据，技术进步、技术积累的载体。

在本标准编制的过程中，得到了公司有关领导的大力支持，为我们提出了很多宝贵意见。众多专家也对该标准进行了精心的审查。在此，对以上领导、专家以及编辑、出版人员所付出的辛勤劳动，表示衷心的感谢。

由于时间紧迫，工作量大，加之水平有限，错误及不足之处在所难免，欢迎同行及业内专家学者提出批评意见。

本系列标准主要编写及审核人员：

主　　编： 楼跃清

副 主 编： 张　欣　汪小东

主要起草人： 庞海峰　陈　骏　尤伟军　叶巡安　苏　浩　曹　洲　樊冬冬　何凌波　钱叶存　彭　慧　于　磊　王远航　张　弓　张江雄　方　圆　刘永波　曾庆田　舒翰章　王　泉　廖　峰　王续胜　苏　章　袁东辉　龙昌林

审核专家： 夏　强　何景洪　王玉海　刘洪海　王　亮　王小虎　寇广辉　程　剑　颜　斌　高　波　张　义　姜龙华　尤伟军

前 言

本书是《施工工艺标准手册系列》丛书之一。全书包括 1 项概述，13 项施工工艺标准：地铁工程总体工艺概述、地下连续墙施工工艺标准、围护桩施工工艺标准、旋喷桩施工工艺标准、钢筋混凝土支撑施工工艺标准、钢支撑施工工艺标准、土石方与地基处理施工工艺标准、车站主体结构施工工艺标准、综合接地网施工工艺标准、防水施工工艺标准、盾构始发接收施工工艺标准、盾构掘进与管片施工工艺标准、联络通道施工工艺标准、洞口施工工艺标准。

本书可作为地铁土建工程施工生产操作的技术依据、项目工程施工方案和技术交底的蓝本，是工程技术人员和管理人员必备的参考工具书。

为了持续提高本标准的水平，请各单位在执行本标准的过程中，注意总结经验，积累资料，随时将有关意见和建议反馈给中建三局第一建设工程有限责任公司技术部（地址：武汉市东西湖区东吴大道特一号，邮政编码 430040），以供修订时参考。

本标准主要编写人员：

主　　编： 楼跃清

副 主 编： 高　波　尤伟军　刘　文

主要起草人： 雷　波　刘永波　陈招军　黄　欢　黄重阳　刘　勇

目　　录

第一章　地铁工程总体工艺概述

1　地铁总概述

1.1　地铁定义

地铁是大中城市中修建的快速、大运量、用电力牵引的轨道交通。列车在全封闭的线路上运行，位于中心城区的线路基本设在地下隧道，中心城区以外的线路一般设在高架桥或地面上。主要包括车站和区间两部分。

1.2　车站定义

车站是城市轨道交通路网中一种重要的建筑物，它是供旅客乘降，换乘和候车的场所，应保证旅客使用方便，安全，迅速地进出车站，并有良好的通风、照明、卫生、防火设备等，给旅客提供舒适，清洁的环境。

地铁车站由主体结构和附属结构组成，车站主要包括站厅层、站台层、设备层、出入口及风亭组成，见图 1-1。地铁站台按照线路分布情况，又可分为：岛式站台、侧式站台以及混合式站台，见图 1-2。

(*a*)　(*b*)　(*c*)　(*d*)

图 1-1　地铁车站

(*a*) 站台层；(*b*) 站厅层；(*c*) 设备层；(*d*) 出入口

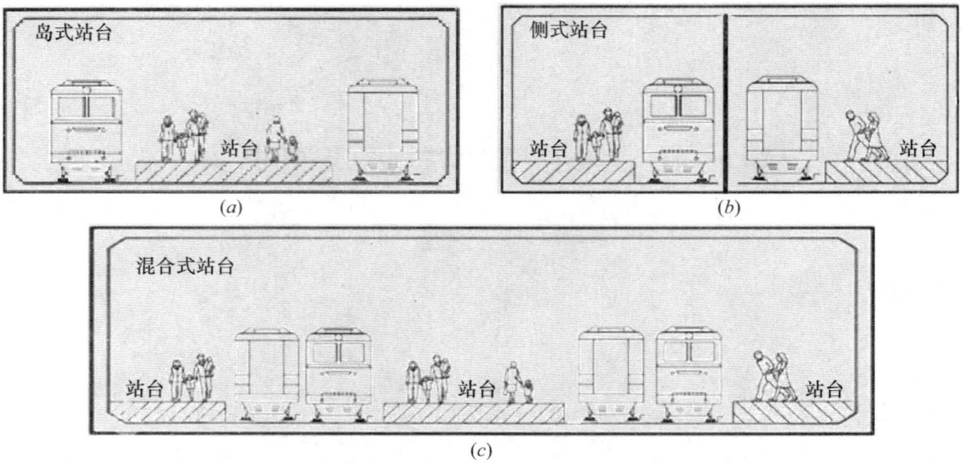

图 1-2　地铁车站站台

（a）岛式站台；（b）侧式站台；（c）混合式站台

1.3　区间隧道定义

区间隧道主要是指连接地铁线路中相邻地铁车站间的隧道。主要用于通行地铁列车。包括行车隧道、渡线、折返线、地下存车线、联络线及附属建筑物，见图 1-3。

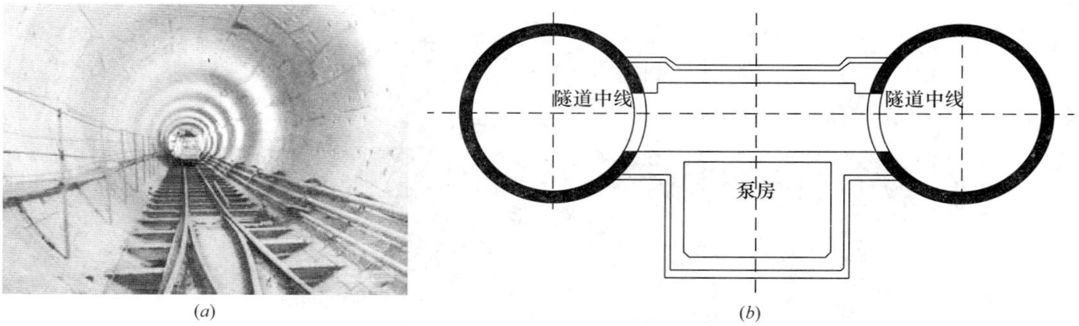

图 1-3　区间隧道、联络通道及泵房

（a）区间隧道；（b）联络通道及泵房

1.4　地铁施工工法

1.4.1　地铁车站施工工法

地铁车站主要施工工法包括明挖顺作法、盖挖顺作法及盖挖逆作法。

（1）明挖顺作法

明挖法指的是地下结构工程施工时，从地面向下分层、分段依次开挖，直至达到结构要求的尺寸和高程，然后在基坑中进行主体结构施工和防水作业，最后回填恢复地面。

明挖法是各国地下铁道施工的首选方法，在地面交通和环境允许的地方通常采用明挖法施工，明挖法具有施工作业面多、速度快、工期短、易保证工程质量和工程造价低等优点，但因对城市生活干扰大，应用受到各种因素的限制，尤其是当地面交通和环境不允许时，只能采用盖挖法或新奥法。明挖法适用于浅埋车站、有宽阔的施工场地，可修建的空间比较大，如带有换乘站、地下商场、休息和娱乐场所及停车库等的地下综合体车站，如上海地铁徐家汇站。

明挖法的关键工序是：降低地下水位、边坡支护、土方开挖、结构施工及防水工程等。其中边坡支护是确保安全施工的关键技术，其施工流程见图 1-4。

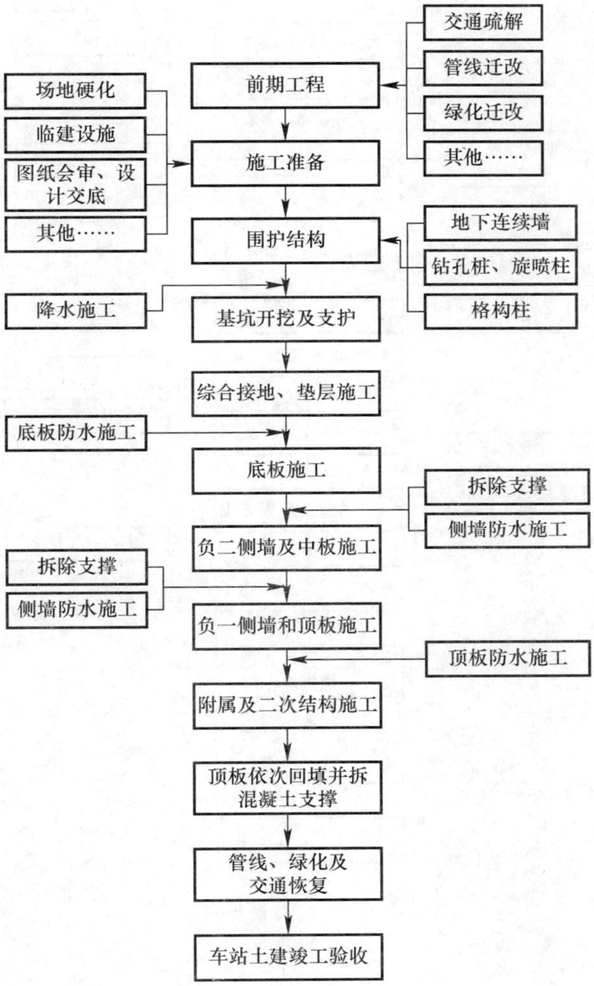

图 1-4　明挖法施工流程

（2）盖挖顺作法

作业顺序为在地面修筑维持地面交通的临时路面及其支撑后，自上而下开挖土方至坑底设计标高，再自下而上修筑结构。适用于建筑物比较密集、地面交通繁忙、场地条件比较狭窄且规模较大的基坑工程，对于开挖范围较大，地下水位高，地层自稳能力较差，降水比较困难的地下工程或采用敞口开挖难以保证施工和环境安全时，可考虑采用盖挖顺作法，其施工流程见图 1-5。

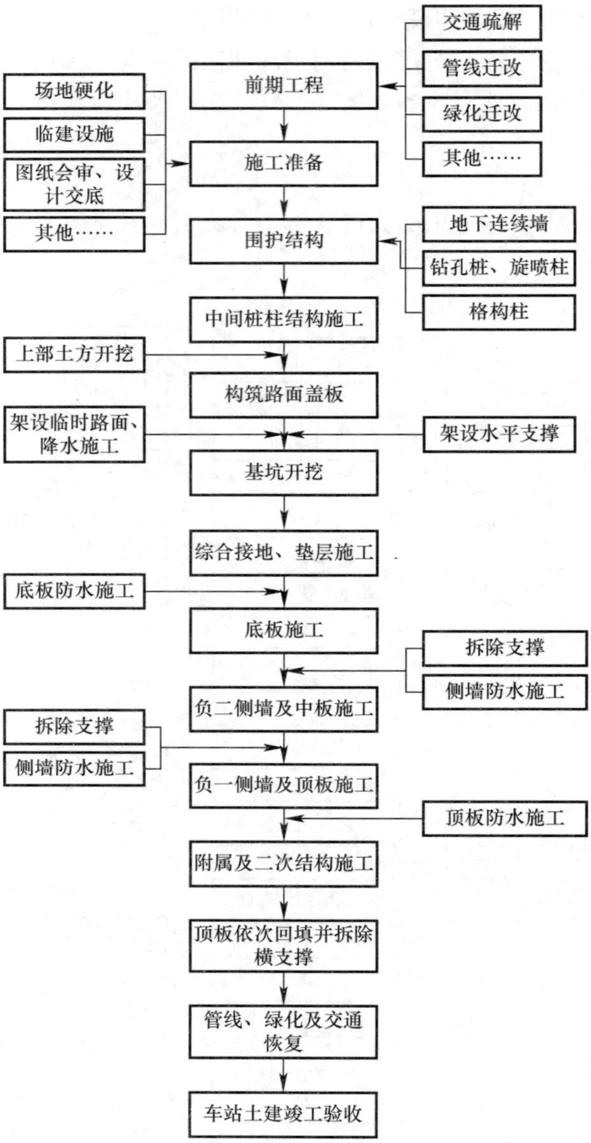

图 1-5 盖挖顺作法施工流程

（3）盖挖逆作法

作业顺序与传统的明挖法相反，开挖地面修筑结构顶板及其竖向支撑后，在顶板的下面自上而下分层开挖土方分层修筑结构。适用于当开挖面较大、覆土较浅、周围沿线建筑物过于靠近，为尽量防止因开挖基坑而引起的邻近建筑物沉降，或需要及早恢复路面交通，但又缺乏定型覆盖结构时采用盖挖逆作法施工，其施工流程见图 1-6。

1.4.2 区间隧道施工工法

（1）盾构法

盾构法指用盾构机修筑隧道的暗挖施工方法，为在盾构钢壳体的保护下进行开挖、推进、衬砌和注浆等作业的方法。一般适用于从岩层到土层的所有地层。但对于复杂的地质

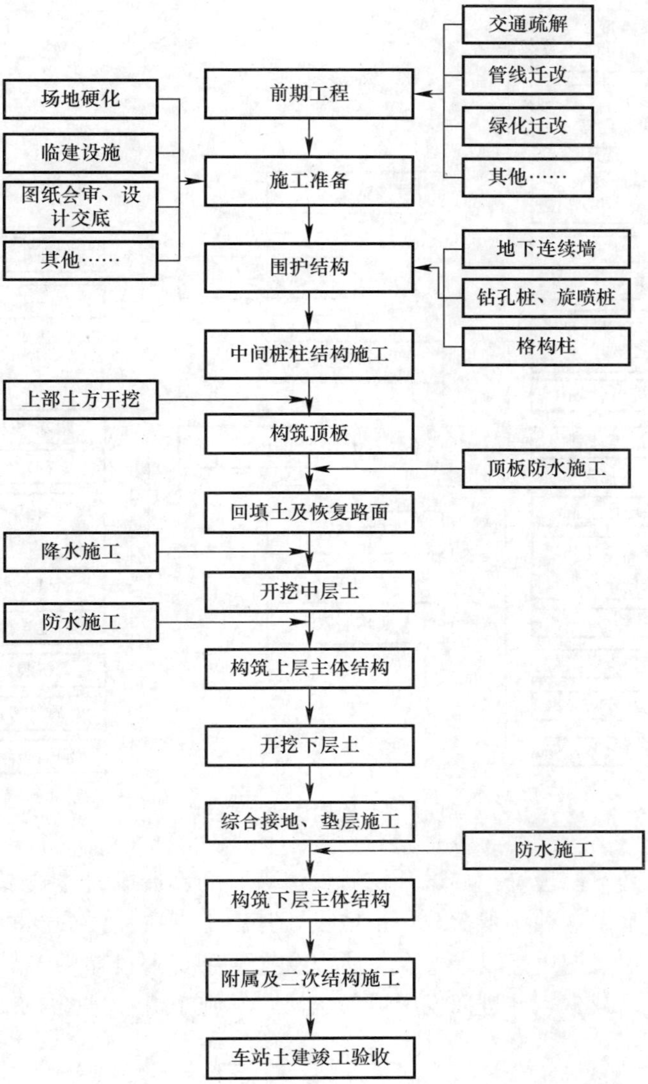

图 1-6　盖挖逆作法施工流程

条件或特殊地质条件，应进行认真的论证并选型。选择合适的盾构形式。对于盾构穿越下述地层，应结合盾构性能进行细致分析和论证：整体性较好的硬岩地层、岩溶、高应力挤压破损、膨胀岩、含坚硬大块石的土层、卵砾石层、高黏性土层，或可能存在不明地下障碍物的地层等，其施工流程见图 1-7。

（2）矿山法

矿山法指修筑隧道的暗挖施工方法。传统的矿山法指用钻眼爆破的施工方法，又称钻爆法，现代矿山法包括软土地层浅埋暗挖法及由其衍生的其他暗挖方法。它是以木或钢构件作为临时支撑，待隧道开挖成型后。逐步将临时支撑撤换下来，而代之以整体式厚衬砌作为永久性支护的施工方法。是山岭隧道最常用的施工方法，我国的铁路、水路、公路等地下通道绝大多数采用的此种方法修筑。

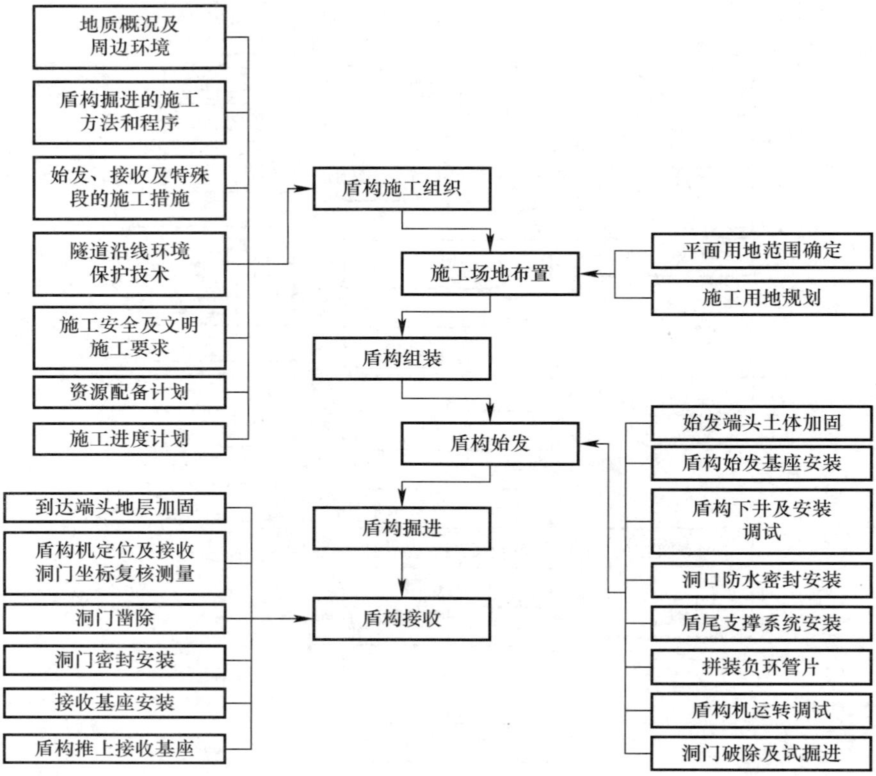

图 1-7 盾构法施工流程

现代矿山法的基本原理是，隧道开挖后受爆破影响，造成岩体破裂形成松弛状态，随时都有可能坍落。基于这种松弛荷载理论依据，其施工方法是按分部顺序采取分割式一块一块的开挖，并要求边挖边撑以求安全，所以支撑复杂，木料耗用多。随着喷锚支护的出现，使分部数目得以减少，并进而发展成新奥法，其施工流程见图 1-8。

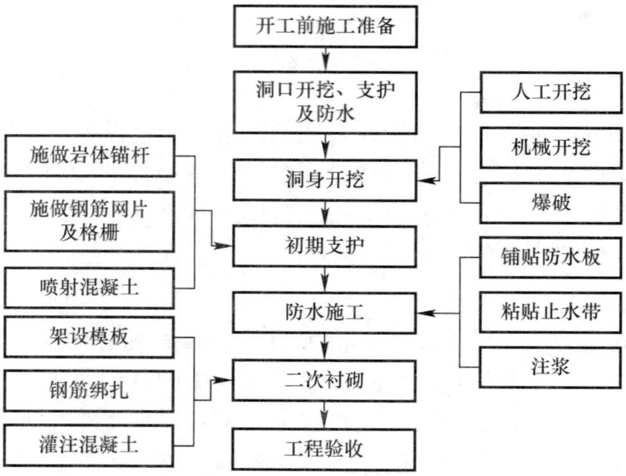

图 1-8 矿山法施工流程

2　施工工艺及控制要点

2.1　施工准备

2.1.1　技术准备

测量准备：

1）开工前期测量工作

① 在监理单位的组织下会同设计单位进行交接桩工作；

② 控制点、水准点开工复测；

③ 控制网、水准基点加密后的控制测量。

2）施工期间的测量工作

① 车站、隧道施工测量及放样；

② 导线控制网、水准网的复测和保护；

③ 已完成构造物的沉降和变形观测；

④ 测量原始记录、资料、计算、图表的及时归集整理，并由专人妥善保管。

3）竣工测量

① 全线贯通测量；

② 车站、区间全线变形观测点的移交；

③ 对所有构造物进行竣工测量。

4）试验准备

① 试验室建设与认证；

② 混凝土配合比设计；

③ 原材料进场检验；

④ 制定试验、检测计划。

5）方案准备

① 实施性施工组织设计编制、报批手续完善；

② 单位、分部、分项工程的划分报批；

③ 车站分部分项工程、盾构分部分项工程、场地布置方案等专项方案编制、报批手续完善，对超过一定规模的危险性较大的分部分项工程专项方案应当组织专家论证。

2.1.2　资源准备

（1）人员准备

人员配备分为管理人员和劳务人员，管理人员见表 1-1，劳务人员分别按各标准工艺配备，具体情况见各标准工艺中“人员准备”。

管理人员配备计划表（一站两区间）　　**表 1-1**

序号	部门	岗位名称	人数	备注
1	项目管理层	项目经理	1	
2		项目总工	1	
3		盾构经理	1	

续表

序号	部门		岗位名称	人数	备注
4	项目管理层		项目副书记	2	
5			项目副经理	1	
6			质量总监	1	
7			安全总监	1	
8	工程部		试验组长	1	
9			试验员	2	
10			测量组长	2	
11			测量员	7	
12			工程部长	2	
13			技术组长	2	
14			技术员	2	
15			资料组长	1	
16			资料员	1	
17	安质部		安质组长	2	
18			安质员	3	
19	商务部		商务组长	1	
20			预算员	2	
21	办公室		主任	2	
22			文员	1	
23	车站工区	工区经理		1	
24		土建组	综合工长	1	
25			专业工长	3	
26		机电组	机管员	1	
27	1＃盾构	土建组	值班工程师	2	
28			盾构司机	3	
29		机电组	机电工程师	1	
30			机电员	2	
31	2＃盾构	土建组	值班工程师	2	
32			盾构司机	3	
33		机电组	机电工程师	1	
34			机电员	2	
	合计			61	

（2）材料准备

1）施工前应做好水泥、砂石料、钢筋（材）、外加剂、防水板、透水管等各项材料的招标定购工作，并根据施工进度计划，制定材料供应计划；特别是做好地铁前期施工支护所需材料的采备工作，如：水泥、中（粗）砂、小碎石、速凝剂、钢纤维、钢筋等材料以及早强锚固药卷、钢拱架等成品、半成品等。

2）材料进场前严格进行检查验收和取样送检，试验合格经监理工程师认可后方可进料；杜绝不合格材料进入现场。

3）材料进场后设专职仓储保管员加强管理，严格仓库管理制度，作好材料进出库记录。砂石料按规格分开堆放，设置隔墙；钢材、水泥、防水板等主材，特种材料分类库存；所有材料必须挂牌标识，防止物资混杂和有害物质污染。

（3）机械准备

机械准备见表1-2。

设备配备计划表（每个作业面） **表1-2**

序号	机械设备名称	型号规格	数量	额定功率（kW）	生产能力	备注
车站土建施工主要机械设备情况						
1	成槽机	SGA40	2	260	/	
2	旋挖钻机	SR150	2	90	4m/min	
3	泥浆分离器	ZX—200	2	3	140r/s	
4	履带吊	150T	1	184	30m/min	
5	履带吊	50T	1	128	35m/min	
6	汽车吊	QY-25A	5	/	/	
7	汽车吊	QY-50A	1	/	/	
8	汽车吊	QY-100A	1	/	/	
9	反铲挖掘机	EX360	8	218	1.38m^3	
10	长臂挖掘机	PC400-7	2	246	1.9m^3	
11	小型挖掘机	PW200-8	2	150	0.8m^3	
12	自卸汽车	NJT3090	20	206	12m^3	
13	混凝土运输车	HDT5253	20	75	12m^3	
14	混凝土输送地泵	HTB60	4	90	35m^3/h	
15	抽水泵	50WQ（QW）360-15-30	10	15	15m^3/h	
16	发电机	Y315L1-2	2	500	/	
17	插入式振捣器	ZX-25	20	2	35r/s	
18	钢筋调直机	GT6-12	4	2.2	60m/min	
19	钢筋弯曲机	GW-40	4	2.2	35r/min	
20	钢筋切割机	Φ500	4	3	30r/s	
21	直螺纹套丝机	CABR/M	4	4	62r/min	
22	电焊机	BX1-250	20	21	/	
23	木工圆锯	MJW104	1	2	136r/s	
24	压路机	YZ25	2	220	5m/min	
25	洒水车	XZL5101GSS	2	107	10t	
区间盾构施工主要机械设备情况						
1	盾构机	CTE6250	2	1780	/	
2	装载机	ZLG50-3	2	158	1.8～5.6m^3	
3	叉车	杭州内燃平衡重式	2	191	25	
4	电瓶列车		3	/	/	
5	双液注浆机	FBY30/120	4	7.5	/	
6	液压千斤顶	Y315L1-2	6	/	/	
7	龙门吊	45T	3	38	35m/min	
8	龙门吊	16T	2	25	38m/min	
9	砂浆搅拌站	30m^3/h	2	40	/	
10	挖掘机	CAT320	2	103	1.1m^3	

续表

序号	机械设备名称	型号规格	数量	额定功率（kW）	生产能力	备注
联络通道施工主要机械设备情况						
1	空压机	HY473	4	20	/	
2	内燃发电机	TZH-335M4TH	1	150	/	
3	通风机	MFA100P	2	74	/	
4	风镐	G10A	8	2	/	
5	钻机	MKD-5S	4	37	/	
6	注浆机	BW-150	2	7.5kW	/	

2.1.3 现场准备

（1）施工现场布置总体要求

1）尽量考虑盾构、车站场地布置相结合，尽量减少对既有道路交通的干扰，充分保证地面交通干道车流通畅。

2）严格按照招标文件和设计图纸提供的施工条件，充分利用现场条件，做到合理可行。

3）施工临时用地以满足施工生产和现场管理为主，尽量减少拆迁量和对周边既有绿化环境的破坏。

4）施工场地严格按照当地《建设工程施工现场文明施工及环境管理暂行规定》执行，采用封闭式管理，沿周边临时施工用地范围设置连续、密闭的围挡。

5）充分利用既有设施，减少施工临建及临时便道工程数量，做到资源充分合理的利用。

6）与施工组织情况及顺序充分结合，分期分段布置。不同时期对各场地各段有不同侧重，把主要生活、办公设施布置于非开挖区，生产设施布置于临时非开挖区。

7）合理布置施工场地生产生活设施，对取用明火或容易产生火花的生产设施布置远离易引发火灾隐患的危险区域。

8）在施工现场布置中对各个生产设施等标识明确，做到施工交通路线畅通，安全疏导路线明确。

9）充分考虑文明施工及环境保护，施工设施布置在满足生产规模和施工工艺的要求下，做到紧凑美观、安全防火。

（2）临建设施

1）办公生活区设在集中临建区。包括办公楼、食堂、宿舍、厕所及浴室、活动区。绿化带挡墙、花坛以及排水沟等，见图 1-9 及图 1-10。

2）生产区主要设置在两车站业主划定的围挡范围内，因地制宜设置钢筋加工场地、材料加工及堆放场地，见图 1-11～图 1-14。

工程设备按照施工进度计划分批进入现场，以减少设备堆放场地的面积。设备进入现场后，尽量直接运输到安装位置附近。在现场搭设少量设备配件室内仓库。

现场设置库房，库房内放置电焊条、油漆、设备配件等对保管环境有要求的材料及配件。钢筋堆放及加工区设置在龙门吊行程范围内，以减少二次搬运。钢筋场地包括钢筋堆放、钢筋加工棚、冷拉调直场及半成品堆场，各类钢筋按不同规格堆放整齐，设置标识牌和检验状态。钢筋加工棚用标准彩钢棚搭设，内设切断机、弯曲机、对焊机、钢筋直螺纹滚丝机及加工操作平台。

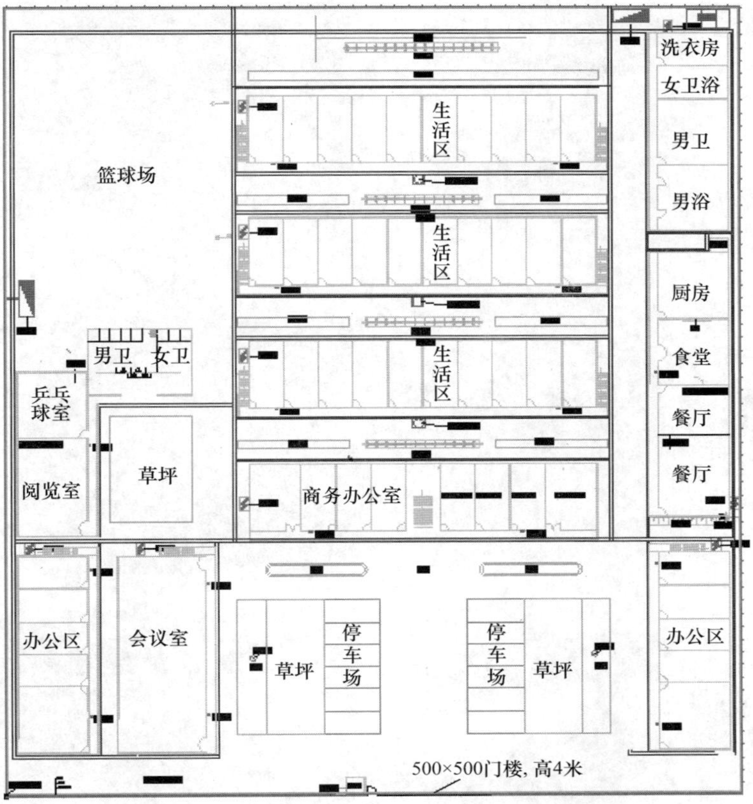

图 1-9　临建布置

大门　门卫房

办公室　会议室

图 1-10　临建设施（一）

宿舍楼

宿舍内景

食堂内部图

盥洗室

卫生间

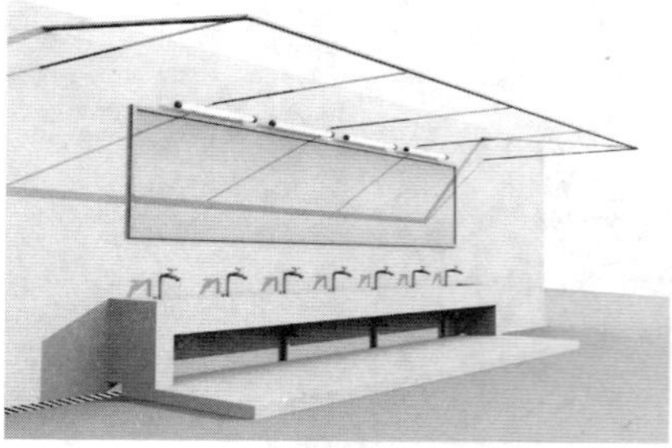

洗衣池

晾晒区

场内绿化

排水系统

图 1-10　临建设施（二）

活动室

阅览室

图 1-10 临建设施（三）

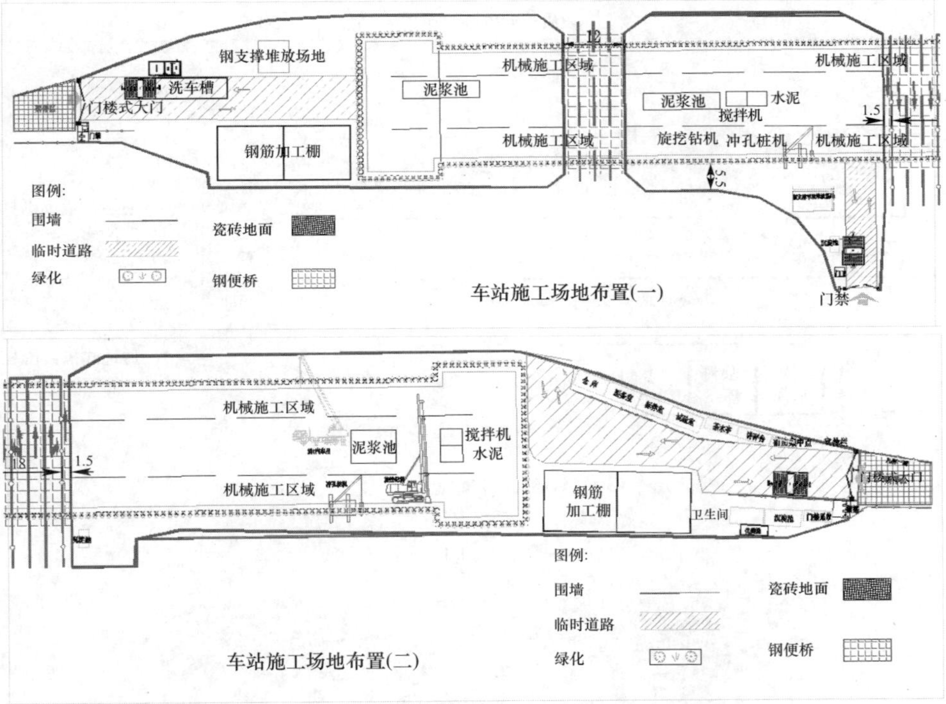

图 1-11 车站工区平面布置

图 1-12 车站工区平面布置效果

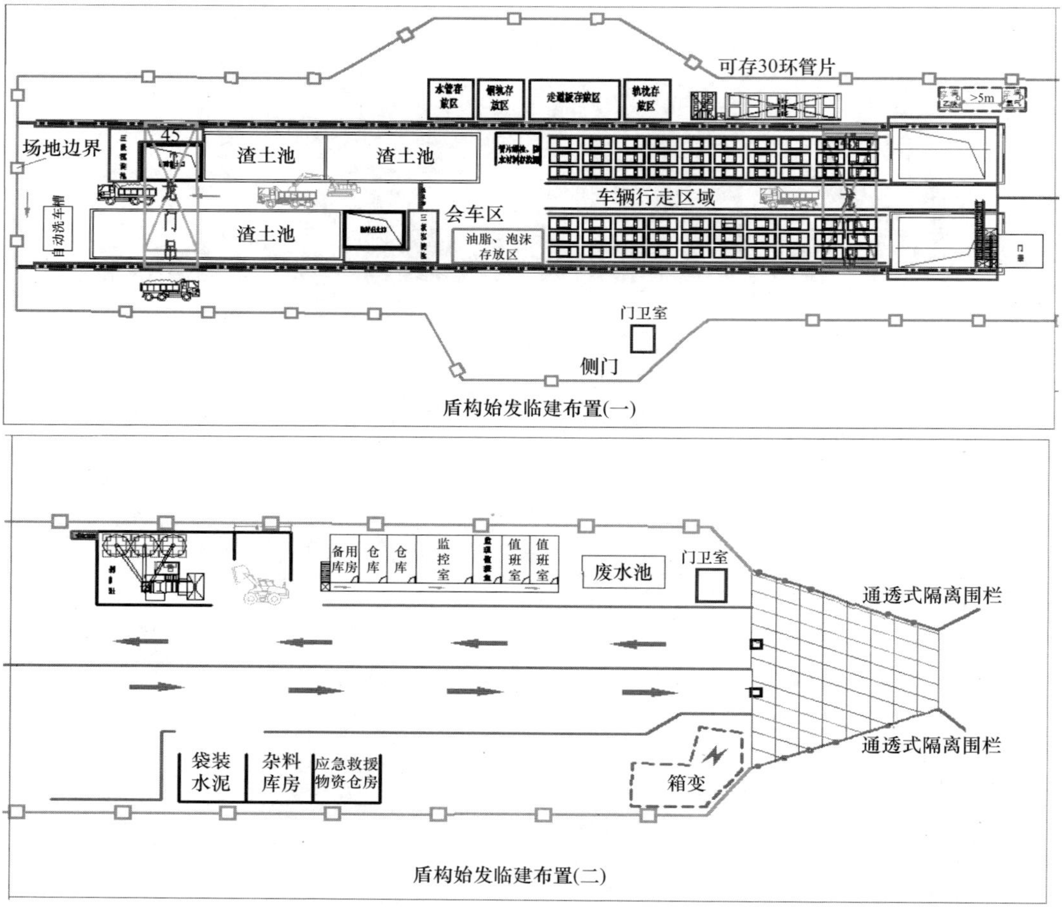

图 1-13　盾构工区平面布置

图 1-14　盾构工区平面布置效果

（3）施工便道

利用场外既有道路进出场，基坑两侧布设施工便道，场内全部硬化，施工道路宽度5m，临时道路路面用 C20 厚 25cm 混凝土进行硬化处理，路面配单层钢筋网，周边设置排水沟，其厚度和强度满足施工和行车需要，场地和道路平坦、通畅，并设置相应的安全防护设施和安全标志，在施工中加强运输道路的维修保养，做到路面无坑洼和积水。

（4）临时用电

施工临时用电从市政电力系统接引入，进场后即向业主及供电部门办理变压器报装等有关用电手续并尽快实施完成该工程施工临时用电，并负责维护并保证自市政电力系统用电接口起的线路及电力设施的正常运行，并应负责对本工程的实施与缺陷修复以及职工生活所需全部电力的供应，见图 1-15。

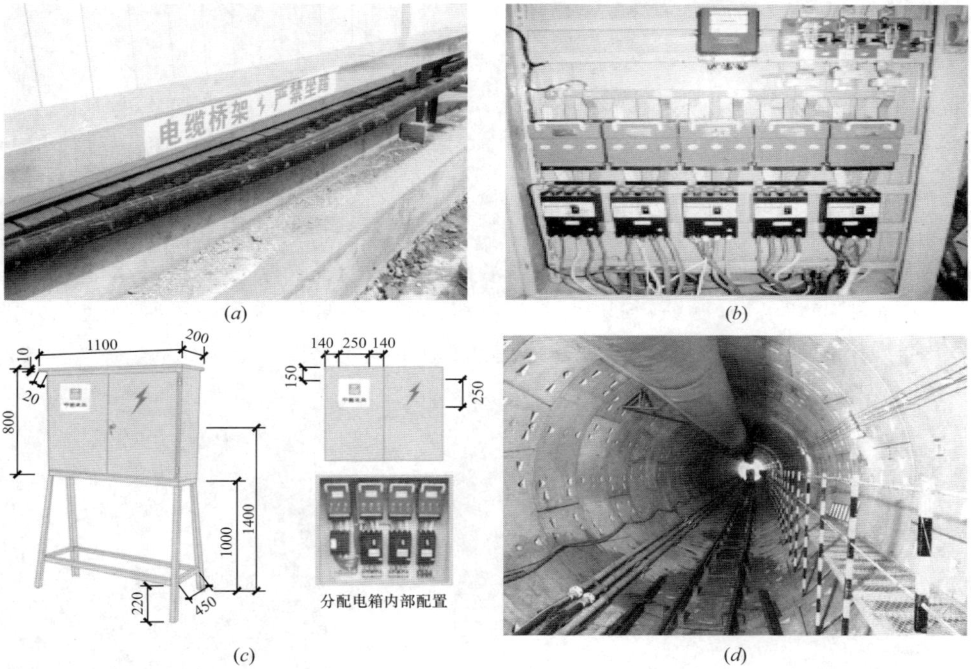

图 1-15　变压器、配电箱防护

（*a*）电缆警示标志；（*b*）总配电箱；（*c*）分配电箱；（*d*）隧道内线路铺设

（5）临时用水

生活、生产用水全部施工临时用水从市政给水系统接引入，进场后即向业主及供水部门办理施工临时用水申请等有关手续。将水引至施工现场和生活区；通过临时道路应将水管埋入地下。综合考虑到消防用水要求，以 *DN*100 主供水管进入各施工场地，管路每 100m 设置一阀门，供水管路埋深不小于 0.5m。生活用水以 *DN*50mm 供水管为主管路，*DN*25mm 供水管为支线管路。生活用水的水龙头距离根据实际情况布置，场内在适当位置设阀门和三通接口，以便使用和维修。

施工用水以基坑降水、结构渗水和雨水结合市政管线 *DN*100 供水满足现场需要。并接入到车站和盾构区间施工场地，洞内管线布置见图 1-16。

（6）砂浆拌合站

1）地铁施工商品混凝土必须在业主单位颁布的合格供应商（或者业主增补的预拌商品混凝土搅拌站点）中选取；

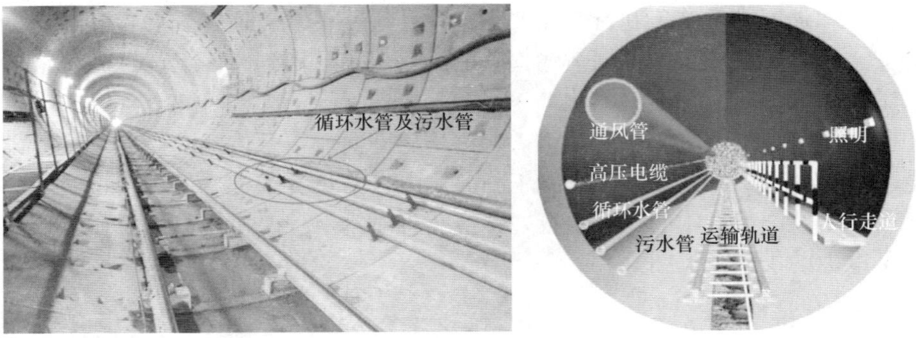

图 1-16 洞内管线布置

2）盾构工区现场设置砂浆拌和站，砂浆拌和站由搅拌机、操作间、水泥库、砂石料存放场、蓄水池、场内道路以及值班室等构成；配备设备宜采用自动计量拌和站（最少三料仓），水泥贮存宜采用散装水泥罐；

3）拌合站建设可根据现场地形环境条件，采用立体布置或平面布置形式；其位置应优先考虑水、电、运输及场地条件好，对生活区及当地居民影响小，临时用地面积小的地点；拌合站面积应满足足量砂石料、水泥等材料存贮的需要；拌和站场区应硬化处理，砂石料应根据规格的不同，分仓堆存，混凝土拌合站见图 1-17。

(*a*) (*b*)

图 1-17 混凝土拌合站

（*a*）拌合料存放棚；（*b*）砂浆搅拌站

（7）钢筋加工厂

施工现场布置钢筋加工厂，见图 1-18，加工厂内设置钢筋堆放场地和钢筋加工棚，尺寸应与工程量应相匹配，钢筋加工棚内工作台布置应合理，需符合钢筋加工流程，安全防护距离应设置合理。钢筋棚结构采用型钢搭设，高强度螺栓连接，加工棚两侧设置混凝土基础滑轮轨道，在加工棚两侧支柱下安装滑轮，使钢筋加工棚可以移动，以便钢筋吊运。同时，钢筋加工棚应具备防砸、防雨、抗冲击功能。

（8）空压机站

空压机站布置应合理，应靠近隧道洞口选址修建，并宜靠近变电站，应有防水、降温、保温和防雷击设施；供风能力须满足隧道正常施工需要，供风管路布置应尽量避免压力损失；应配备一定数量的内燃压风机满足隧道前期施工需要。同时，空压机旁应设置安全防护栏杆，见图 1-19。

图 1-18　钢筋加工厂

（*a*）钢筋分类堆放；（*b*）钢筋加工棚；（*c*）钢筋端头切割；（*d*）钢筋车丝

图 1-19　空压机站

（*a*）中板风机布置；（*b*）铁皮风筒

（9）弃渣场

施工现场需设置临时渣土存放池。弃渣场须经过详细调查，和业主及当地政府配合，选用运输方便、距离短的场所作为弃渣场，场地容量应可容纳车站和隧道的弃渣量。

弃渣场选址应不得占用其他工程场地和影响附近各种设施的安全；不得影响附近的农田水利设施，不占或少占农田；不得堵塞河道、河谷，防止抬高水位和恶化水流条件；不得挤压桥梁墩台及其他建筑物。弃渣场应按设计要求进行防护，见图 1-20。

(*a*)　　　　　　　　　　　　(*b*)

图 1-20　渣土池及渣土运输

(*a*) 渣土池；(*b*) 渣土运输

2.2　其他工序标准

其他工序标准见各章节。

3　质量检验标准

3.1　基本要求

（1）车站各部位设置应符合设计要求，各分项工程质量须符合质量验收规定。

（2）盾构法施工管片制作、盾构掘进机拼装须符合质量验收规定。

（3）地铁车站和盾构区间隧道防水施工质量须符合质量验收规定。

3.2　实测项目

车站总体实测项目（mm）　　　　**表 1-3**

序号	项目		允许偏差	检验方法
1	轴线位置	整体基础	15	经纬仪及尺量
2		柱、墙、梁	8	经纬仪及尺量
3	垂直度	每层	10	经纬仪或吊线、尺量
4		全高	H/30000+20	经纬仪、尺量
5	标高	层高	±10	水准仪或拉线、尺量
6		全高	±30	水准仪或拉线、尺量
7	截面尺寸	基础	+15，−10	尺量
8		柱、梁、板、墙	+10，−5	尺量
9		楼梯相邻踏步高差	6	尺量
10	电梯井	中心位置	10	尺量
11		长、宽尺寸	+25，0	尺量
12	表面平整度		8	2m 靠尺和塞尺量测
13	预埋件中心位置	预埋板	10	尺量
14		预埋螺栓	5	尺量
15		预埋管	5	尺量
16		其他	10	尺量
17	预留洞、孔中心线位置		15	尺量

盾构区间总体实测项目（mm） **表 1-4**

序号	项目		允许偏差	检验方法	检查频率
1	主控项目	贯通横向贯通测量中误差	±50	GPS 或导线网	/
2		贯通高程贯通测量中误差	±25	水准仪	/
3		隧道轴线平面位置	±100	全站仪	10 环
4		隧道轴线高程	±100	水准仪	10 环
5	一般项目	衬砌环直径椭圆度	±0.6%D	尺量	10 环
6		相邻管片的径向错台	10	尺量	4 点/环
7		相邻管片环向错台	15	尺量	1 点/环

3.3 外观鉴定

（1）地铁车站：墙面光滑、平整，施工缝无错台，结构表面无裂缝、蜂窝、麻面、无渗漏水等。

（2）盾构区间隧道：管片表面无渗漏无湿渍，隧道上部无渗漏，隧道下部无渗漏、可有偶见湿渍；结构表面无裂缝、缺棱、掉角，管片接缝符合设计要求。

4 安全、文明施工

4.1 安全施工

4.1.1 建立安全组织机构

建立健全安全组织机构和安全保证体系，成立安全生产领导小组，小组以施工安全、人员安全、财产安全为工作职责，层层签订安全责任书，严格遵守有关安全生产和劳动保护方面的法律法规和技术标准，建立健全安全生产保证制度，定期检查安全生产情况，召开安全会议，搞好安全教育，消除事故隐患，把事故苗头消灭在萌芽状态。

4.1.2 制定安全管理制度

安全管理制度主要内容：安全生产责任制（消防责任制）、安全教育制度、安全技术交底制度、安全检查制度、安全会议制度、施工现场安全管理制度、安全员跟班作业制度、安全警示制度、落实事故处理报告制度、持证上岗制度、安全奖惩制度，见图 1-21。

安全生产责任制　　安全教育制度

图 1-21 安全管理制度（一）

安全技术交底

安全检查

安全会议制度

领导带班制度

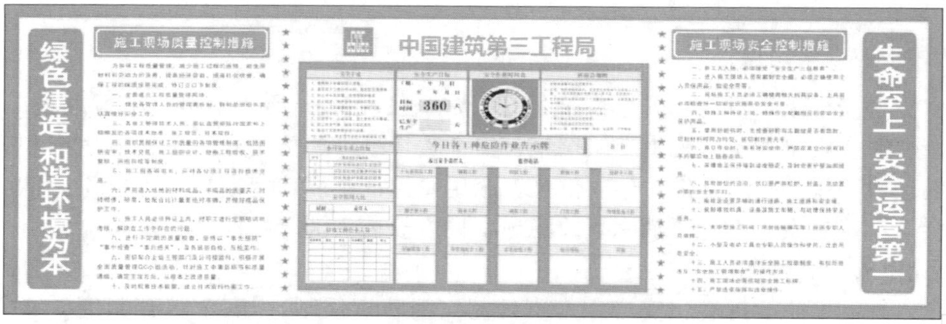

施工现场安全管理制度展示牌

安装人员操作证书

机械设备操作人员及特种作业人员持证上岗

安全警示牌

图 1-21　安全管理制度（二）

安全体验区

消防演练

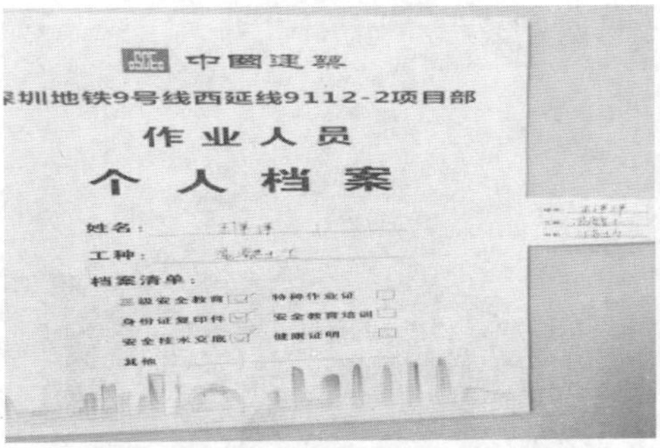

作业人员个人档案

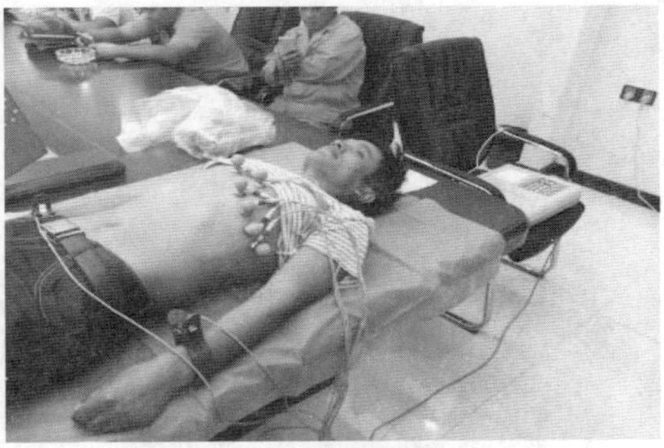

作业人员健康体检

应急仓库

防台风措施之围挡加工

图 1-21　安全管理制度（三）

4.1.3　施工安全防护

（1）个人安全防护

作业人员进场前，必须佩戴安全防护用具（如安全帽、安全带、口罩、耳塞等）和穿安全防护服装，高空作业时须系安全带，见图 1-22。

（2）基坑临边防护

基坑周边需要好临边防护，防止出现坠落事故。同时，在防护栏外侧设置排水沟，基坑周边设置夜间指示灯，护栏外侧挂指示牌，见图 1-23。

（3）高空作业防护

高空作业平台须设置封闭防护栏杆、上下爬梯以及醒目的反光标志。如基坑周边作业、脚手架作业平台、龙门吊横梁、盾构接收井周边作业等均需设置防护，作业范围内需设置安全保护网，作业过程须系好安全带，见图 1-24。

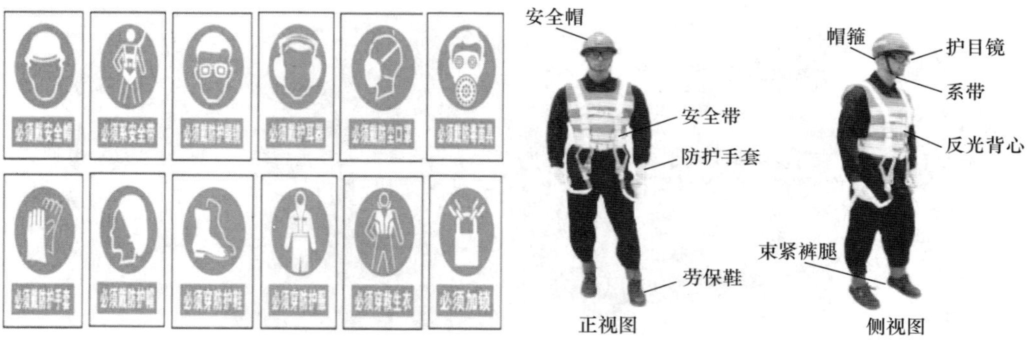

图 1-22　作业人员安全防护

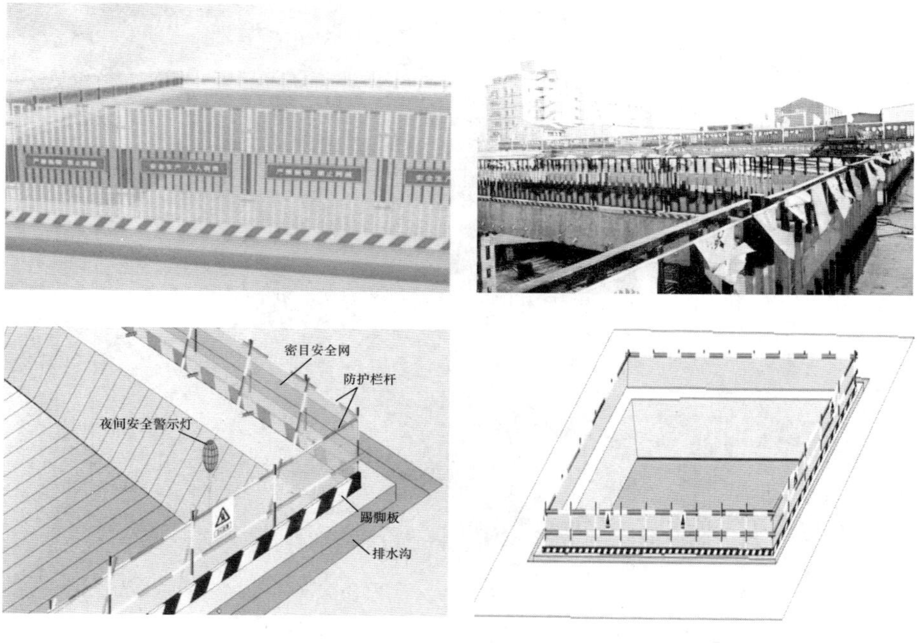

图 1-23　临边防护

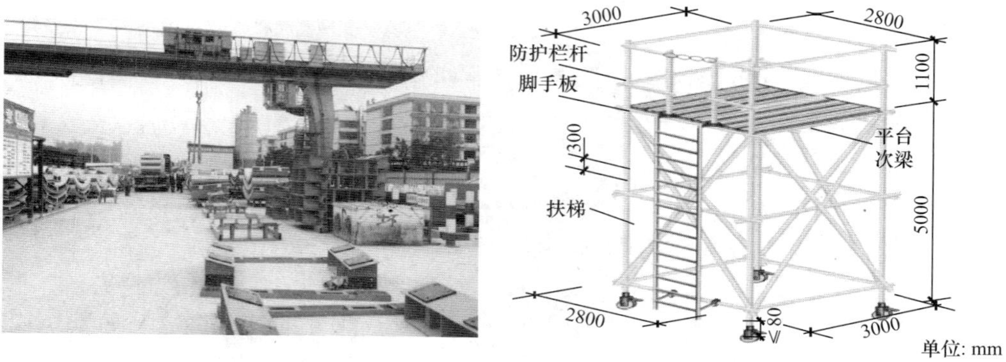

图 1-24　作业台架

（4）交通过渡通道防护

车行基坑便桥、人行交通过渡通道应设置防护栏，且基坑便桥应设置限载、限速和禁止超车、停车等标志，过渡通道应设警示标志，见图 1-25。

(*a*) (*b*)

图 1-25　交通过渡防护

（*a*）人行交通过渡防护；（*b*）钢便桥过渡防护

（5）洞口安全防护

桩井口、楼板预留洞口、后浇带及盾构始发和接收井均需做防护栏，并设置安全警示标志，防止人员跌落，见图 1-26。

(*a*) (*b*) (*c*) (*d*) (*e*)

图 1-26　洞口安全防护

（*a*）开挖阶段桩井口防护；（*b*）桩成孔后安全防护；（*c*）洞口安全防护；（*d*）后浇带安全防护；（*e*）盾构井防护栏

4.1.4 门禁管理系统

施工作业人员进入现场进行作业，在入口设置门禁系统。门禁配置保安，人员刷卡进场，外来人员严禁随意进出工地，见图 1-27。

图 1-27 门禁系统

4.1.5 作业面监控系统

车站内设置监控室，对车站现场施工情况进行实时监控，及时发现问题，及时整改，把危险源遏制于萌芽状态；对盾构机掘进过程进行全程监控，确保盾构掘进姿态正确、作业人员安全，见图 1-28。

(*a*)

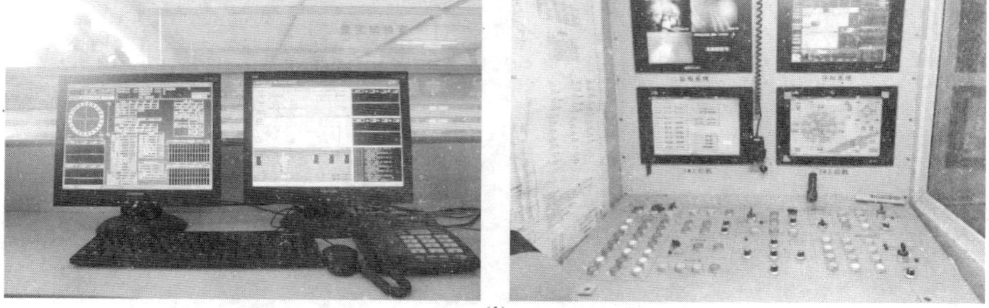

(*b*)

图 1-28 监控系统

(*a*) 车站施工现场监控；(*b*) 盾构施工远程监控

4.1.6 施工用电安全

施工现场用电设备须进行安全防护；现场用电须符合三级配电两级保护要求，电气设备故障由电工负责处理，其他人员不得乱动，以防止触电事故发生。严禁非电工人员从事电工操作，见图1-29。

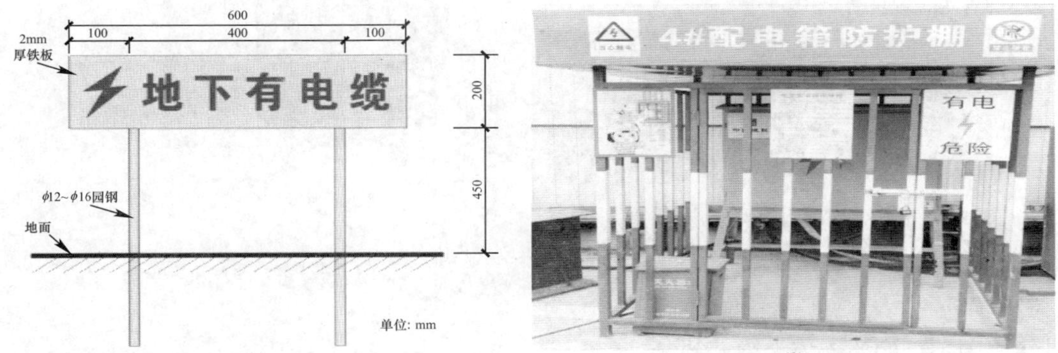

(*a*)

(*b*)

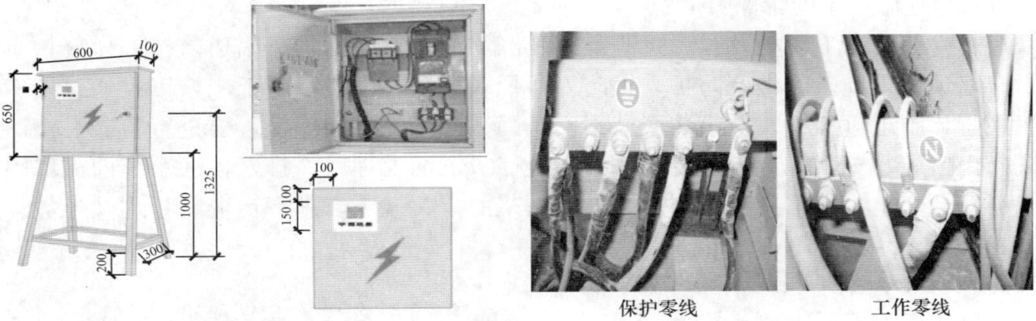

(*c*)

(*d*)

图1-29　施工用电安全标准化

(*a*) 电缆警示；(*b*) 电箱防护棚；(*c*) 开关箱；(*d*) 接地

4.1.7　施工消防安全

施工现场需配备消防物资与器材、应急抢险物资，氧气瓶、乙炔气瓶运输需用气瓶运输车，存放处须设护栏，吊装应使用吊笼吊装，见图1-30。

(*a*)

(*b*)

图1-30　消防安全标准化（一）

(*a*) 气瓶防护栏；(*b*) 气瓶运输车

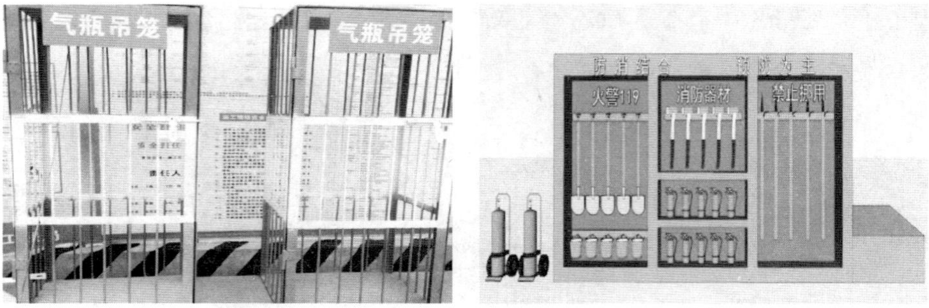

(*c*) (*d*)

图 1-30 消防安全标准化（二）

（*c*）气瓶吊笼；（*d*）消防柜

4.1.8 围护结构施工安全保障措施

（1）地连墙施工安全保障措施

地下连续墙施工现场设置泥浆池及三级沉淀池，池周围进行临边防护，做好警示标志，导墙顶部未施工时做好防护，以防人员掉入槽内。地连墙施工应按审批通过的专项方案进行，施工过程中，对吊装区域不安全因数和不安全的环境，要进行检查、清除或采取保护措施。施工中产生的废水、污水经三级沉淀处理后，排入排污系统前需取得排污许可证。弃土、弃浆按当地弃土、排放泥浆的有关规定，进行运输、处理及堆放，见图 1-31。

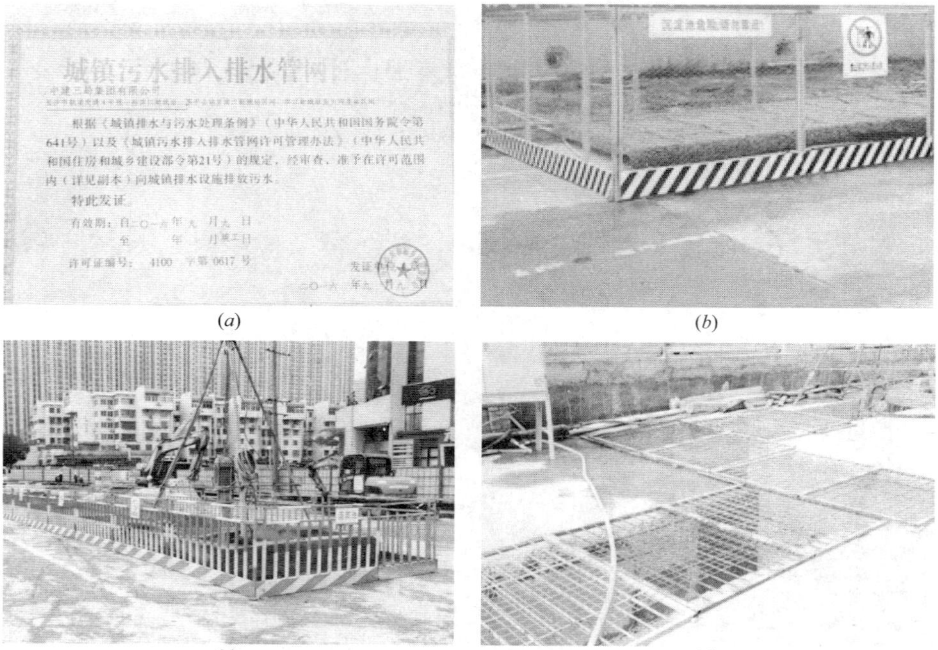

(*a*) (*b*)

(*c*) (*d*)

图 1-31 地连墙安全施工标准化

（*a*）排污许可证；（*b*）三级沉淀池；（*c*）泥浆池临边防护；（*d*）导墙顶部防护

（2）钻孔灌注桩施工安全保障措施

钻孔灌注桩施工应按审批通过的专项方案进行，钻机安装必须稳固，开机前须对钻机进行全面检查，保证机械处于良好的状况，对钢丝绳、卡环、输电线要进行认真检查，施工现场人员严禁站立于重锤下或提吊钢丝绳近旁，钢筋笼吊装时，吊点位置要适当，刚度要足够，钻孔需埋设护筒，成孔后，孔位周边需安装防护，见图 1-32。

(*a*) (*b*)

图 1-32　钻孔安全施工标准化

（*a*）钻孔防护；（*b*）淤泥层深度范围内全埋设护筒

（3）旋喷桩施工安全保障措施

旋喷桩施工应按审批通过的专项方案进行。施工现场各种电缆、管道、器材应布置合理；施工前查明地下管网位置，防止损伤；管道及接头必须经常；施工中的返浆或多余泥浆应筑池存放，严禁泥浆任意排放。

（4）柱及抗拔桩施工安全保障措施

柱及抗拔桩施工应按审批通过的专项方案进行。抗拔桩的成孔控制深度必须保证设计桩长及桩端进入持力层深度；钻孔达到设计嵌岩深度后应及时清孔，尽快灌注混凝土封底，以免岩体浸水软化，并使混凝土与岩层紧密相连。

4.1.9　基坑开挖与支撑系统施工安全保障措施

（1）基坑土石方开挖施工安全保障措施

基坑开挖前须进行降排水，基坑降水施工应按审批的专项方案进行。同时，加强监测（包括降水影响范围内的建筑物或构筑物、地下管线等）。

基坑开挖须按审批通过的基坑开挖的专项方案进行施工。同时，基坑开挖应严格遵循“开槽支撑，先撑后挖，分层开挖，严禁超挖”的原则，开挖过程加强监测。挖掘机开挖时，需对机械的停放地点、行走线路、运土方式、挖土分层等制定施工措施，出土路线和弃土堆放点应合理布置。基坑开挖过程中，严禁利用挡土支撑存放工具或站在支撑上传运，见图 1-33。

（2）钢或混凝土支撑系统施工安全保障措施

钢或混凝土支撑系统施工应按审批通过的专项方案进行，换撑作业时应做到“先撑后换”。挖土、吊装时，严禁撞击、损伤已安装好的支撑。钢支撑的变形、位移、受力变化等须进行周期性的检测控制，见图 1-34。

图 1-33　基坑开挖施工安全标准化（一）

（a）降水井保护；（b）降水井排水管；（c）监测点保护盖；（d）基坑临边防护；（e）基坑上下笼梯；（f）基坑照明；（g）混凝土支撑通道防护；（h）安全警示牌；（i）施工前对工人进行培训、交底

(*j*)

图 1-33　基坑开挖施工安全标准化（二）

（*j*）基坑开挖防护

(*a*)

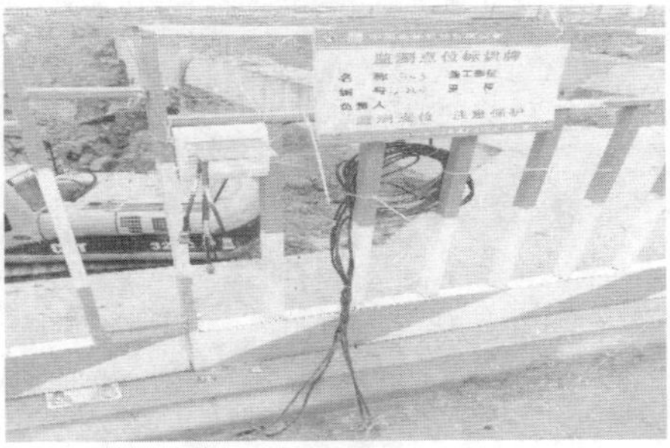

(*b*)

图 1-34　支撑系统施工安全标准化

（*a*）钢筋混凝土支撑临边防护；（*b*）支撑轴力监测

4.1.10　主体结构施工安全保障措施

脚手架、模板工程施工应按照审批通过的专项方案进行，模板及其支架安装和拆除过程中，应采取安全防护措施；拆模作业时，应设警戒区，并严禁无关人员出入警戒区。同时，施工现场应设置人员上下通道及安全防护措施。混凝土浇筑时，应加强对模板及其支撑系统的变形的监控。

4.1.11　盾构机推进施工安全保障措施

盾构机掘进施工需按照通过评审的施工方案进行。同时，盾构掘进过程中应针对盾构姿态产生重大偏差、遇有障碍物、管片发生破损与渗漏、变形过大等突发状况编制应急预案。盾构掘进过程，应加强地层变形和盾构姿态监测。

盾构掘进前，须加强对盾构机等机电设备和施工设施的安全检查及洞内外用电管理，照明、高压电力线路的架设应顺直、标准，保证绝缘良好，见图 1-35。

4.1.12　结构防、排水工程施工安全保障措施

止水条边缘的距离应设置合理，粘贴基面要光滑平整，粘贴须牢固；止水带的两边须埋入混凝土中，施工时防止卷边、打折或被撕破。同时，须处理好施工缝和变形缝的嵌缝工作。

图 1-35　盾构施工安全标准化（一）

（*a*）盾构井防护；（*b*）盾构井栏杆；（*c*）盾构井斜梯；（*d*）人行通道；（*e*）隧洞洞口处防护；（*f*）隧道内走道板、栏杆；（*g*）风机防护；（*h*）电瓶车隔离栏杆；（*i*）洞口电箱防护

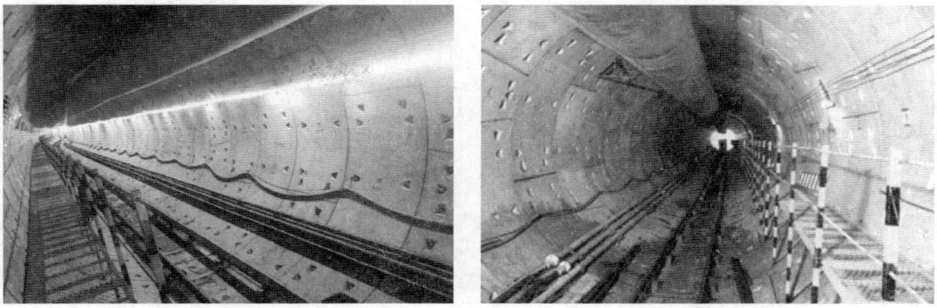

(*j*) (*k*)

图 1-35 盾构施工安全标准化（二）

（*j*）隧道照明；（*k*）隧道线路铺设

4.2 文明施工

4.2.1 生活办公区

（1）办公区

办公区需设置办公楼，包括会议室和办公室，会议室为项目上召开会议提供场地，办公室主要为管理人员提供办公场地，见图 1-36。

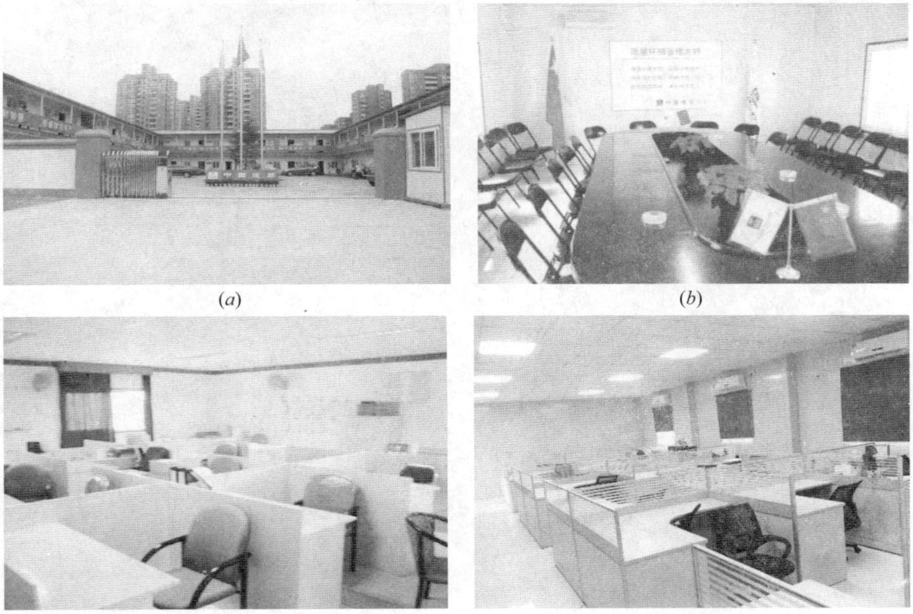

(*a*) (*b*) (*c*)

图 1-36 办公区文明施工标准化

（*a*）办公楼；（*b*）会议室；（*c*）办公室

（2）生活区

生活区主要包括职工宿舍区和公共生活区。公共生活区分为食堂、卫生间、盥洗室、活动室、阅览室及体育场所等，见图 1-37。

图 1-37　生活区文明施工标准化

（*a*）宿舍；（*b*）宿舍内部；（*c*）卫生间；（*d*）盥洗室；（*e*）场地绿化；（*f*）活动室；（*g*）阅览室

（3）食堂

食堂包括炊事房、餐厅、洗涤池，炊事房内设单独的熟食间，配备冰箱、消毒柜、冰箱。生熟食炊具不得混合使用，见图 1-38。

(a)

(b)

图 1-38　食堂文明施工标准化

（a）食堂；（b）洗漱槽

4.2.2　施工现场

（1）工程现场内主要进出口处，设九牌一图（中建信条、工程概况牌、施工平面图、入场须知、管理人员公示牌、施工现场管理制度、安全生产管理制度、消防保卫管理制度、文明施工管理制度）。

（2）施工现场各部位悬挂醒目的安全生产、用电安全、防烟防火等方面的警示标牌和各项活动开展的横幅标语，关键路口处设置安全警示牌。

（3）对施工道路配置人员和机械进行维护，依据天气情况对施工进行洒水维护，以利于保持道路整洁。见图 1-39。

场地布置

九牌一图

围挡设置

道路冲洗

图 1-39　文明施工标准化（一）

扬尘防治处理

洗车槽及三级沉淀池

自动洗车装置

现场噪声监测

水炮除尘

场地冲洗

钢筋加工棚

钢筋堆放

钢管堆放

钢支撑堆码

图 1-39　文明施工标准化（二）

模板堆放

脚手架堆码

应急物资

盾构始发

隧道通风

图 1-39 文明施工标准化（三）

第二章 地下连续墙施工工艺标准

1 工艺概述

地下连续墙是地铁基坑工程的一种围护结构。该工艺是在地面上采用挖槽机械，沿着围护结构轴线，在泥浆护壁条件下，开挖出一条狭长的深槽，清槽后，在槽内吊放钢筋笼，然后用导管法灌筑水下混凝土筑成一个单元槽段，如此跳仓逐段进行，在地下筑成一道连续的钢筋混凝土墙壁，作为截水、防渗、承重、围护结构。

本工艺特点是：施工振动小，墙体刚度大，整体性好，施工速度快，可省土石方，适用于各种地质条件，包括砂层、砂砾层等。

2 工序流程

地下连续墙施工工艺流程见图 2-1。

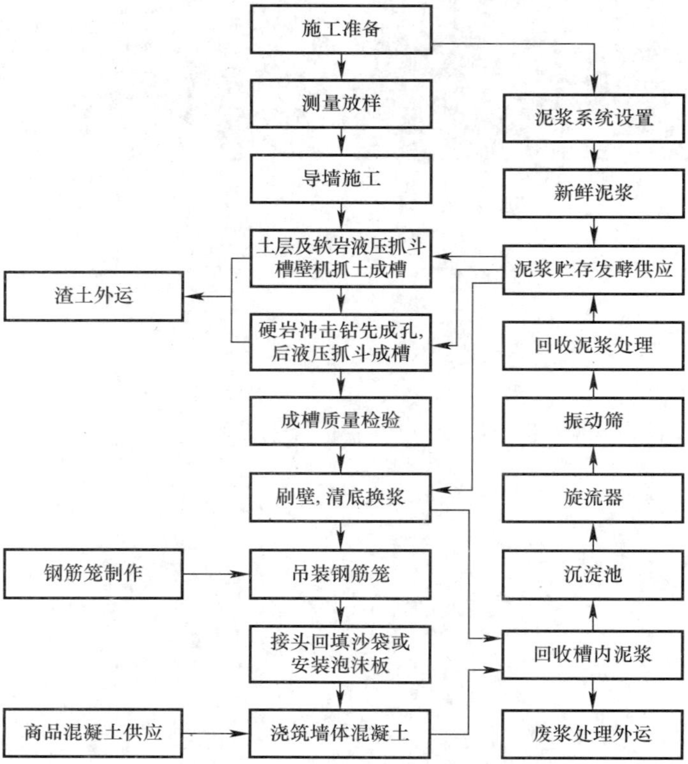

图 2-1 地下连续墙施工流程

3 施工工艺及控制要点

3.1 施工准备

3.1.1 技术准备

（1）施工前编制《地下连续墙施工方案》，并完成方案审批。

（2）对施工作业人员进行地下连续墙施工技术交底和安全技术交底。

（3）复核设计单位交付的导线点、三角网点、水准基点及有关测量资料。如有标志不清晰、点位不稳定或被损毁及精度不符合施工要求，应及时进行加固和恢复，待点位稳定后，重新进行测量，测量结果报审通过后，方可用于施工。

3.1.2 现场准备

（1）完成交通疏解、征地拆迁、夜间施工许可等外部协调工作。

（2）完成施工现场围蔽及连续墙施工范围内的地下管线改迁、地下障碍物的清除工作。

（3）完成办公、生活临建设施及生产场地的布置和建设。

（4）完成临时用电、用水设施的布置和建设。

3.1.3 资源准备

（1）材料进场及验收

1）钢筋：钢筋进场时，应按国家现行相关标准的规定抽取试件作屈服强度、抗拉强度、伸长率、弯曲性能和重量偏差检验，检验结果应符合相应标准的规定。

2）钢筋机械连接套筒：连接套筒应有出厂合格证，一般为低合金钢或优质碳素结构钢，其抗拉承载力标准值应大于、等于被连接钢筋的受拉承载力标准值的 1.20 倍，套筒长为钢筋直径的二倍，套筒应有保护盖，保护盖上应注明套筒的规格。

3）电焊条：按设计要求选用，其质量应符合现行国家标准《非合金钢及细晶粒钢焊条》GB/T 5117、《热强钢焊条》GB/T 5118 的规定。

4）泥浆拌制材料：宜优先选用膨润土，如采用黏土，应进行物理、化学分析和矿物鉴定，其黏粒含量应大于 50%，塑性指数应大于 20，含砂量应小于 5%，二氧化硅与氧化铝比值宜为 3～4。

5）商品混凝土：混凝土应采用掺外加剂的防水混凝土，配合比经试验确定。坍落度应采用 180～220mm。

（2）机械设备进场及报验

所有机械设备进场后需按要求完成报审和备案工作，方可投入使用；仪器需进行校验和标定后方可使用。每班施工机械及仪器配置见表 2-1，成槽设备见图 2-2。

每班地下连续墙施工机械设备配置表　　表 2-1

项目	设备名称	功率	数量	备注
成槽设备	液压抓斗成槽机	宽度 450～1200mm	1	
	冲击钻或旋挖钻	125～450kW	1	根据地质条件选择

续表

项目	设备名称	功率	数量	备注
泥浆设备	制浆机	4～6m³/h	1	
	泥浆泵	4～10m³/h	2	
	水泵	≥7.5kW	2	
钢筋笼制作	钢筋弯曲机	ϕ6～40mm	1	
	钢筋切断机	ϕ6～40mm	1	
	电焊机	20～24kVA	2	
起重设备	履带起重机	80～100t	1	
	汽车起重机	≥25t	1	
渣土泥浆运输	反铲挖掘机	≥1m³	1	
	装载机	≥4m³	1	
	自卸汽车	≥6m³	4	
测量设备	全站仪	精度>1mm	1	
	水准仪	精度>0.1mm	1	
试验设备	泥浆比重秤	0.01g/cm³	1	
	含砂量测定仪器		1	
	泥浆黏度计		1	

(*a*)　　(*b*)　　(*c*)

图 2-2　成槽设备

(*a*) 液压抓斗成槽机；(*b*) 旋挖钻；(*c*) 冲击钻

(3) 劳动力资源准备

每班地下连续墙施工劳动力配置见表 2-2：

劳动力配备计划表　　**表 2-2**

类别	岗位	人数	备注
导墙施工	班组长	1	
	导槽开挖，换填班	2	
	钢筋工班	4	
	木工班	4	
	混凝土工班	4	
渣土废浆运输	负责人	1	
	渣土转运	4	
	场内渣土外运	4	
	废浆外运	4	

续表

类别	岗位	人数	备注
地连墙施工	班组长	1	
	成槽班	4	
	泥浆班	4	
	钢筋下料班	6	
	钢筋笼制作班	6	
	起重班	4	
	混凝土灌注班	6	
	接头处理班	4	

3.2 地下连续墙施工

3.2.1 导墙施工

（1）测量放样

采用全站仪实地放出导墙轴线坐标，按导墙平面尺寸确定开挖线。导墙净距应大于地下连续墙设计尺寸 40～60mm，顶部高出地面不应小于 100mm。

（2）导墙基槽开挖

导墙基槽应采用先人工挖探沟对管线进一步确认，之后采用挖掘机开挖，人工配合清底、夯填、整平。有塌方或开挖过宽的地方用砖墙砌筑。基坑挖完后应进行验槽，做好记录，如发现地基土质与地质勘探报告、设计要求不符时，应与有关人员研究及时处理。

（3）钢筋绑扎

导墙钢筋采取绑扎连接方式。先固定竖向钢筋，再绑扎水平钢筋，安装水平盖筋，最后安装拉钩和垫块。拉钩采用梅花形布置。钢筋的接头宜设置在受力较小处，同一纵向受力钢筋不宜设置两个或两个以上接头。在任一接头中心至长度为钢筋直径 d 的 35 倍且不小于 500mm 的区段内，有接头的受力筋截面积占受力筋总截面积的百分率不超过 50%。相邻两段导墙应按规范预留绑扎钢筋。

（4）模板安装

施工现场备好隔离剂、木方、护身栏杆及操作平台、护栏板等。在模板就位前认真涂刷隔离剂。在首次涂刷隔离剂时，必须对模板进行全面清理，清除模板板面的污垢和锈蚀，然后才能涂刷隔离剂，隔离剂要薄而均匀，不得漏刷。要注意涂刷隔离剂后的模板，不得长时间放置，以防雨淋或落上灰尘，影响拆模。为防止模板下口跑浆，安装模板前，应清扫、水冲或用鼓风机清理墙内杂物，抹好砂浆找平层。由结构引起的地面高差，可用木方承垫在模板的底部；对于底部悬空的模板，要设置模板承垫条或带，并校正其平直。模板应采用钢管支撑加固，确保模板垂直度。

（5）导墙混凝土浇筑

混凝土浇筑前，对模板及混凝土接茬处进行浇水湿润，但模板内不得有积水。混凝土浇筑可采用溜槽进行浇筑，两边对称交替进行，并用振捣棒及时进行振捣密实。振捣时，做到快插慢拔，且振捣棒不得直接接触模板，以防模板移位、变形。混凝土需分层浇筑，在振捣上层混凝土时，混凝土振捣棒要插入下层混凝土 50mm，以保证混凝土结合严密。

混凝土浇筑完成以后，施工人员按照设计标高点对混凝土面进行找平，铲出高的混凝土，将低处混凝土补足高度。

（6）导墙对撑

为防止导墙向内挤压变形，导墙内侧模板拆除后根据工程导墙高度设置上下支撑体系。

（7）墙体外侧回填土

墙体模板拆除并加设对撑后，方可进行墙体背侧回填土施工，应采用优质黏土对称、分层进行回填，现场无优质黏土时，可在开挖出的土中掺加7%的水泥，在较佳含水率的条件下，拌制均匀后进行回填。见图2-3。

(a) (b) (c) (d) (e) (f)

图2-3　导墙施工

(a) 导墙基槽开挖；(b) 导墙钢筋绑扎；(c) 导墙模板安装；(d) 混凝土浇筑；(e) 设置横撑；(f) 墙体外侧回填

（8）导墙施工控制要点

1）导墙的位置应满足允许偏差。为避免围护结构侵限，导墙应根据实际情况考虑外放60～100mm。

2）开挖前做好坑探工作。导墙内侧土胎膜应人工挖土修边。

3）模板及其支架的强度、刚度、稳定性要好，垂直度应满足要求。

4）导墙的施工缝应与地下连续墙接头错开。

5）混凝土浇筑时两侧对称浇筑。

3.2.2 地连墙成槽

（1）泥浆制备

泥浆制备采用泥浆搅拌机在孔外造浆，根据不同地层情况控制泥浆比重、黏度制备泥浆，泥浆配合比由试验确定。泥浆主要采用黏土、膨润土和泥浆外加剂等材料进行配置。各种外加剂掺入量，应先做试配，试验其掺入外加剂后的泥浆性能指标是否有所改善并符合要求。各种外加剂宜先用小剂量溶剂，按循环周期均匀加入，并及时测定泥浆性能指标，防止掺入外加剂过量。每循环周期相对密度差不宜超过0.01。泥浆制备搅拌完成后对泥浆性能指标进行标定，标定合格后需溶胀24h备用。钻孔过程中应随时检验泥浆比重和含砂率，并填写泥浆试验记录表。

泥浆制备控制要点：

1）严格按照操作规程和配合比要求进行泥浆制作和搅拌。

2）泥浆使用一个循环之后，对泥浆进行分离净化并补充新制泥浆。

3）泥浆的比重、黏度、含砂率、pH值均应符合要求。随时对泥浆进行测试，对不符合要求的泥浆进行处理。

4）泥浆拌制后应充分水化后方可使用。

5）保持泥浆稳定性、泥皮形成性能、泥浆流动性等。

(*a*) (*b*)

图2-4 泥浆池及泥浆性能测试

（*a*）泥浆池；（*b*）泥浆性能测试

（2）成槽施工

1）根据施工设计图，施工前对槽段进行划分，每段6m；液压抓斗成槽机成槽时，采用“跳槽法”施工，先施工两侧的连续墙，后再施工之前未施工的中间槽段。跳槽法施工示意如图2-5所示采用跳仓法施工。

2）成槽机开挖前，根据工程地质情况，宜先进行幅间钻（冲）导向孔，再进行抓槽机的作业。抓槽机作业时控制抓斗上下运行速度，如发现较严重坍塌时，及时将机械设备提出，分析原因，妥善处理。

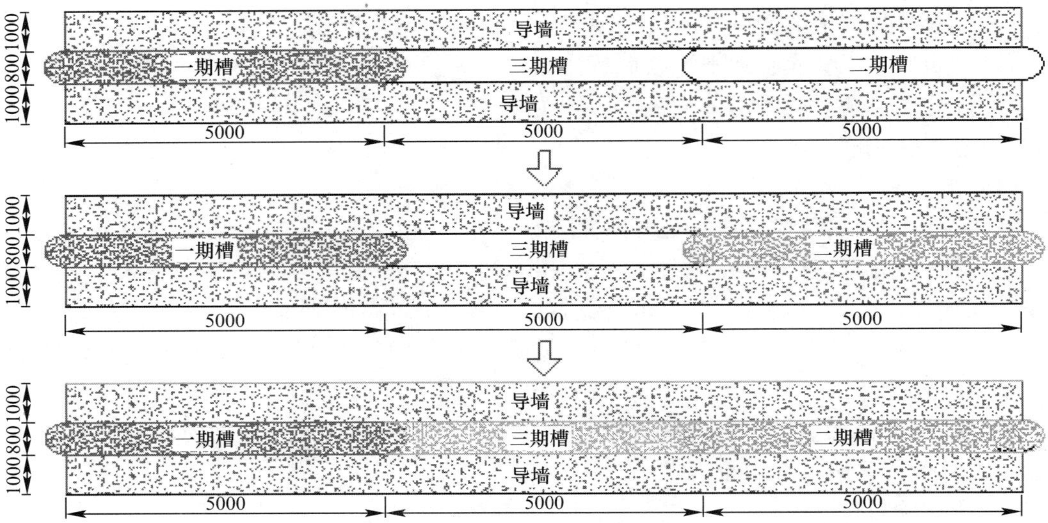

图 2-5　跳仓法施工示意

3）抓槽深度至岩层时，利用冲击钻进入冲击和修槽完成，冲击时按主、副孔跳打成槽，冲孔完成后进行空位修正。挖槽时根据成槽机仪表及实测的垂直度及时纠偏，随时用测绳测量槽深，并用超声波侧壁仪扫描槽壁壁面以检测槽段壁面垂直度。见图 2-6。

(*a*)　　(*b*)

图 2-6　机械成槽示意

(*a*) 挖槽机成槽；(*b*) 冲击钻成槽

4）用特制刷壁方锤冲打修边和冲刷槽间钢接头，直到刷壁机上没有附着物。

5）清底换浆时，要保持槽内始终充满泥浆，以维持槽壁稳定，避免塌孔，槽底清理或置换泥浆结束 1h 后，槽底 500mm 高度以内的泥浆比重不大于 1.15，墙底沉渣不得大于 100mm。

6）成槽完自检合格报验监理工程师对其槽深、沉渣厚度等指标均采用测绳探孔进行验收。见图 2-7。

7）成槽控制要点

① 合理安排槽段开挖顺序。

② 根据不同底层调整泥浆性能，确保沟槽稳定。

③ 根据设计要求核实终槽条件。

(*a*)　　　(*b*)　　　(*c*)

图 2-7　成槽检验及端头刷壁

（*a*）超声波测壁；（*b*）测绳验槽；（*c*）工字钢端头刷壁

④ 按照设计要求控制槽深及槽壁垂直度。

⑤ 控制槽段刷壁质量。

3.2.3　钢筋笼制作与吊装

（1）钢筋笼制作

1）钢筋备料

钢筋的材质、规格必须满足设计图纸和验收标准要求，且通过项目自检及监理工程师验收合格后方能使用。钢筋表面应洁净，使用前应将表面油渍、漆皮、鳞锈等清除干净，钢筋应平直，无局部弯折。分批分型号堆放、设立标识。

2）加工场地检查

钢筋笼制作场地应进行硬化，钢筋笼加工及堆放场地应设置防雨棚。钢筋笼在长线胎架上加工成型，应采用工字钢搭设。

3）钢筋笼制作

① 钢筋笼的分幅长度应满足设计要求。

② 钢筋笼的加强箍筋及桁架连接筋设置应符合设计要求，如果不能满足吊装要求进行增加。

③ 钢筋笼的主筋应采用机械连接接头，质量必须符合《钢筋机械连接技术规程》JGJ 107—2010。

④ 焊接桁架过程中按要求预留灌注孔位置，灌注孔上下贯通。

⑤ 钢筋笼底端应在 0.5m 范围内的厚度方向上做收口处理。

⑥ 预埋件应与主筋连接牢固，外露面包扎严密。

⑦ 分节制作钢筋笼应试拼装，其主筋接头搭接应符合设计要求。

4）测斜管与保护层垫块安装

测斜管牢固绑扎在钢筋笼迎土面一侧，在测斜管的顶端套一定长度的钢管，保护测斜管在剔除桩头时不被破坏。为保证钢筋保护层厚度的准确性，应采用不同规格的垫块，并将垫块与钢筋绑扎或焊接牢固，垫块应交错布置，深度方向间距为 3～5m，每层设 2～3 块。

5）存放

加工后的钢筋笼存放时，每隔 2m 设置衬垫，使钢筋笼高于地面 5cm，钢筋笼应加盖防雨布。见图 2-8。

(a) (b)

图 2-8 钢筋加工

(a) 钢筋笼加工；(b) 保护层垫块安装

6）钢筋笼验收

钢筋笼制作后对钢筋笼的钢筋尺寸、直径、配筋间距、焊接质量、预埋件、预埋筋、监测管等进行严格检查，验收合格后方可出场。

7）钢筋笼制作控制要点

① 钢筋笼制作前应核对单元槽段实际宽度与成型钢筋尺寸，成槽后根据槽段深度调整钢筋笼长度。

② 钢筋的间距、预埋件的位置需符合设计要求。

③ 严控机械连接与焊接质量。

④ 根据专家论证后的方案合理布置吊点的位置。

⑤ 注意钢筋笼基坑面与迎土面，严禁放反。

（2）钢筋笼吊装

1）起吊准备

钢筋笼可采用双机抬吊、整幅成型起吊入槽的吊装方法。应根据钢筋笼幅宽、形状设置钢筋笼内的桁架以确保起吊时的刚度和强度。对于连续墙钢筋笼，宜采用主吊和副吊同时就位调试并对吊装所用钢丝绳等进行安全性能检查。

2）吊装加固

钢筋笼采用整幅起吊入槽，考虑到钢筋笼起吊时的刚度，在钢筋笼内剪刀筋拐角内侧设置加强箍筋，钢筋吊点处用圆钢加固，转角槽段增加支撑，每 2m 一根。钢筋笼四周及吊点位置上下 1m 范围内面筋必须 100％的点焊，其余位置可采用 50％的点焊。见图 2-9。

(a) (b)

图 2-9 钢筋笼起吊

(a) 钢筋笼起吊；(b) 钢筋笼吊装加固

3）吊装入孔

钢筋笼吊放前要再次复核导墙上支点的标高，精确计算吊筋长度，确保误差在允许范围内。吊装时应采取措施保证钢筋笼不发生变形。钢筋笼吊装前应将钢筋笼上粘附的泥土和油渍清除干净。吊点中心必须与槽段中心对准，然后慢慢下降，不得强行入槽。钢筋笼分段沉放入槽时，下节钢筋笼平面位置应正确并临时固定于导墙上，上下节主筋对正连接牢固，经检查后方可继续下沉。安放好的钢筋笼要保持竖直，平面位于槽段中心。吊装完成后采取固定措施，防止混凝土浇筑过程中钢筋骨架上浮或下沉。

分节吊装时：

① 把整幅钢筋笼与下段主筋，副筋连接的套筒丝口，向上段钢筋笼丝口上旋，每个接头上旋完成后，检查主筋、副筋是否全部分开，检查验收完毕后，方可进行起吊钢筋笼。

② 下段先吊装入槽，入槽后用钢管或型钢承托，然后松开钢丝绳，再吊装上段钢筋笼，上段钢筋笼吊装入槽时对准下段钢筋笼上端四角点主筋进行套筒下旋牢固对接，然后逐一每根钢筋笼用同样方法下旋对接牢固后，方可整幅钢筋笼起吊入槽缓慢往下，直至到笼标高。见图 2-10。

(*a*)　　(*b*)

图 2-10　钢筋笼吊装

（*a*）钢筋笼吊装入孔；（*b*）分节吊装

4）吊装控制要点

① 钢筋笼吊装方案需经过专家论证并审批交底后实施。

② 吊装机械、吊具、锁具、滑轮、卸扣、钢丝绳质量满足使用要求。

③ 严格检查吊点位置和焊接质量。吊装前必须进行试吊，对周围环境进行检查。

④ 钢筋笼吊放入槽时，严禁强行冲击入槽。

3.2.4　水下混凝土施工

（1）孔底沉渣和泥浆指标检测

钻孔桩浇筑水下混凝土时，应对孔内泥浆指标进行复测，排出或抽出的泥浆手摸无2～3mm 颗粒，含砂率不大于 2%，泥浆比重不大于 1.15，黏度 17～20s，孔底沉渣厚不大于 100mm。

（2）导管安装

根据施工槽段宽度，使用两根钢制导管，对称进行混凝土浇灌。在“—”形和“┐”形槽段设置 2 套导管，在“Z”形和大于 6m 长的槽段设置 3 套导管，两套导管间距不宜大于 3m，导管距槽端头不宜大于 1.5m，导管提离槽底大约 30～40cm 之间。导管在钢筋笼内要上下活动顺畅，灌注前利用导管进行泵吸反循环二次清底换浆，并在槽口上设置挡板，以免混凝土落入槽内而污染泥浆。

导管管端用粗丝扣螺栓连接并以环状橡胶圈或垫密封，管接头外部要光滑。使用前，根据槽段深度，编排管节，在地面按编排的管节长度组装完成后进行水压气压试验，导管用吊车吊入槽中连接，见图 2-11。

(*a*)　　(*b*)

图 2-11　导管水密性及气密性试验

(*a*) 水密性试验；(*b*) 气密性试验

(3) 首盘混凝土

混凝土的初存量应满足首批混凝土入孔后，导管埋入混凝土中的深度不小于 500mm 和填充导管的需要。首批混凝土浇筑时应在孔周预先设置挡水坎，适当阔挖泥浆引流沟槽，预先开启抽水设备，避免泥浆四溢。

(4) 浇筑

钢筋笼沉放就位后及时灌注混凝土，并不应超过 4h，混凝土应连续浇筑，中途不得停顿，因故中断灌注时间不得超过 30min；混凝土供应必须满足混凝土连续浇筑的要求。

混凝土浇筑过程中应经常探测孔内混凝土面高程及时调整导管埋深，导管提升时其埋入混凝土深度应为 1.5～3m，相邻两导管内混凝土高差不应大于 0.5m；灌注速度不应低于 2m/h；浇筑过程中，导管应缓慢提升或下降，避免在已浇筑混凝土中形成空洞或将顶层浮渣卷入，混凝土不得溢出导管落入槽内，见图 2-12。

(*a*)　　(*b*)

图 2-12　混凝土浇筑

(*a*) 导管安装；(*b*) 混凝土浇筑

（5）末批混凝土

末批混凝土浇筑过程中导管埋深宜控制在 3～5m，最小埋深任何时候不得小于 1.5m。当出现混凝土浇筑困难时，可采用孔内加水稀释泥浆，并掏出部分浮渣或提升浇筑料斗增加压力差等措施进行处理。混凝土灌注宜高出设计高程 300～500mm。

（6）混凝土浇筑控制要点

1）灌注混凝土前需进行二次清孔，复核槽底泥浆性能与沉渣厚度。

2）导管必须进行试拼装，进行严密性和压力试验。

3）导管插入混凝土的深度，拔管速度与时机符合设计及规范要求。

4）进场混凝土应进行配合比核实及性能检测，满足设计要求。

4 质量检验标准

4.1 导墙质量检验标准

导墙质量检验标准见表 2-3：

导墙质量检测标准表　　表 2-3

施工项目	误差标准
轴线误差	±10mm
内墙面垂直度	5‰
内墙面平整度	3mm
顶面平整度	5mm

4.2 钢筋笼质量检验标准

钢筋笼制作质量检验标准见表 2-4：

钢筋笼制作允许偏差表　　表 2-4

项目	偏差	检查方法
钢筋笼长度	±50mm	钢尺量，每片钢筋网检查上、中、下三处
钢筋笼宽度	±20mm	
钢筋笼厚度	0mm，－10mm	
主筋间距	±10mm	任取一断面，连续量取间距，取平均值作为一点，每片钢筋网上测 4 点
分布筋间距	±20mm	
预埋件中心位置	±10mm	抽查

4.3 泥浆主要性能指标

在成槽过程中，泥浆具有护壁、携渣、冷却机具和润滑等作用，泥浆的使用是保证成槽质量的关键措施，泥浆性能指标见表 2-5：

泥浆配制、管理性能指标 **表 2-5**

泥浆性能	新配置		循环泥浆		废弃泥浆		检验方法
	黏性土	砂性土	黏性土	砂性土	黏性土	砂性土	
比重（g/m³）	1.04～1.05	1.06～1.08	＜1.10	＜1.15	＞1.25	＞1.35	比重计
黏度（s）	20～24	25～30	＜25	＜35	＞50	＞60	漏斗计
含砂率（%）	＜3	＜4	＜4	＜7	＞8	＞11	洗砂瓶
pH 值	8-9	8-9	＞8	＞8	＞14	＞14	试纸

4.4 成槽质量标准

槽段挖至设计高程后，应及时检查槽位、槽深、槽宽和垂直度，并做好记录，合格后方可进行清底，成槽质量标准见表 2-6：

成槽质量标准表 **表 2-6**

序号	项目	允许偏差	检验方法
1	槽段长度（沿轴线方向）（mm）	±50	将测量锤沉入槽底。拉紧测量绳，读尺
2	槽段厚度（mm）	±10	用钢尺量
3	相邻槽段中心线偏差（mm）	≤20	全站仪测量
4	槽底上 200mm 处泥浆密度	≤1.2	密度计
5	沉渣厚度（mm）	≤200	测量锤

4.5 地下连续墙质量检验标准

基坑开挖后应进行地下连续墙验收，地下连续墙质量验收标准如表 2-7 所示：

地下连续墙质量检验标准 **表 2-7**

项目类别	序号	检查项目		允许偏差或允许值（mm）	检验方法
主控项目	1	墙体强度		设计要求	查试块记录或取芯试压
	2	垂直度	永久结构	$H/300$	测声波测槽仪或成槽机上的监测系统测定
			临时结构	$H/150$	
一般项目	1	导墙尺寸	宽度	$W+40$	钢尺量，W 为地下墙设计厚度
			墙面平整度	＜5	钢尺量检查
			导墙平面位置	10	钢尺量检查
	2	沉渣厚度	永久结构	≤100	重锤测或沉积物测定仪测
			临时结构	≤200	
	3	槽深		100	重锤测
	4	混凝土坍落度		≤100	用坍落度测定器检查
	5	钢筋笼尺寸	主筋间距	10	钢尺量检查
			长度	100	钢尺量检查
			箍筋间距	20	钢尺量检查
			直径	10	钢尺量检查
	6	地下连续墙表面平整度	永久结构	10	对于均匀黏土层，松散及易坍土层由设计决定
			临时结构	15	
			插入式结构	20	
	7	永久结构时预埋件位置	水平方向	≤10	钢尺量检查
			垂直方向	≤20	用水准仪检查

第三章　围护桩施工工艺标准

1　工艺概述

钻孔灌注桩是指通过机械钻孔在地基土中形成桩孔，并在其内放置钢筋笼，灌注混凝土后而形成的桩。其具有承载力大、稳定性好、沉降量小、受施工水位或地下水位高低的影响较小等优点，在地铁车站主体围护结构设计中被广泛应用。

在钻孔灌注桩施工中，常用的成孔机械有旋挖钻和冲击钻。在黏土、亚黏土、淤泥质土层、粉砂层的施工中，一般采用旋挖钻机钻进，其具有施工效率高，成孔质量好，低噪声、低振动、移动方便等优点，而在卵砾石、漂石、块石、基岩等复杂地层及旧基处理方面施工，冲击钻施工效率则优于旋挖钻，因此根据不同的地层采用合适的成孔机械可加快施工周期，提高钻进效益，确保工程质量。

SMW 工法是以多轴型钻掘搅拌机在现场向一定深度进行钻掘，同时在钻头处喷出水泥系强化剂而与地基土反复混合搅拌，在各施工单元之间则采取重叠搭接施工，然后在水泥土混合体未结硬前插入 H 型钢或钢板作为其应力补强材，至水泥结硬，便形成一道具有一定强度和刚度的、连续完整的、无接缝的地下墙体。

SMW 工法的特点：

（1）施工不扰动邻近土体，不会产生邻近地面沉降、房屋倾斜、道路裂损及地下设施移位等危害；

（2）钻杆具有螺旋推进翼与搅拌翼相间设置的特点，随着钻掘和搅拌反复进行，可使水泥系强化剂与土得到充分搅拌，而且墙体全长无接缝，从而使它比传统的连续墙具有更可靠的止水性，其渗透系数 K 可达 10^{-7}cm/s；

（3）可在黏性土、粉土、砂土、砂砾土、ϕ100 以上卵石及单轴抗压强度 60MPa 以下的岩层应用；

（4）可成墙厚度 550～1300mm，常用厚度 600mm，成墙最大深度为 65m，视地质条件可施工至更深；

（5）所需工期较其他工法为短，在一般地质条件下，每一台班可成墙 70～80m^2；

（6）废土外运量远比其他工法为少；

（7）内插的型钢可拔出重复使用，经济性好。

2　工序流程

钻孔灌注桩的施工流程见图 3-1：

SMW 桩的施工流程见图 3-2：

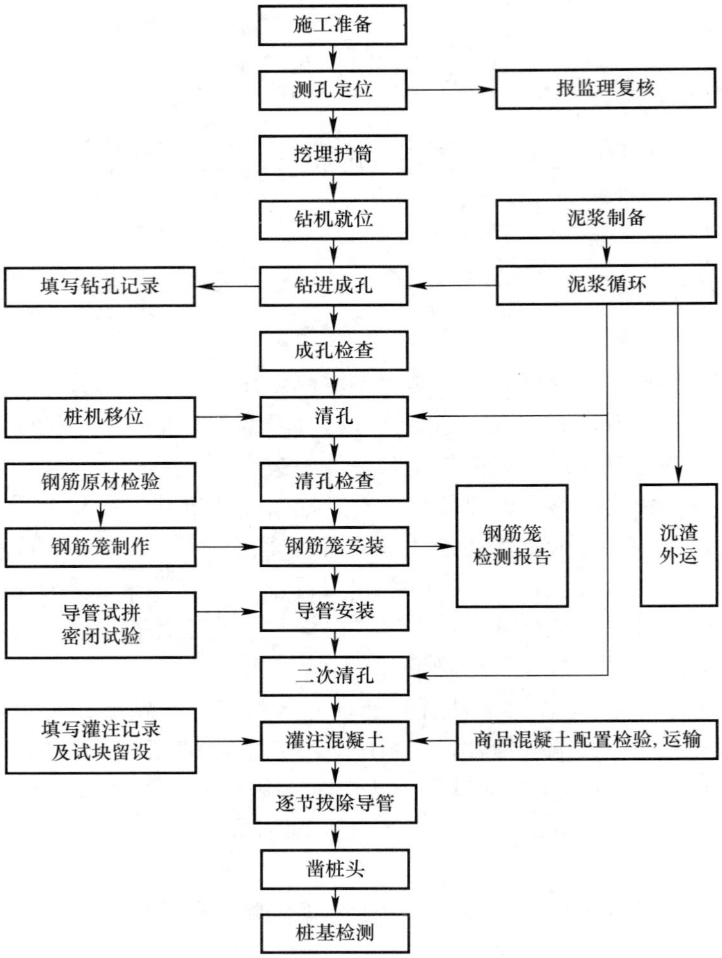

图 3-1 钻孔灌注桩施工流程

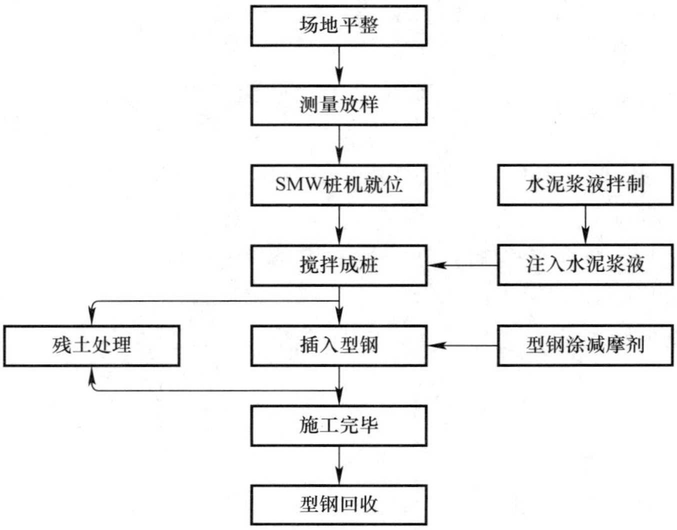

图 3-2 SWM 桩施工流程

3 施工工艺及控制要点

3.1 施工准备

3.1.1 技术准备

（1）施工前编制《围护桩施工方案》，并完成方案审批。

（2）对施工作业人员进行围护桩施工技术交底和安全技术交底。

（3）复核设计单位交付的导线点、三角网点、水准基点及有关测量资料。如有标志不清晰、点位不稳定或被损毁及精度不符合施工要求，应及时进行加固和恢复，待点位稳定后，重新进行测量，测量结果报审通过后，方可用于施工。

3.1.2 现场准备

（1）完成交通疏解、征地拆迁、夜间施工许可等外部协调工作。

（2）完成施工现场围蔽及钻孔桩施工范围内的地下管线改迁、地下障碍物的清除工作。

（3）完成办公、生活临建设施及生产场地的布置和建设。

（4）完成临时用电、用水设施的布置和建设。

3.1.3 资源准备

（1）材料准备

1）钢筋：钢筋进场时，应按国家现行相关标准的规定抽取试件作屈服强度、抗拉强度、伸长率、弯曲性能和重量偏差检验，检验结果应符合相应标准的规定。

2）钢筋机械连接套筒：连接套筒应有出厂合格证，一般为低合金钢或优质碳素结构钢，其抗拉承载力标准值应大于、等于被连接钢筋的受拉承载力标准值的 1.20 倍，套筒长为钢筋直径的二倍，套筒应有保护盖，保护盖上应注明套筒的规格。

3）电焊条：按设计要求选用，其质量应符合现行国家标准《非合金钢及细晶粒钢焊条》GB/T 5117、《热强钢焊条》GB/T 5118 的规定。

4）泥浆拌制材料：宜优先选用膨润土，如采用黏土，应进行物理、化学分析和矿物鉴定，其黏粒含量应大于 50%，塑性指数应大于 20，含砂量应小于 5%，二氧化硅与氧化铝比值宜为 3～4。

5）商品混凝土：混凝土必须具有良好的和易性，配合比应经试验确定。细骨料宜采用中、粗砂，粗骨料宜采用粒径不大于 40mm 卵石或碎石，坍落度宜为 160～210mm。

（2）机械设备准备

所有机械设备进场后需按要求完成报审和备案工作，方可投入使用；仪器需进行校验和标定后方可使用。每班施工机械及仪器配置见表 3-1，成孔机械见图 3-3。

围护桩施工每班机械设备及仪器配置表 **表 3-1**

项目	设备名称	功率	数量	备注
成孔设备	旋挖钻机	125～450kW	1	根据地层选用
	冲击钻机	符合设计孔径	1	
	多轴搅拌桩机	≥150kW	1	

续表

项目	设备名称	功率	数量	备注
泥浆设备	制浆机	4～6m^3/h	1	
	泥浆泵	4～10m^3/h	2	
	水泵	≥7.5kW	2	
钢筋笼制作	钢筋弯曲机	ϕ6～40mm	1	
	钢筋切断机	ϕ6～40mm	1	
	电焊机	20～24kVA	2	
起重设备	汽车起重机	≥25t	1	
渣土泥浆运输	反铲挖掘机	≥1m^3	1	
	装载机	≥4m^3	1	
	自卸汽车	≥6m^3	1	
测量设备	全站仪	精度>1mm	1	
	水准仪	精度>0.1mm	1	
	测绳	>1cm	1	
试验设备	泥浆比重秤	0.01g/cm^3	1	
	含砂量测定仪器		1	
	泥浆黏度计		1	

(*a*)　　(*b*)　　(*c*)

图 3-3　成孔机械

(*a*) 旋挖钻；(*b*) 冲击钻；(*c*) 三轴搅拌桩机

(3) 劳动力资源准备

每班钻孔灌注桩施工人见表 3-2：

每班钻孔灌注桩施工劳动力配备计划表　　**表 3-2**

类别	岗位	人数	备注
渣土废浆运输	负责人	1	
	渣土转运	2	
	场内渣土外运	6	
	废浆外运	6	
钻孔灌注桩施工	班组长	1	
	成孔班	4	

续表

类别	岗位	人数	备注
钻孔灌注桩施工	泥浆班	4	
	钢筋下料班	4	
	钢筋笼制作班	6	
	起重班	4	
	混凝土灌注班	6	
SMW 工法桩施工	班组长	1	
	成孔班	4	
	制浆班	6	
	起重班	4	
	型钢加工班	4	

3.2 钻孔灌注桩施工

3.2.1 施工方法

根据设计施工图，合理安排成孔顺序；为保护新施工完成的桩不受临近正施工的桩的影响，钻孔灌注桩在平面上采用跳桩作业，跳打距离不少于4倍桩径（或最少间隔不少于36h），施工顺序为1→4→7、2→5→8、3→6→9跳桩施工，钻孔桩施工前，必须试成孔。数量不得少于两个。以便核对地质资料，检验所选的设备，施工工艺及技术措施是否适宜。见图3-4：

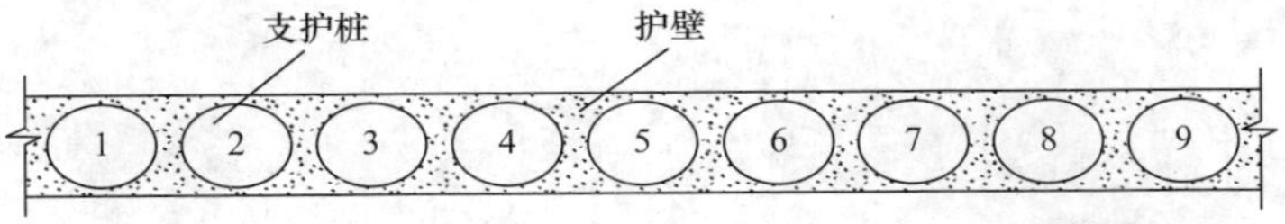

图 3-4 跳仓法施工示意

3.2.2 探槽开挖

为进一步确认地下管线情况，防止其他未明管线影响施工，需在钻孔施工前开挖探槽，探槽深度应大于2.5m，硬化路面可用机械破除，硬化路面以下须人工探挖，开挖时注意未知管线，如遇管线需先处理方可施工，探挖完后需回填至地面以下0.5m，探槽在混凝土灌注施工时可用于泥浆的排流。

3.2.3 测量放样

围护结构平面定位应以各控制点的坐标、线路中心线、设计轴线为准。竖向定位以有效站台中心线处的轨面标高、基坑底面标高、各层板的结构面标高为准，按与线路同坡进行推算。平面定位应考虑实际的地质条件、施工机械的性能、施工误差、测量误差、基坑开挖变形、防水层厚度等因素的影响外放6～10cm，以保证内衬墙的厚度及建筑限界。

用全站仪在桩位中心测放出定位桩，然后据此引出相到垂直的十字控制桩，控制桩可用ϕ8钢筋制作，打入土中至少30cm。桩位必须反复校核，护筒埋置后，再次进行校核，确认无误后进行拴桩。

3.2.4 埋设护筒

钻孔前应设置坚固、不漏水的钢护筒，钢护筒内径应大于钻头直径，使用冲击钻机钻孔时应比钻头大 40cm。护筒顶面应高出施工地面 0.5m，还应满足孔内泥浆面的高度要求。护筒四周回填黏土并分层夯实，可用锤击、加压、振动等方法下沉护筒，见图 3-5。

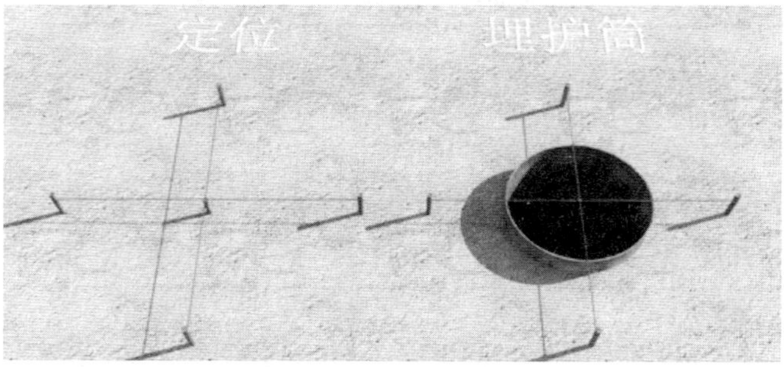

图 3-5　定位及埋设护筒示意

3.2.5　泥浆制备

泥浆制备采用泥浆搅拌机在孔外造浆，根据不同地层情况控制泥浆比重、黏度制备泥浆，泥浆配合比由试验确定。泥浆主要采用黏土、膨润土和泥浆外加剂等材料进行配置。各种外加剂掺入量，应先做试配，试验其掺入外加剂后的泥浆性能指标是否有所改善并符合要求。各种外加剂宜先用小剂量溶剂，按循环周期均匀加入，并及时测定泥浆性能指标，防止掺入外加剂过量。每循环周期相对密度差不宜超过 0.01。泥浆制备搅拌完成后对泥浆性能指标进行标定，标定合格后需溶胀 24h 备用。钻孔过程中应随时检验泥浆比重和含砂率，并填写泥浆试验记录表，见图 3-6。

(*a*)　(*b*)

图 3-6　泥浆池及泥浆性能测试

(*a*) 泥浆池；(*b*) 泥浆性能测试

3.2.6　成孔

(1) 旋挖钻成孔

1) 旋挖钻机就位后应对钻机进行调平对正，施工中应随时通过平衡仪检查钻机水平；开孔时对深度仪进行归零，并应在施工中随时校核深度。根据地质条件选择相应的钻斗。

2) 成孔前必须检查钻头保径装置、钻头直径、钻头磨损情况，施工过程对钻头磨损超标的部件及时更换。

3) 钻头下孔前必须检查滚刀或牙轮使之转动灵活，检查钻头各焊接部位有无裂纹。如发现滚刀或牙轮轴承损坏应及时更换；刀座及钻头筒有磨损应及时补焊，防止发生孔下事故。

4）泥浆初次注入时，应垂直向桩孔中间进行注浆；孔口采用护筒时，液面不宜低于孔口 1.0m，并且高于地下水位 1.5m 以上，液面应保持稳定。

5）旋挖钻机成孔应采用跳挖方式，钻斗倒出的渣土距桩孔口的距离应大于 6m，并应及时清除外运。

6）旋挖钻机配备电子控制系统显示并调整钻进时的垂直度，通过电子控制和人工观测两个方面来保证钻杆的垂直度。

（2）冲击钻成孔

1）冲击钻机施工时，开钻采用小冲程，慢速冲进，当钻锥超过护筒底口 50cm 后，可适当加大冲程到正常速度钻进。正常钻进过程中，冲程控制在 2～6m。在进入岩层时，如岩层为斜坡状，应先投片石，将表面垫平后，再用钻锥进行冲击钻进；在砂及卵石夹土等松散层开孔或钻进时，可按 1∶1 投入黏土和小片石（粒径不大于 15cm），用冲锥以小冲程反复冲击，使泥膏、片石挤入孔壁。必要时须重复回填反复冲击 2～3 次。

2）对冲击钻施工的桩，冲程大小和泥浆稠度应按通过的土层情况适时控制。当通过砂、砂砾石或含砂量较大的卵石层时，宜采用 1～2m 的中小冲程，并加大泥浆浓度，反复冲击使孔壁坚实，防止坍孔。当通过含砂低液限黏土的黏质土层时，因土层本身可造浆，应降低输入的泥浆稠度，并采用 1～1.5m 的小冲程，防止卡钻、埋钻。当通过基岩之类土层时，可采用 4～5m 的大冲程，使基岩破碎。在任何情况下，最大冲程不宜超过 6m，防止卡钻、冲坏孔壁或使孔壁不圆。为正确提升钻锥的冲程，宜在钢丝绳上油漆长度标志。在掏渣后或因其他原因停钻后再次开钻时，应由低冲程逐渐加大到正常冲程以免卡钻。

3）观察到孔内水位迅速下降、井口钢丝绳异常松动时，结合地勘报告，判断是否遇到空洞。认真学习地勘报告，在可能（肯定）要出现空洞的位置，在钻孔时要有充的准备，在快到空洞处是要加大泥浆质量和密度；若空洞内无填充物或填充物不满且空洞较小、封闭，采用填充 1∶1 黄泥夹石片，用小冲程不断冲砸，进尺速度可控制在 0.1～0.2m/h，30min 循环一次，如此反复直到孔内水位平衡；空洞为填充空洞，洞内填物成松软状态时，直接注浆将其固结，必要时灌注水下混凝土，如果洞内填充物成固结态的，则直接硬冲，同时加强泥浆护壁。

4）泥浆补充：开始前应调制足够数量的泥浆，钻进过程中，如泥浆有损耗、漏失，应予补充。并及时检测泥浆指标，遇土层变化应增加检测次数，并适当调整泥浆指标。见图 3-7。

(*a*)

(*b*)

图 3-7　成孔施工

（*a*）旋挖钻成孔；（*b*）冲击钻成孔

3.2.7 清孔

经对孔径、孔深、孔位、竖直度进行检查确认钻孔合格后，即可进行第一次清孔。清孔主要目的是抽、换原钻孔内泥浆，降低泥浆的相对密度、黏度、含砂率等指标，清除沉渣，减少孔底沉淀厚度，防止桩底存留沉淀土过厚而降低桩的承载力；清孔时应将附着于护筒壁的泥浆清洗干净，并将孔底沉渣及泥砂等沉淀物清除。清孔可采用正循环排渣。

清孔过程中应注意：

（1）清孔排渣时，注意保持孔内水头，孔内水位应保持在地下水位以上 1.5～2.0m，防止坍孔。

（2）清孔过程中的泥浆、渣土经过处理后均需运至指定的地点，尽量减少对周围环境的影响。

（3）禁用超深成孔的方法代替清孔。

在下吊钢筋笼后如产生新的沉渣，可利用导管进行第二次清孔。浇筑混凝土前，孔底 500mm 以内的泥浆比重应小于 1.25；含砂率不大于 8%；黏度不大于 28s。

3.2.8 钢筋笼制作与吊装

（1）钢筋笼制作

1）钢筋备料

钢筋的材质、规格必须满足设计图纸和验收标准要求，且通过项目自检及监理工程师验收合格后方能使用。钢筋表面应洁净，使用前应将表面油渍、漆皮、鳞锈等清除干净，钢筋应平直，无局部弯折。分批分型号堆放、设立标识。

2）加工场地检查

钢筋笼制作场地应进行硬化，钢筋笼加工及堆放场地应设置防雨棚。钢筋笼在长线胎架上加工成型，应采用工字钢搭设。

3）钢筋笼制作

① 钢筋笼的分幅长度应满足设计要求。

② 钢筋笼的加强箍筋及桁架连接筋设置应符合设计要求，如果不能满足吊装要求进行增加。

③ 钢筋笼的主筋应采用机械连接接头，质量必须符合《钢筋机械连接技术规程》JGJ 107—2010。

④ 焊接桁架过程中按要求预留灌注孔位置，灌注孔上下贯通。

⑤ 钢筋笼底端应在 0.5～0.8m 范围内的厚度方向上做收口处理。

⑥ 预埋件应与主筋连接牢固，外露面包扎严密。

⑦ 分节制作钢筋笼应试拼装，其主筋接头搭接长度应符合设计要求。

4）钢筋应力计、测斜管及保护层定位钢筋环安装

需要安装钢筋应力计和测斜管的桩体钢筋笼吊装前，先把钢筋应力计和测斜管牢固绑扎在钢筋笼迎土面一侧，在测斜管的顶端套一根 105cm 长的钢管，保护测斜管在剔除桩头时不被破坏。要确保钢筋笼主筋净保护层厚度，施工时设置定位钢筋环，以确保钢筋的保护层厚度，钢筋环的间距在竖向不应大于 2m，在横向圆周不应少于 4 处。

5）存放

钢筋笼加工制作完成后，存放在平整、干燥的场地上，每隔 2m 设置衬垫，使钢

筋笼高于地面 5cm，按照在胎架上制作的顺序进行编号存放，钢筋笼应加盖防雨布。见图 3-8。

(a) (b) (c) (d) (e)

图 3-8　钢筋笼加工

(a) 钢筋加工棚；(b) 钢筋笼加工；(c) 测斜管安装；(d) 钢筋笼保护层钢环；(e) 钢筋笼直螺纹连接及端头收口

6）钢筋笼出场验收

在钢筋笼出场之前，对钢筋笼的钢筋尺寸、直径、配筋间距、焊接质量、预埋件、预埋筋、监测管等进行严格检查，验收合格后方可出场。

7）钢筋笼运输

钢筋笼运输采用平板车转运至安装位置，转运过程对钢筋笼做好保护，严防钢筋笼变形。

（2）钢筋笼吊装

1）先采用探笼试孔后方可进行钢筋笼的吊装，探笼长为 4～6 倍桩径、直径等同于钻头直径。钢筋笼安装，必须使钢筋笼的中心与桩中心相吻合。

2）钢筋笼吊装时在根据钢筋笼的长度确定 3 个吊点。起吊时采用 3 点起吊，主杆用滑轮带两个吊点，副杆吊点在主杆的两个吊点之间，3 个吊点沿钢筋笼长度均匀分布。吊点部位要加强焊接，确保吊装稳固。吊放时，先吊直、扶稳，保证不弯曲、扭转。对准孔位后，缓慢下沉，避免碰撞孔壁。

3）根据测定的孔口标高计算出定位筋的长度，核对无误后进行焊接，完成对钢筋笼最上端的定位。然后在定位钢筋骨架顶端的顶吊圈下面插入两根平行的工字钢，将整个定位骨架支托于护筒旁边设置的型钢支撑顶端。两工字钢的净距大于导管外径 30cm。其后撤下吊绳，用短钢筋将工字钢及定位筋的顶吊圈焊于护筒上。既可以防止因导管或其他机具碰撞而使整个钢筋笼变位或落入孔中，又可防止钢筋笼上浮。

4）吊装时，若空孔低于地面以下应在钢筋笼顶部焊接吊筋，采用吊筋将钢筋笼下放至设计桩顶标高。钢筋笼的吊环强度必须能够承受全部钢筋笼的重量。

5）分节吊装时，在同一截面内钢筋接头需错开，接头面积不能大于总截面 50%，错开长度不小于 35d，并不小于 50cm。连接时，上下两节的钢筋笼主筋轴心必须对齐。连接完成后，按要求补焊箍筋使其形成整体。上下节对接完成后，拔掉承托用的钢管或型钢，继续沉放钢筋笼，为避免钢筋笼碰撞孔壁，要缓慢沉放，并将吊索置于钢筋笼轴线上，不使其摇晃。

(*a*)　(*b*)　(*c*)

图 3-9　钢筋笼吊装入孔及分节安装

（*a*）钢筋笼起吊；（*b*）吊装入口；（*c*）分节吊装

3.2.9　灌注水下混凝土

钢筋笼下放好后，即下放灌注混凝土的导管至孔底，导管每节拧紧，确保封水性能。导管不得漏水，导管下放之前要先进行试拼、试压，试压的压力为孔底静水压力的 1.5 倍。导管轴线偏差不宜超过孔深的 0.5%且不宜大于 10cm，导管内壁应光滑圆顺，直径宜为 25～35cm，标准节长宜为 2m、3m 及 4m。

灌注前在现场复测混凝土坍落度、扩散度，保证混凝土坍落度、流动性等符合规范和设计要求。不合格混凝土严禁灌入孔内。混凝土要求其坍落度控制在 160～210mm，粗骨料粒径不大于 40mm，具有良好的和易性。浇混凝土导管的安拆，由汽车吊机配合进行。施工中应注意以下要点：

（1）用吊车将导管吊入孔内，位置应保持居中，导管吊放时不得碰撞钢筋笼。开灌前必须有足以将导管底端一次性埋入水下混凝土中 0.8m 以上深度的混凝土方量。

（2）要求水下混凝土浇灌过程必须连续快捷，尽可能缩短拆管时间，保证混凝土上升速度大于 2m/h。当管内混凝土不满时，应徐徐灌注，防止导管内形成高压空气囊。

（3）在灌注过程中，随着混凝土的上升，要适时提升和拆卸导管，应经常探测井孔内混凝土面位置及时调整导管埋深，导管埋深一般不宜小于 2m 或大于 6m，严禁将导管底端拔离混凝土面。

（4）灌注的桩顶标高应高出设计标高 0.5m，以保证桩顶混凝土强度不低于设计强度。

（5）浇筑时，应有专人测量导管埋深，填写好水下混凝土灌筑记录，混凝土试件制作：同一配合比每班不得少于一组，每一组不得少于 5 根。见图 3-10。

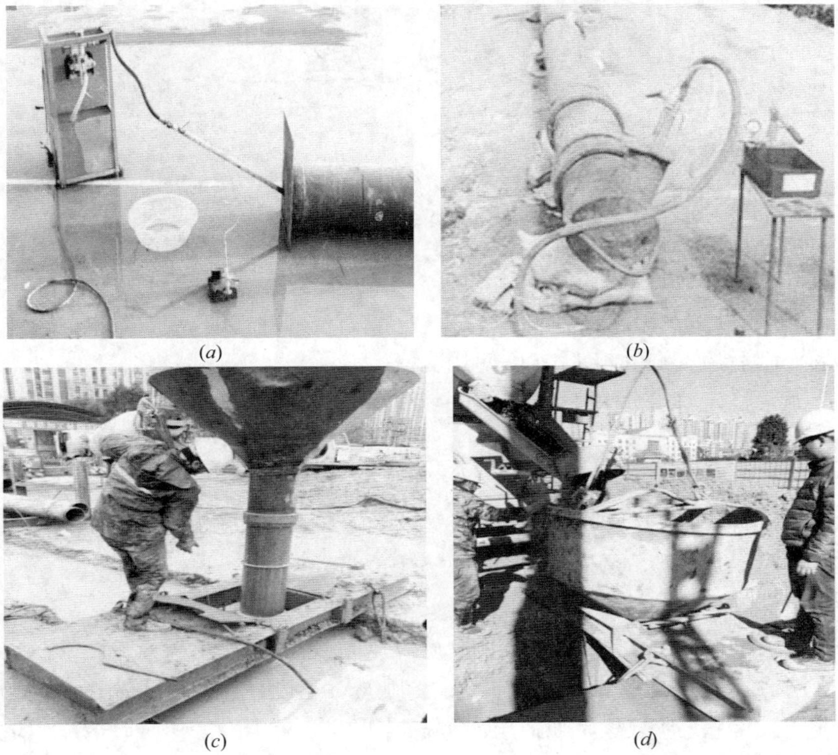

图 3-10　灌注水下混凝土

（*a*）导管水密性试验；（*b*）导管气密性试验；（*c*）导管安装；（*d*）灌注水下混凝土

3.2.10　桩头破除

待桩身达到一定的混凝土强度后，测量放样每根桩桩头标高并用红线标记，采用切割机在设计桩顶标高处割缝，将灌注多余的钻孔灌注桩桩头混凝土凿除。桩头凿除时，应从水平方向往桩芯凿，避免从桩头向下凿，以免桩头成为锥型，同时避免随意将桩内的钢筋左右前后搬动。桩头凿到冠梁底标高以上 5cm 后，将松动的混凝土块清除掉，用气泵把开凿面吹喷干净。处理桩头钢筋时应保证桩顶伸入构件的长度。

3.2.11　桩基检测

钻孔桩采用低应变动测法进行检测，检测数量应符合设计要求，当用低应变法检测判定桩身完整性为Ⅲ类时，应采用钻芯法进行验证，并应扩大低应变动测法检测数量。见图 3-11。

3.2.12　钻孔灌注桩施工控制要点

（1）泥浆制备控制要点

1）严格按照操作规程和配合比要求进行泥浆制作和搅拌。

2）泥浆使用一个循环之后，对泥浆进行分离净化并补充新制泥浆。

(a)

(b)

图 3-11 桩头破除及桩基检测

（a）桩头破除；（b）桩基检测

3）泥浆的比重、黏度、含砂率、pH 值均应符合要求。随时对泥浆进行测试，对不符合要求的泥浆进行处理。

4）泥浆拌制后应充分水化后方可使用。

5）保持泥浆稳定性、泥皮形成性能、泥浆流动性等。

（2）灌注桩成孔控制要点

1）成孔前必须检查钻头保径装置、钻头直径、钻头磨损情况，施工过程对钻头磨损超标的部件及时更换。

2）围护桩应根据实际情况考虑外放 60～100mm。

3）保证钻杆的垂直度，控制成孔垂直度。

4）根据地层情况控制泥浆质量符合设计及规范要求。

5）旋挖钻机钻孔过程中根据地质情况控制进尺速度：由硬地层钻到软地层时，可适当加快钻进速度；当软地层变为硬地层时要减速慢进；在易缩径的地层中，应适当增加扫孔次数，防止缩径；对硬塑层采用快转速钻进，以提高钻进效率；砂层则采用慢转速慢钻进，并适当增加泥浆比重和黏度。

6）钻进过程中，应随时清理孔口积土，遇到地下水、塌孔、缩孔等异常情况时，应及时处理。

7）钻孔作业应分班连续作业，如因故停机时间较长时，应将钻头提出孔外，并对孔口加盖防护。

8）泥浆液面控制和清孔、清渣。

9）按试桩施工所确定的参数进行施工，设专职记录员记录成孔过程的各项参数，如钻进深度、地质特征、机械设备损坏、障碍物等情况，记录必须认真、及时、准确、清晰。

（3）钢筋笼制作与吊装控制要点

1）钢筋笼原材符合设计及规范要求。

2）主筋间距必须准确，主筋接头应互相错开。

3）安放钢筋时，避免碰撞护壁，采用慢起、慢落、逐步下放的方法，不得强行下插。

4）钢筋笼安装后经测量复核确保其平面位置，标高均符合设计及规范要求。

（4）混凝土灌注控制要点

1）灌注混凝土前需进行二次清孔，复核孔底泥浆性能与沉渣厚度。

2）导管必须进行试拼装，进行严密性和压力试验。

3）导管插入混凝土的深度，拔管速度与时机符合设计及规范要求。

4）进场混凝土应进行配合比核实及性能检测，满足设计要求。

3.3 SMW 工法桩

3.3.1 施工方法

SMW 工法搅拌成桩一般采用跳槽式双孔全套复搅式连接和单侧挤压式连接方式两种施工顺序，详见图 3-12、图 3-13。其中阴影部分为重复套钻，保证墙体的连续性和接头的施工质量，水泥搅拌桩的搭接以及施工设备的垂直度修正是依靠重复套钻来保证，从而达到止水的作用。

（1）跳槽式双孔全套复搅式连接：一般情况下均采用该种方式进行施工。

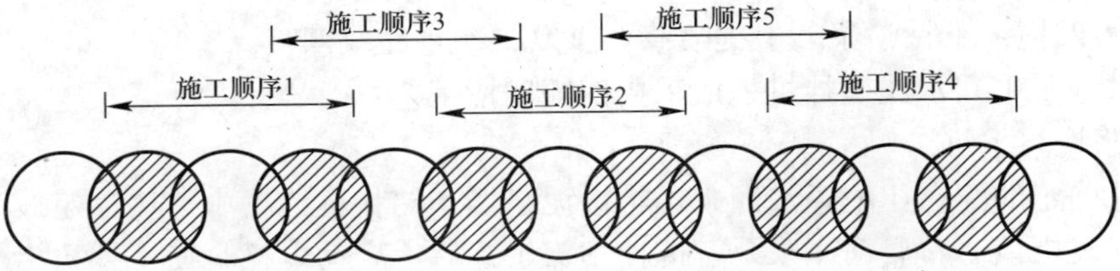

图 3-12 跳槽式

（2）单侧挤压式连接方式：对于围护墙转角处或有施工间断情况下采用此连接。

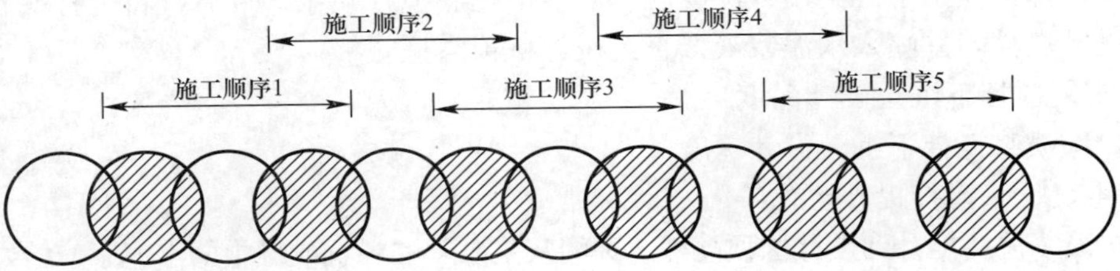

图 3-13 单侧挤压式

（3）对于围护墙转角处，为保证工法状的质量和止水效果有时也采用图 3-14 所示连接。

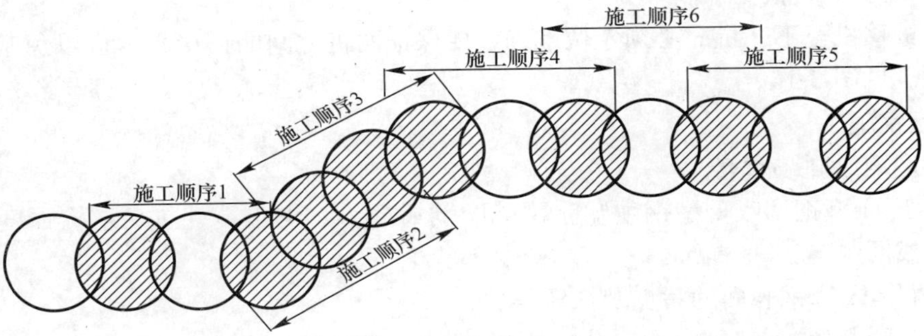

图 3-14 转角处连接方法

3.3.2 多轴搅拌机施工

（1）平整场地、放线定位

因搅拌桩机重量大，要求施工场地桩机经过的范围土层硬度较高，搅拌桩施工前施工场地必须平整，且应清除场地中地表障碍物及换填软弱稀松的土层。场地平整后可按图纸放线定桩位。

（2）搅拌桩施工

搅拌桩采用大功率搅拌桩机。在已引孔的桩位处定位机械，双向垂直度控制对中，使钻头对准引孔桩心位置，调整机身，使设备保持水平，搅拌轴呈垂直状态，即可进行搅拌桩施工。

搅拌工艺可分为四种：

① 一喷二搅：下钻喷浆，上提不喷。

② 二喷二搅：下钻喷浆，上提补浆喷浆。

③ 二喷四搅：下钻喷浆，上提不喷，重复一次，完成四搅。

④ 四喷四搅：下钻喷浆，上提喷浆，重复一次，完成四喷。

在地铁施工中，水泥搅拌桩一般采用四喷四搅工艺：

① 喷浆搅拌下沉

按设计确定的配合比配置水泥浆，将水泥浆倒入储料坑或罐中，用输浆胶管将储料灌浆泵与搅拌装机接通，启动注浆泵，搅拌钻头出浆后，启动电机，使搅拌机沿导向架搅拌切土下沉，下沉速度可由电机的电流监测表控制喷浆，工作电流不应大于额定值，在搅拌下沉同时开始送浆。

② 喷浆搅拌提升

深层搅拌机喷浆下沉到设计深度后，并停留孔底搅拌喷浆 30s 后，将搅拌头自桩端反转匀速提升搅拌，并喷入水泥浆液，直至设计桩顶高程。

③ 重复搅拌下沉至设计深度

第二次喷浆搅拌下沉至设计深度。

④ 重复喷浆搅拌提升至孔口

再次喷浆搅拌提升到设计桩顶高程。关闭灰浆泵，贮料坑或罐中的水泥浆应恰好排空。

⑤ 关闭搅拌机、清洗

成桩完毕，清洗搅拌叶片上包裹的土块及喷浆口。另外，若暂不施工，需及时在贮料罐中注入适量清水，开启灰浆泵，清洗全部管路中残存的水泥浆，直到基本干净。

⑥ 移位至下一根桩

搅拌桩移机至下一桩时必须定位准确，要保证两桩之间的搭接长度，以免基坑开挖后出现漏水。见图 3-15。

3.3.3 型钢施工

（1）型钢涂刷减摩剂

为便于 H 型钢回收，型钢须知涂刷减摩剂后插入水泥土搅拌桩，结构强度达到设计要求后起拔回收。

1）清除 H 型钢表面的污垢及铁锈。

2）减摩剂必须加热至完全融化，用搅棒搅时感觉厚薄均匀，才能涂敷于 H 型钢上，否则涂层不均匀，易剥落。

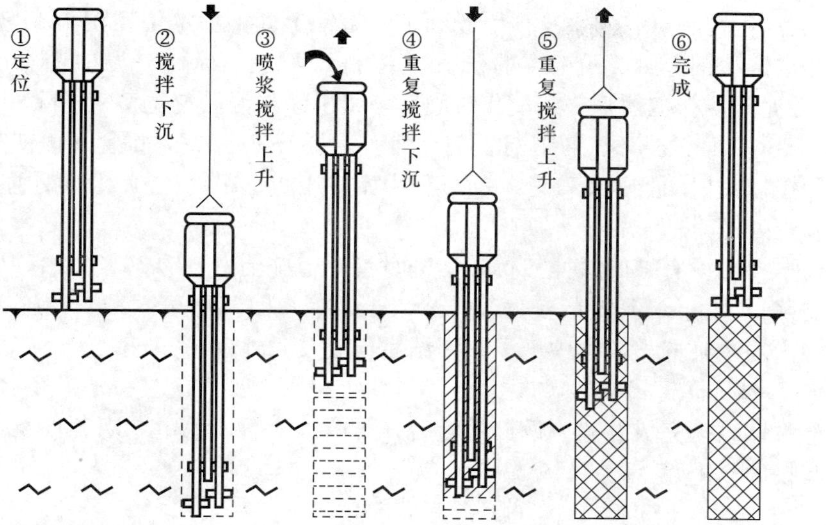

(*a*)

(*b*)

(*c*)

图 3-15　三轴搅拌施工

(*a*) 三轴搅拌桩施工示意图（四喷四搅）；(*b*) 三轴搅拌桩施工实景图；(*c*) 三轴搅拌桩施工实景图

3）如遇雨雪天型钢表面潮湿，应先用抹布擦干表面才能涂刷减摩剂，不可以在潮湿表面上直接涂刷，否则将剥落。

4）如 H 型钢在表面铁锈清除后不立即涂减摩剂，必须在以后涂料施工前抹去表面灰尘。

5）H 型钢表面涂上涂层后，一旦发现涂层开裂、剥落，必须将其铲除，重新涂刷减摩剂。

6）基坑开挖后，设置支撑牛腿时，必须清除 H 型钢外露部分的涂层，方能电焊。地下结构完成撤除支撑，必须清除牛腿，并磨平型钢表面，然后重新涂刷减摩剂。

（2）型钢插入

水泥搅拌桩施工完毕后，吊机应立即就位，准备吊放 H 型钢。

1）起吊前在型钢顶端开一个中心圆孔，孔径约 6cm，装好吊具和固定钩，然后用 25t 吊机起吊 H 型钢，用线锤校核垂直度，必须确保垂直。

2）在沟槽定位型钢上设 H 型钢定位卡，固定插入型钢平面位置，型钢定位卡必须牢固、水平，而后将 H 型钢底部中心对正桩位中心并沿定位卡徐徐垂直插入水泥土搅拌桩体内。

3）根据高程控制点，用水准仪引放到定位型钢上，根据定位型钢与 H 型钢顶标高的高度差，在定位型钢上搁置槽钢，焊 $\phi8$ 吊筋控制 H 型钢顶标高，误差控制在 ±5cm 以内。

4）待水泥土搅拌桩达到一定硬化时间后，将吊筋与沟槽定位型钢撤除。

5）若 H 型钢插放达不到设计标高时，则采取提升 H 型钢，重复下插使其插到设计标高，并采用振动锤振动打入标高，下插过程中始终用线锤跟踪控制 H 型钢垂直度。

（3）弃土处理

搅拌机搅拌轴设有螺旋式搅拌翼，钻进时有一定排土量，约 30%以内，一般沉积在导沟内（为泥浆），由于水泥掺量较大，排浆（土）经短时间即可固结，在施工时应及时用挖机将导沟内的余浆挖出，集中堆放，固结后干土及时外运。

（4）H 型钢回收

待地下主体结构完成并达到设计强度后，支撑拆除后，采用专用夹具及千斤顶以圈梁为反梁，起拔回收 H 型钢。见图 3-16。

(*a*) (*b*) (*c*) (*d*)

图 3-16 型钢施工实例图

（*a*）型钢插入实例图；（*c*）SMW 工法桩实例图；（*b*）型钢振动插入实例图；（*d*）型钢拔出实例图

3.3.4 控制要点

（1）多轴搅拌机施工要点

1）桩位控制、桩长控制、垂直度控制。

2）水泥投放量、浆液水灰比（宜用比重法控制）、浆液泵送时间、搅拌下沉及提升时间控制。

3）施工前对施工区域地下障碍物进行探测并处理。

(2) 型钢施工控制要点

1) 型钢插入位置、型钢转角、垂直度控制。

2) 钻进时注浆量控制。

3) 垂直度控制。

4 质量检验标准

4.1 钻孔灌注桩

4.1.1 钢筋笼质量检验标准

钢筋笼制作允许偏差见表 3-3:

钢筋笼制作允许偏差表 **表 3-3**

项目	偏差 (mm)
钢筋笼长度	±50
钢筋笼直径	±10
主筋间距	±10
箍筋间距	±20

4.1.2 泥浆性能指标

泥浆性能指标见表 3-4:

泥浆性能指标 **表 3-4**

钻孔方式	土层情况	泥浆性能指标				
		泥浆比重	黏度 (Pa·s)	含砂率 (%)	胶体率 (%)	酸碱度 (pH)
正循环	一般地层	1.05~1.20	16~22	8~4	≥96	8~10
	易坍地层	1.20~1.45	19~28	8~4	≥96	8~10
反循环	一般地层	1.02~1.06	16~20	≤4	≥95	8~10
	易坍地层	1.06~1.10	18~28	≤4	≥95	8~10
	卵石层	1.10~1.15	20~35	≤4	≥95	8~10
旋挖	一般地层	1.02~1.10	18~22	≤4	≥95	8~11
冲击	易坍地层	1.20~1.40	22~30	≤4	≥95	8~11

4.1.3 钻孔灌注桩质量标准

成孔质量标准见表 3-5:

钻孔灌注桩成孔标准 **表 3-5**

序号	项目	允许偏差
1	桩位偏差	≤50
2	孔深允许	+300
3	垂直度	≤0.5%
4	沉渣厚度	100mm
5	孔径	不小于设计桩径

4.2 SMW 工法桩

4.2.1 多轴搅拌桩施工质量标准

(1) 桩底标高+100，−50。

(2) 桩位偏差<50mm。垂直度偏差≤1/250。

(3) 桩径±10mm。

(4) 施工应有连续性，不得出现施工冷缝。如出现冷缝，进行压密注浆补强。

(5) 水泥土强度符合设计要求。

4.2.2 型钢施工质量标准

型钢施工质量标准见表 3-6：

型钢施工质量标准 **表 3-6**

序号	项目	允许偏差
1	型钢长度	±10
2	型钢底标高	−30mm
3	型钢平面位置	50mm（平行于基坑方向） 10mm（垂直于基坑方向）
4	形心转角	3°
5	垂直度偏差	≤1/250

第四章　旋喷桩施工工艺标准

1　工艺概述

旋喷桩是利用工程钻机钻孔至要求深度后（或引孔旋喷一体机），利用高压旋喷台车将安有水平喷嘴的注浆管下到设计标高，利用高压设备使喷嘴以一定的压力把浆液喷射出去，高压射流冲击切割土体，使一定范围内的土体结构破坏，浆液与土体搅拌混合固化，随着注浆管的旋转和提升而形成圆柱形桩体，凝固后在土体中形成圆柱形状、有一定强度、相邻桩体相互咬合成一体的固结体。该工艺处理淤泥、淤泥质土、黏性土、粉土、沙土、人工填土和碎石土等有良好的效果，能起到止水与土体加固的作用。

2　工序流程

旋喷桩施工流程见图 4-1：

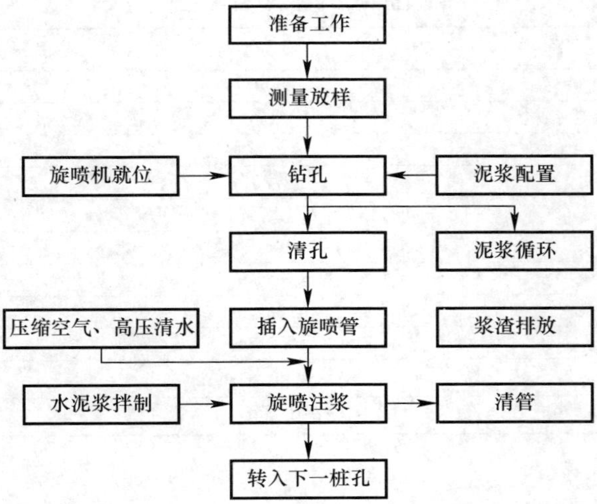

图 4-1　旋喷桩施工流程

3　施工工艺及控制要点

3.1　施工准备

3.1.1　技术准备

（1）施工前编制《旋喷桩施工方案》，并完成方案审批。

（2）对施工作业人员进行旋喷桩施工技术交底和安全技术交底。

（3）测量工程师在施工前进行控制点的布设，完成施工定位放线及复核。

（4）旋喷桩施工前进行室内配比试验，并进行现场试验或试验性施工，确定施工工艺及外加剂掺入比、注浆量、压力、流量、气流、提升速度等工艺参数。

3.1.2 现场准备

（1）完成施工范围内的地下管线改迁、障碍物的清除工作。

（2）挖好排浆沟，设置泥浆池，浆液回收处理，防止污染环境。

3.1.3 资源准备

（1）材料进场及验收

1）水泥：一般情况下，宜采用普通硅酸盐水泥，其强度等级应符合设计要求，并应符合《通用硅酸盐水泥》GB 175—2007 中的规定。露天存放水泥时，地面垫板要离地 20～30cm，袋装水泥堆垛 10 袋为宜，最高不超过 15 袋，并用雨布覆盖严密，防止雨露侵入使水泥受潮。

2）水：符合《混凝土拌合用水标准》JGJ 63—2006 的规定。

3）外掺剂：符合设计要求，有产品合格证并抽样送检合格。

（2）机械设备进场及报验

所有机械设备进场后先进行组装和调试，后按要求完成报审和备案工作，方可投入使用；仪器需进行校验和标定后方可使用。每班旋喷桩施工机械见表 4-1：

旋喷桩施工机械设备配置表 **表 4-1**

项目	设备名称	设备型号	数量	备注
旋喷施工设备	高压旋喷钻机	单重管	1 台	根据设计要求选用
	高压旋喷钻机	双重管	1 台	
	高压旋喷钻机	三重管	1 台	
	泥浆泵	BW250/50	2 台	
	高压泵	3W-TB4 高压柱塞泵，带压力流量计	2 台	
	空压机	压力≥0.7MPa 排量≥6m^3/min	1 台	双管、三管
渣土泥浆运输	反铲挖掘机	≥1m^3	1 台	
	装载机	≥2m^3	1 台	
	泥浆运输车	≥6m^3	4 台	
测量设备	全站仪	精度＞1mm	1 台	
	水准仪	精度＞0.1mm	1 台	

（3）劳动力资源准备

每班旋喷桩施工劳动力配置见表 4-2：

劳动力配备计划表 **表 4-2**

类别	岗位	人数	备注
旋喷桩施工	班组长	1	
	钻机班	2	
	水泥浆制备班	4	
渣土废浆运输	负责人	1	
	废浆外运	6	

3.2 旋喷桩施工

3.2.1 工艺方法

（1）施工工艺选择

旋喷桩施工根据设计要求、地基条件及工程需要选用施工方法，一般有单管法、双管法、三管法。

单管法是利用钻机把安装在注浆管（单管）底部侧面的特殊喷嘴，置入土层预定深度后，用高压灌浆泵喷射高压浆液冲击破坏土体，使浆液与土搅拌混合，经过一定时间凝固，便在土中形成一定的固结体，成桩直径为600mm左右。

双管法是利用高压灌浆泵与空气压缩机同时工作产生高压，形成高压水泥浆液流，将土体切割成桩，成桩直径为800mm左右。

三管法是利用专用设备先造孔，然后插入灌浆管，利用高压水流切割土体，同时利用空气压缩机工作将切割本体产生的泥浆排出，并同步灌浆，成桩直径可达到1200mm左右。

适用范围：单管、双管多用于地基加固及止水帷幕桩，三管一般用于止水帷幕桩。

（2）场地平整，测量放样

正式进场施工前，首先对施工场地进行开挖，清除地下障碍物，然后整平、夯实。同时合理布置施工机械、输送管路和电力线路位置。场地平整后用全站仪测定旋喷桩施工的控制点，经过复测验线合格后，用钢尺和测线实地布设桩位。

（3）钻机就位、钻孔

钻机就位后对桩机进行调整、对中，调整桩机的垂直度，保证钻杆与桩位一致，钻杆垂直度应小于0.5%。钻孔前应调试空压机、泥浆泵，使设备运转正常，同时校验钻杆长度，并标注深度线，保证孔底标高满足设计深度，用低压的清水或泥浆喷射，同时回转钻杆，使钻头钻到设计标高。

（4）水泥浆液配置

桩机移位时，即开始按设计确定的配合比拌制水泥浆，常用水灰比为1。首先将水加入桶中，再将水泥和外掺剂倒入，使用高速搅拌机时不少于60s，使用普通搅拌机时不少于180s，过滤后流入浆液池，待压浆时备用。

搅拌机的转速和拌和能力应分别与所搅拌浆液类型和灌浆泵的排浆量相适应，并应能保证均匀、连续地拌制浆液。保证高压喷射注浆连续供浆需量。配置水泥浆应注意以下几点：

1）纯水泥浆的搅拌存放时间，自制备至用完的时间应少于2.5h。

2）浆液应在过筛后使用，并定时检测其密度。

3）制浆材料称量可采用质量或体积计量法，其误差应不大于5%。

4）炎热夏季施工应采取防热和防晒措施，浆液温度应保持在5～40℃。

5）水泥浆液中需要加入适量的外加剂及掺合料构成复合浆液，应通过试验确定。

（5）插管、旋喷作业

在插管过程中为防止泥沙堵塞喷嘴，宜采用边射水、边插管，插管时应控制压力，以免过高压力将孔壁射塌。喷射时，先在底部旋喷，当达到预定的压力及喷浆量后再边旋转边提升。钻杆的旋转提升必须连续不断，卸管后继续喷射的搭接长度不小于10cm。中途如发生故障，应立即停止提升和喷射，以防止断桩。

（6）台车移位，回灌浆液

旋喷提升到设计桩顶标高时停止旋喷，提升钻头出孔口，然后彻底清洗注浆管和注浆泵，直到管内机内无残存水泥浆，再将钻机移位。

因旋喷桩固结体析水收缩，为保证高喷防渗墙固结后墙顶标高及桩体有效直径满足设计要求，必须及时进行静压回填灌浆，补充浆液，直到浆面不再下沉为止。见图 4-2。

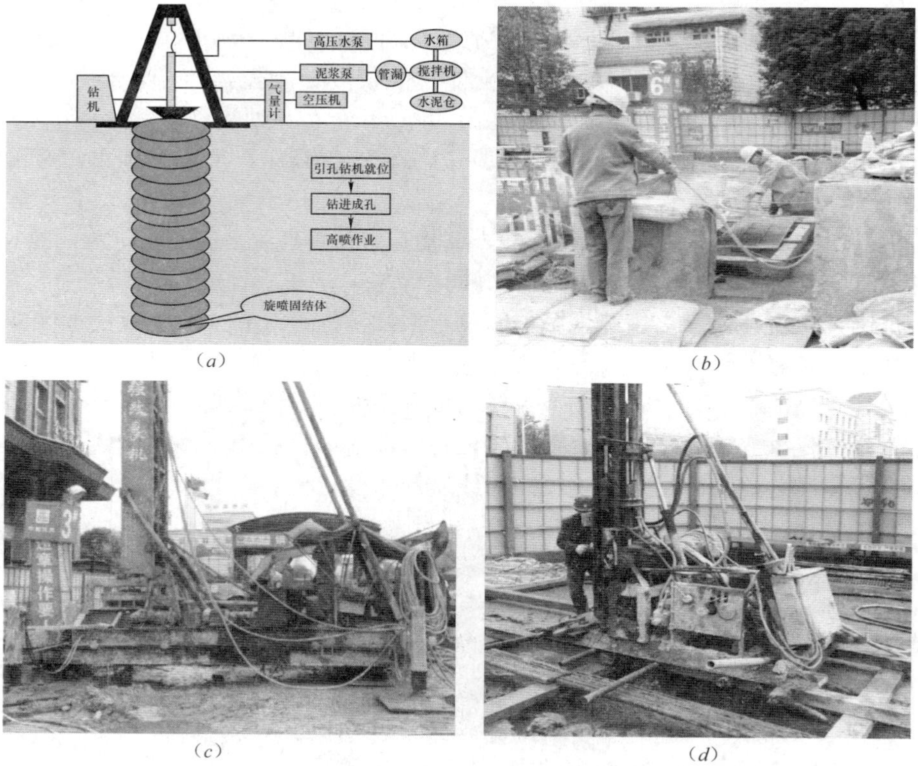

图 4-2　旋喷施工

(*a*) 三管旋喷桩施工示意图；(*b*) 水泥浆拌制；(*c*) 三管旋喷桩施工；(*d*) 单双管旋喷桩施工

3.2.2　控制要点

（1）施工前对施工区域地下障碍物进行探测并处理。

（2）正式施工前进行试桩确定具体施工参数，施工时一般采用跳孔施工。

（3）桩位控制、桩长控制、垂直度控制，孔斜率不大于 0.5%，桩体直径偏差≤50mm。终孔深度大于设计开喷深度 0.5～1.0m，开孔口径不大于喷射管外径 100mm，终孔口径应大于喷射管外径 20mm。

（4）钻机转速、沉钻速度、提钻速度及旋转速度等。

（5）水泥投放量、浆液水灰比（宜用比重法控制）、浆液泵送时间、搅拌下沉及提升时间控制。

（6）喷射过程中，冒浆量控制在 10%～25%之间。

（7）喷射注浆作业后，应及时用水泥浆进行补灌，并要预防其他钻孔排出的泥土或杂物进入。

（8）高压喷射注浆完毕后，应迅速拔出喷射管。施工中做好泥浆处理，及时将泥浆清理。

施工常见问题及处理办法见表 4-3。

施工常见问题及处理办法 **表 4-3**

常见问题	产生原因	预防措施及处理方法
固结体强度不均、缩颈	喷射方法与机具没有根据地质条件进行选择	根据设计要求和地质条件，选用不同的喷浆方法和机具
	喷射设备出现故障（管路堵塞、串、漏、卡钻）中断施工	喷浆前进行压水压浆压气试验，一切正常后方可配浆准备喷射，保证连续进行。配浆时必须用筛过滤
	拔管速度、旋转速度及注浆量不配合，造成桩身直径大小不均，浆液有多有少	根据固结体的形状及桩身匀质性，调整喷嘴的旋转速度、提升速度、喷射压力和喷浆量
	穿过较硬的黏性土产生缩颈	对易出现缩颈部位及底部不易检查处进行定位旋转喷射（不提升）或复喷的扩大桩径办法
	喷射的浆液与切削的土粒强制拌和不充分、不均匀，影响加固效果	控制浆液的水灰比及稠度，严格要求喷嘴的加工精度、位置、形状、直径，保证喷浆效果
钻孔沉管困难，偏斜	遇有地下埋设物，地面不平实	遇有地下埋设物清除或移桩位点
	钻杆垂直度超过 1%	喷射注浆前先平整场地，钻杆垂直度控制在 1%以内
注浆流量不变，压力突然下降	注浆系统泄露	检查各部位的泄露情况，必要时拔出注浆管检查密封性能
压力陡增超过最高限值、流量为零，停机后压力不变动	喷嘴堵塞	拔管疏通喷嘴
冒浆过大，超过 25%	有效喷射范围与注浆量不相适应，注浆量大大超过喷浆固结所需	提高喷射压力；适宜缩小喷嘴孔径；加快提升和旋转速度
不冒浆	地层有较大空隙	在浆液中掺入适量的速凝剂，缩短固结时间；在空隙地段增大注浆量，填满空隙后继续正常喷浆

4 质量检验标准

旋喷桩成桩质量检验标准见表 4-4：

旋喷桩成桩质量控制标准 **表 4-4**

序号	检查项目	允许偏差或允许值	检查方法
1	水泥及外掺剂质量	符合出厂要求	查产品合格证书或抽样检查
2	水泥用量	设计要求	查看流量表及水泥浆水灰比
3	钻孔位置	≤50mm	钢尺量
4	钻孔垂直度	≤1.5%	全站仪
5	孔深	±200mm	钢尺量
6	注浆压力	±0.1MPa	查看压力表
7	桩体直径	≤50mm	开挖后钢尺量

旋喷桩达到龄期后采用钻芯法检测桩身的完整性，并取样做抗压强度试验，检测的数量为总桩数的 1%，且不得少于 5 根。试样的单周无侧限抗压强度一般为 $q_u>1.0$MPa，桩体渗透系数一般为 1×10^{-5}cm/s。

第五章　钢筋混凝土支撑施工工艺标准

1　工艺概述

钢筋混凝土支撑体系包括冠梁和钢筋混凝土支撑。

冠梁是设置在地铁基坑周边围护结构顶部的钢筋混凝土连续梁，其作用一是将所有的桩基连成为整体，并防止基坑顶部边缘产生坍塌，其二是承受钢筋混凝土支撑的水平挤靠力和竖向剪力。

钢筋混凝土支撑一般与冠梁同时施工浇筑，横向或斜向连接基坑两侧冠梁形成支撑体系，具有刚度大、变形小，强度安全可靠性大，施工方便等特点。

2　工序流程

钢筋混凝土支撑体系施工流程见图 5-1：

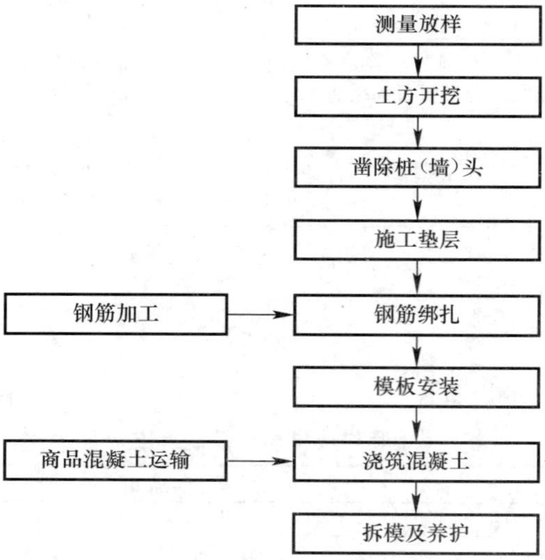

图 5-1　钢筋混凝土支撑施工流程

3　施工工艺及控制要点

3.1　施工准备

3.1.1　技术准备

（1）施工前编制《钢筋混凝土支撑施工方案》，并完成方案审批。

(2) 对施工作业人员进行地下连续墙施工技术交底和安全技术交底。

(3) 测量工程师在施工前进行控制点的布设，完成施工定位放线及复核。

3.1.2 现场准备

(1) 冠梁开挖前查明周边地下管线和地下构筑物的情况，予以迁改或加固，并采取可行的措施进行严密检测，确保施工期间地下管线和地下构造物安全正常使用。

(2) 冠梁开挖前准备一定数量的应急材料，作好冠梁基坑抢险加固准备工作。冠梁基坑施工前，在冠梁基坑四周布设排水沟，并把排水沟引到已经设计好的集水坑内，在采用抽水泵抽排。并在施工边界设置临时防护。

3.1.3 资源准备

(1) 材料进场及验收

1) 钢筋：钢筋进场时，应按国家现行相关标准的规定抽取试件作屈服强度、抗拉强度、伸长率、弯曲性能和重量偏差检验，检验结果应符合相应标准的规定。

2) 钢筋机械连接套筒：连接套筒应有出厂合格证，一般为低合金钢或优质碳素结构钢，其抗拉承载力标准值应大于、等于被连接钢筋的受拉承载力标准值的 1.20 倍，套筒长为钢筋直径的二倍，套筒应有保护盖，保护盖上应注明套筒的规格。

3) 电焊条：按设计要求选用，其质量应符合现行国家标准《非合金钢及细晶粒钢焊条》GB/T 5117、《热强钢焊条》GB/T 5118 的规定。

4) 模板及支架材料的技术指标应符合国家现行有关标准的规定，应采用轻质、高强、耐用的材料，连接件宜选用标准定型产品。

5) 半成品堆放：将加工成型的钢筋分部、分层、分段和构件名称按号码顺序堆放，同一部位钢筋或构件堆放在一起，保证施工方便。

6) 商品混凝土：选择具有相应资质等级商品混凝土供应单位，确定台班供应量、供应路线、应急保证措施等，配合比应经试验确定，并应符合《混凝土质量控制标准》GB 50164。见图 5-2。

(*a*) (*b*)

图 5-2 钢筋材料堆放

(*a*) 钢筋原材料堆放；(*b*) 钢筋半成品堆放

(2) 机械设备进场及报验

所有机械设备进场后需按要求完成报审和备案工作，方可投入使用；仪器需进行校验和标定后方可使用。每班钢筋混凝土支撑施工机械见表 5-1：

每班钢筋混凝土支撑施工机械设备配置表 **表 5-1**

项目	设备名称	功率	数量	备注
土方开挖设备	反铲挖掘机	≥$1m^3$	1	
	自卸汽车	≥$6m^3$	3	
桩头破除设备	空气压缩机	6～$9m^3$	1	
	风镐	G10	2	
钢筋加工制作	钢筋弯曲机	ϕ6～40mm	1	
	钢筋切断机	ϕ6～40mm	1	
	电焊机	20～24kVA	2	
振捣设备	插入式振动磅	6000～9000r/min	2	
测量设备	全站仪	精度 1mm	1	
	水准仪	精度 0.1mm	1	

（3）劳动力资源准备

每班钢筋混凝土支撑施工人员配置见表 5-2：

每班钢筋混凝土支撑施工人员配备表 **表 5-2**

序号	岗位	人数	备注
1	班组长	1	
2	钢筋工班	8	
3	木工班	6	
4	混凝土工班	6	

3.2 冠梁及钢筋混凝土支撑支撑施工

3.2.1 测量放样

（1）根据设计图纸提供的坐标计算出每道钢筋混凝土支撑中线与冠梁交点处坐标，计算成果经技术负责人复核无误后进行测放，并报监理进行复核。

（2）待基坑内土体开挖至混凝土支撑底部后，立即将中心线引入坑内，以控制底模及模板施工，确保钢筋混凝土支撑中心线的正确无误。

（3）在钢筋混凝土支撑混凝土浇筑前，将其顶面标高放样于模板面上，以控制钢筋混凝土支撑顶面标高。

（4）待钢筋混凝土支撑模板拆除后，检查钢筋混凝土支撑的中心线和平整度、垂直度是否符合设计及规范要求。

3.2.2 基坑开挖

（1）开挖基坑内土方至钢筋混凝土支撑底标高处以满足施工空间，测量放样每根桩桩头标高并用红线标记，将灌注多余的钻孔灌注桩（地下连续墙）桩头混凝土凿除。桩头凿除时，应从水平方向往桩芯凿，避免从桩头向下凿，以免桩头成为锥型，同时避免随意将桩内的钢筋左右前后搬动。桩头凿到冠梁底标高以上 5cm 后，将松动的混凝土块清除掉，用气泵把开凿面吹喷干净

（2）冠梁外侧根据现场地质情况，可采用 1：1 放坡（有足够空间）、木模板、素喷混凝土及设置钢板桩等方法进行临时挡土。

（3）浮浆凿除前在迎土层导墙上标注出预埋测斜管和超声波检测管位置，凿除时注意保护预埋测斜管及超声波检测管，不要将其碰断。如测斜管或超声波检测管发生断裂，应及时用布或编织袋将其封堵、覆盖，严禁让泥土落入管中。

（4）基坑开挖至混凝土支撑、腰梁以下 10cm，进行垫层混凝土浇筑，浇筑宽度超出支撑 10cm，垫层一般采用 C20 素混凝土。见图 5-3。

（*a*）　　（*b*）

图 5-3　基坑开挖

（*a*）土方开挖、桩头破除及垫层浇筑；（*b*）钢筋调直及垫层完成图

3.2.3　钢筋绑扎

（1）钢筋绑扎前应清点数量、类型、型号、直径，并对其位置进行测放后方可进行绑扎。

（2）钢筋绑扎须严格按照设计文件和施工图进行，横向支撑 1/3 跨位置严禁出现钢筋接头。

（3）钢筋绑扎前，应清理干净冠梁空间的杂物，若在施工缝处施工，还应将接缝处钢筋调直。

（4）桩（墙）预留钢筋在冠梁、支撑钢筋绑扎前，应调直，才能进入下道工序，不得使用氧气乙炔破坏钢筋。

（5）钢筋的交叉点必须绑扎牢固，不得出现变形和松脱现象。

（6）钢筋接头主筋应采用机械连接，箍筋采用绑扎方式，机械连接接头搭接面积百分率不得超过 50%，相邻两个绑扎接头错开不少于 35d，钢筋车丝端不得使用切断机切断，应采用切割机切割并打磨平整，安装机械连接接头时可用管钳扳手拧紧，应使钢筋丝头在套筒中央位置相互顶紧，标准型接头安装后的外露螺纹不宜超过 2p（p 为螺距），接头试件的钢筋母材应进行抗拉强度试验中：三根接头试件的抗拉强度均不小于该级别钢筋抗拉强度的标准值，同时还应不小于 0.9 倍钢筋母材的实际抗拉强度。

（7）在绑扎钢筋接头时，应将接头先行绑好，然后再与其他钢筋绑扎。

（8）箍筋应与受力钢筋垂直设置，箍筋弯钩叠合处，应沿受力钢筋方向错开设置。

（9）钢筋绑扎必须牢固稳定，不得变形松脱。

（10）钢筋绑扎完成后先由项目部质检人员进行自检，在自检合格后报监理单位验收，经验收合格后方可进行下道工序施工。

（11）冠梁兼做压顶梁时，需在冠梁内预埋导管以方便后期在冠梁和主体结构顶板间浇筑混凝土。预埋件埋设严格按照图纸进行。

（12）钢筋混凝土支撑在与格构柱搭接施工时下层主筋尽量自格构柱空隙处穿过钢格构柱，无法满足要求时可局部割除格构柱角钢，割除面积不大于50%。

（13）根据监测方案在冠梁、支撑施工时预设安装轴力计。见图5-4。

（*a*）　　（*b*）

图5-4　钢筋绑扎

（*a*）钢筋绑扎；（*b*）轴力计安装

3.2.4　模板安装

（1）模板支立前应清理干净并涂刷隔离剂，每次混凝土浇筑之前确保模板清洁光滑。混凝土支撑采用对拉杆形式支护，竖向支护不少于两道。

（2）当混凝土支撑开挖至设计标高后，进行整平、复测标高，保证底模的平整及高程位置。同时对基底进行夯实处理（以防底模板在混凝土浇筑后发生沉降而影响混凝土支撑的质量），然后铺设油毛毡作为混凝土支撑底模。

（3）模板安装必须正确控制轴线位置及截面尺寸。当拼缝≥10mm的要用老粉批嵌或用白铁皮封钉。模板的起拱应符合现行国家标准《混凝土结构工程施工规范》GB 50666的规定，并应符合设计及施工方案的要求。为保证模板接缝宽度符合标准要求，施工中应加强对模板的使用、维修、管理。

（4）模板由侧模、主龙骨、次龙骨、斜撑等组成，斜撑和平撑与主龙骨之间用扣件连接。斜撑和平撑与主龙骨之间用扣件连接，为防止浇筑混凝土时漏浆，在侧模内侧底端应加设海绵条，保证模板可靠的承受支撑结构及施工的各项荷载。

（5）模板支撑安装必须平整、牢固、接缝严密不漏浆，保证混凝土浇筑质量。

图5-5　模板安装

（6）模板安装施工结束后报监理验收，经验收合格后方可进行下道工序施工。见图5-5。

3.2.5　混凝土浇筑

（1）明确每次浇捣混凝土的级配、方量，严格把好原材料质量关，水泥、碎石、砂及外掺剂等要达到国家规范规定的标准，及时与混凝土供应单位沟通信息。混凝土搅拌罐车运至现场，泵送入仓。检查坍落度、可泵性是否符合要求，应及时进行调整，必要时作退货处理。

（2）混凝土浇捣前，施工现场应先做好各项准备工作，机械设备、照明设备等应事先检查，保证完好符合要求，模板内的垃圾和杂物要清理干净。

（3）振动器的操作要做到“快插慢拔”，混凝土浇捣应分点振捣，宜先振捣料口处混凝土，形成自然流淌坡度，严格控制振捣时间、移动间距、插入深度，严禁采用振动钢筋、模板方法来振实混凝土。

（4）在混凝土浇筑前清理干净模板内杂物，混凝土振捣采用插入式振捣器，振捣间距约为 50cm，以混凝土表面泛浆，无大量气泡产生为止，严防混凝土振捣不足或在一处过振而发生跑模现象。

（5）混凝土浇筑后，在混凝土初凝前和终凝前，分别对混凝土表面进行抹面处理。

（6）每次浇筑至少留置一组标准混凝土养护试件，同条件试件留置组数根据现场实际需要确定。见图 5-6。

（*a*）　　　　　　　　　　　　（*b*）

图 5-6　混凝土浇筑及抹面

（*a*）混凝土浇筑；（*b*）混凝土抹面

3.2.6　拆模及养护

（1）混凝土达到规定强度时，方可进行模板拆除，拆除模板时，需按程序进行，禁止用大锤敲击，防止混凝土面出现裂纹。

（2）应在浇筑完毕后的 12h 以内对混凝土加以覆盖并保湿养护。

（3）混凝土强度达到 1.2N/mm^2 前，不得在其上踩踏。

（4）拆模完毕后如果冠内侧存在突出物，须及时进行清理找平，混凝土出现缺陷须及时上报，同意后按要求进行处理。

（5）进行拆模时须小心，严禁碰掉冠梁及支撑棱角部，在支撑棱角部位安置槽钢进行保护。

（6）模板拆除后与下段相接处及时进行凿毛处理。

（7）模板拆除完毕后应及时进行堆码整齐，模板拆除完毕后就及时进行场地清理。见图 5-7。

3.2.7　施工缝处理

（1）对于采用钢丝网隔离的垂直施工缝，当混凝土达到初凝时，用压力水冲洗，清除浮浆、碎片并使冲洗部位露出骨料，同时将钢丝网片冲洗干净。混凝土终凝后将钢丝网拆

图 5-7　钢筋混凝土支撑成品保护及养护

除，立即用高压水再次冲洗施工缝表面。对于木模板处的垂直施工缝，尽早拆模用高压水冲毛及人工凿毛，对于已硬化的混凝土表面，要使用凿毛机处理，对较严重的蜂窝或孔洞应进行修补，在浇筑混凝土前用水冲洗干净并充分湿润。

（2）钢筋连接加强质量控制，严格按设计及规范要求施工，确保钢筋连接质量。

（3）从施工缝处开始继续浇筑时，要注意避免直接靠近缝边卸料。机械振捣前，宜向施工缝处逐渐推进，并距 80～100cm 处停止振捣。加强对施工缝的捣实工作，使其紧密结合。

3.3　冠梁及钢筋混凝土支撑施工控制要点

3.3.1　钢筋工程

（1）钢筋原材出厂合格证、原材试验报告单及焊接试验报告单等必须符合设计及规范要求。

（2）钢筋加工的形状，尺寸符合设计要求；钢筋表面洁净、无损伤、油渍和锈蚀。钢筋级别、钢号和直径符合设计要求，需代换钢筋时，必须要先经设计和监理认可。

（3）钢筋加工过程中，如发现脆断、焊接性能不良或力学性能显著不正常等现象，需根据国家标准对该批钢筋进行化学成分检验或专项检验，如不合格严禁使用。

（4）机械连接接头质量必须符合《钢筋机械连接技术规程》JGJ 107—2010。

3.3.2　模板工程

（1）模板要具有足够的承载力、刚度和稳定性以及平整度，能可靠地承受新浇筑混凝土的侧压力及施工中产生的荷载。

（2）模板接缝不漏浆，在浇筑混凝土前，模板内的杂物应清理干净，木模板应浇水湿润，模板内不应有积水。

（3）模板与混凝土的接触面应清理干净并涂刷隔离剂。

（4）模板安装时应保证主筋净保护层满足设计要求。

3.3.3　混凝土工程

（1）下料点间距不超过 1.5m。

（2）每层的浇筑层厚度为 30cm 左右。

（3）振捣时做到快插慢拔，每处振捣时间不少于 30s，且无气泡冒出。

（4）应严格控制混凝土入模温度。

4　质量检验标准

4.1　钢筋工程质量检验标准

钢筋工程质量检验标准见表 5-3：

钢筋工程质量检测标准表　　表 5-3

序号	项目	允许偏差
1	骨架的高度宽度	±5mm
2	骨架长度	±10mm
3	受力钢筋间距	±10mm
4	受力钢筋排距	±5mm
5	构造钢筋间距	±20mm
6	钢筋弯起点位移	±20mm
7	中心线位移	±5mm
8	受力钢筋保护层	±5mm

4.2　模板工程质量检验标准

模板工程允许偏差表　　表 5-4

序号	项目	允许偏差
1	轴线距离	±5mm
2	模板表面平整度	±5mm
3	模板标高	±10mm
4	模板内部尺寸	±10mm
5	邻两板表面高低	±2mm

4.3　混凝土工程质量验收标准

（1）混凝土强度必须符合《混凝土强度检验评定标准》GB/T 50107；

（2）长宽尺寸允许偏差±20mm，顶面高程允许偏差±20mm，轴线偏位允许偏差15mm。

第六章　钢支撑施工工艺标准

1　工艺概述

钢支撑系统包括钢围檩及钢支撑，当支撑较长时（一般不超过20m），还包括支撑下的立柱及相应的立柱桩；钢支撑由活络头、钢管撑中间节及固定端组成。

钢支撑施工主要包括钢管撑拼装、托架及牛腿安装、钢围檩安装、钢支撑吊装、施加预应力、监测、拆撑等工艺流程。钢支撑施工与拆除顺序，应与设计工况一致，必须遵循先支撑后开挖的原则。

钢支撑安拆施工简便、质量较易控制，适用于各种地层下的基坑工程。

2　工序流程

钢支撑施工工序流程见图6-1。

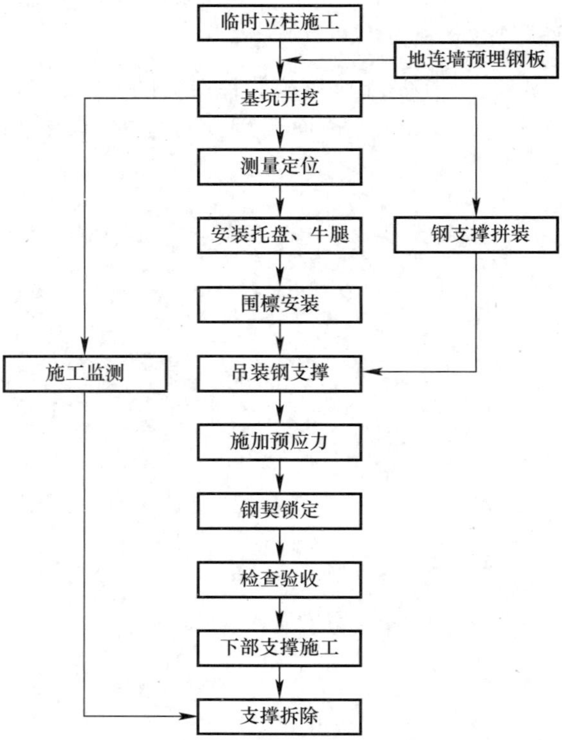

图6-1　钢支撑施工流程

3 施工工艺及控制要点

3.1 施工准备

3.1.1 技术准备

（1）测量准备

1）对车站进行联测，加密控制网，保证车站周边控制点不少于3个、水准点不少于3个。

2）对车站围护结构灌注桩或地连墙内侧边线复测，核对是否倾线，如有倾线，及时进行处理。

3）对车站土方开挖标高及时复测，防止超挖，开挖至支撑底标高时，及时对支撑进行测量定位，并做好标记。

4）根据监测方案，对车站周边监测点进行布设，并上报初始值。

（2）试验准备

进场原材料检验。

（3）方案与图纸准备

1）图纸审核与现场核对

组织技术、测量、商务人员对设计图纸进行审核，查看图纸与现场实际是否相符；工程量是否准确；图纸标注尺寸是否清楚；前后是否相符以及有无缺漏等。

2）施工方案

① 编制土方开挖支护专项施工方案，按程序组织专家论证及报批手续。施工方案需明确材料规格及相关的技术措施，确定土方开挖的形式和要求，确定钢支撑架设顺序、吊装机械选型、支撑预应力分级施加方法及数值。

② 场地布置方案（包含支撑堆放场地、拼装场地等）。

③ 进行安全技术交底。

3.1.2 资源准备

（1）材料准备

1）型钢：工字钢、槽钢等，按设计要求选用，其质量应符合相应的产品标准。

2）钢管：按设计要求选用，其质量应符合相应产品标准。

3）电焊条：按设计要求选用，其质量应符合现行国家标准《非合金钢及细晶粒钢焊条》GB/T 5117、《热强钢焊条》GB/T 5118的规定。

4）钢支撑工程所采用的钢管、型钢、电焊条、引弧板等材料应有产品合格证书和性能检验报告。

（2）机械设备准备

钢支撑安装主要机械设备包括：龙门吊、汽车吊、电焊机、液压千斤顶、液压油泵、支撑轴力计、全站仪、水准仪、发电机（备用）等。

所有机械设备进场后需按要求完成报审和备案工作，方可投入使用；部分仪器、仪表等需进行校验和标定后方可使用。

（3）人员准备

钢支撑施工人员配置表　　表 6-1

分类	起重设备司机	司索	支撑安拆操作工	预应力施加	管理人员	合计
人数	2 人/台	2 人/班	6 人/班	4 人/班	2 人/班	

3.1.3　现场准备

（1）钢支撑进场前，根据车站周边环境及场地内布置，规划材料进场运输线路，确定支撑堆放场地和支撑拼装场地，支撑堆放场地应与基坑保持一定安全距离。

（2）吊装机械通道、作业场地加固均达到施工要求。

（3）钢支撑一般采取龙门吊吊装，施工前龙门吊轨道梁施工完成且达到规定强度，龙门吊安装完成并办理相关备案手续；采用吊车吊装钢支撑时，进场吊车需提前进行报验，审核通过后方可进行吊装。见图 6-2。

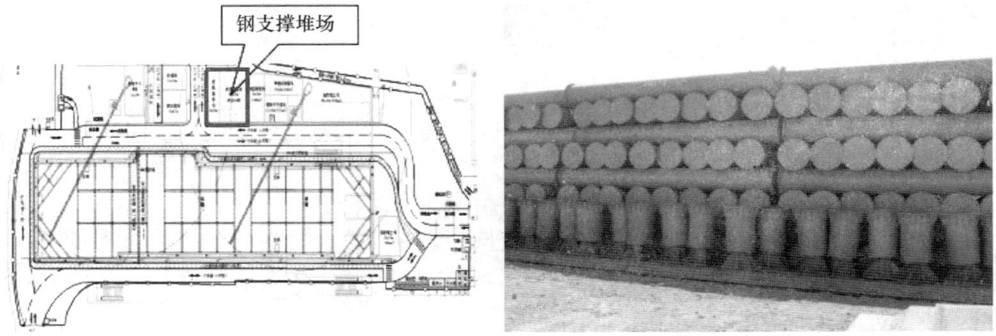

（a）　　（b）

图 6-2　钢支撑堆场布置及堆放

（a）钢支撑堆场布置；（b）钢支撑现场堆放

3.2　钢支撑施工控制要点

3.2.1　钢支撑制作与拼装

（1）钢支撑制作

1）地铁车站基坑支护钢支撑一般采用钢管水平对撑或斜撑，钢管支撑由活动、固定端头和中间节组成，各节间采用螺栓连接。钢管支撑事先在加工厂内分节制作，每节标准长度为 3m、6m，同时设一定数量活动段。

2）钢管材质符合设计要求，钢支撑连接必须满足等强度连接要求，应有节点构造图，焊接工艺和焊缝质量应符合国家现行标准《建筑钢结构焊接技术规程》JGJ 81 的规定。管节间采用法兰盘螺栓连接，焊接管端头与法兰盘焊接处，法兰端面与轴线垂直偏差控制在 1.5mm 以内，法兰盘加工必须符合相关规范要求。

3）钢支撑构件加工完毕后，先除锈后涂两道红丹，一道面漆。

（2）钢支撑进场

钢支撑进场时项目上安排专人负责检查和验收，对检验合格的材料设备应编号登记，杜绝不合格材料设备在工程中使用，以确保钢管支撑材料的质量。钢支撑材料断面、壁厚尺寸符合设计要求，管段外观表面平直、无严重锈蚀、扭曲变形现象，法兰平整、垂直，管壁拼缝焊缝饱满、完整。

（3）钢支撑拼装

1）支撑安装前根据车站设计跨度有关计算每根支撑长度，将标准管节先在地面进行预拼接并以检查支撑的平整度，其两端中心连线的偏差度控制在20mm以内，经检查合格的支撑按部位进行编号以免错用。

2）每根钢支撑的配置按总长度的不同，配用一端为固定端一端为活动端，中间段采用标准管节进行配置。按照车站跨度和吊装设备确定分段长度，一般标准车站跨度20m左右，中间不设立柱桩时，拼装成一段整体吊装；跨度超过20m且中间设置临时立柱时，支撑宜根据车站跨度拼装分两段或多段进行吊装，吊装至基坑内采用法兰螺栓连接。

3）钢支撑在基坑附近提前拼装，当开挖到相应钢支撑设计中心标高以下500mm处时，及时安设钢围檩与钢支撑。

3.2.2 测量定位

根据已计算出需安装的每根支撑中心标高及按围檩顶面标高换算的垂深，采用全站仪，沿墙面量测出支撑安装中心轴线及标高，并标记出钢支撑位置。以便混凝土凿除、膨胀螺丝预埋钢板以及钢牛腿安装和后续的支撑安装，安装后要做到支撑与侧墙垂直。

3.2.3 安装托盘、牛腿

围檩和支撑通过拖盘或者牛腿固定于围护结构上，牛腿与围护结构通过高强度膨胀螺栓或预埋钢件焊接连接与钢围檩焊为一体。

（1）当支护结构为地连墙，钢支撑直接支撑在连续墙预埋钢板上，横向钢支撑架设前先在预埋钢板上焊接托盘，以利于钢支撑的安全架设，焊接时注意焊接牢固、焊缝均匀。托盘宜采用矩形钢板，两侧保护板为三角形钢板。

（2）当支护结构上设置钢围檩，钢支撑支撑在钢围檩上，需采用三脚架固定钢围檩，三脚架（即牛腿）采用膨胀螺栓或与支护结构预埋钢板焊接固定于支护结构上。

3.2.4 围檩安装

当挖土挖到支撑设计标高后，钢支撑位置挖至支撑底以下500mm左右（挖出牛腿安装工作面）应停止向下开挖工作，进行围檩的安装。

（1）应准确测放出围檩安装的位置后，人工修凿围护桩表面的泥皮后，先安装三脚架、斜拉筋上部固定角钢，以膨胀螺栓紧固；当支护结构采用地连墙，地连墙中预埋钢板时，对应地凿出钢板预埋件，焊接三脚架。

（2）吊装钢围檩，紧靠桩身平面，再安装斜拉筋并拉紧；钢围檩与围护桩之间以及桩间凹槽需以用强度等级不低于C30的细石混凝土填充密实。

（3）相邻节段的围檩设有连接板进行连接，在单节围檩安装固定完毕后，再将相邻节段间的连接板连接好，确保围檩形成一整体，保证相邻墙体整体受力。

3.2.5 吊装钢支撑

钢支撑在基坑附近提前拼装，当开挖到相应钢支撑设计中心标高以下500mm处时，及时安设钢围檩与钢支撑。支撑安装前根据有关计算，将标准管节先在地面进行预拼接并以检查支撑的平整度，其两端中心连线的偏差度控制在20mm以内，经检查合格的支撑按部位进行编号以免错用，支撑采用龙门吊整体一次性吊装到位，人工配合安装。

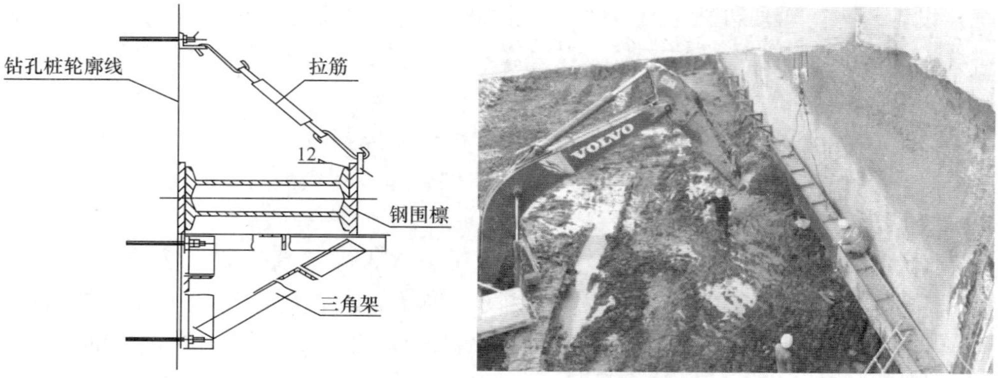

（a）　　（b）

图 6-3　牛腿、围檩安装

（a）钢围檩及牛腿安装示意图；（b）钢围檩吊装

（1）安装时必须保证钢围檩、固定和活动端头、千斤顶各轴线在同一平面上，横向法兰螺栓采用对角和等分顺序扳紧，保证其他垂直吊装不准冲击钢支撑。

（2）由于支撑较长，起吊时采用二点起吊，吊点一般在离端部 0.2L 左右为宜，并系上防晃绳，做到安全、平稳、精确吊装。见图 6-4。

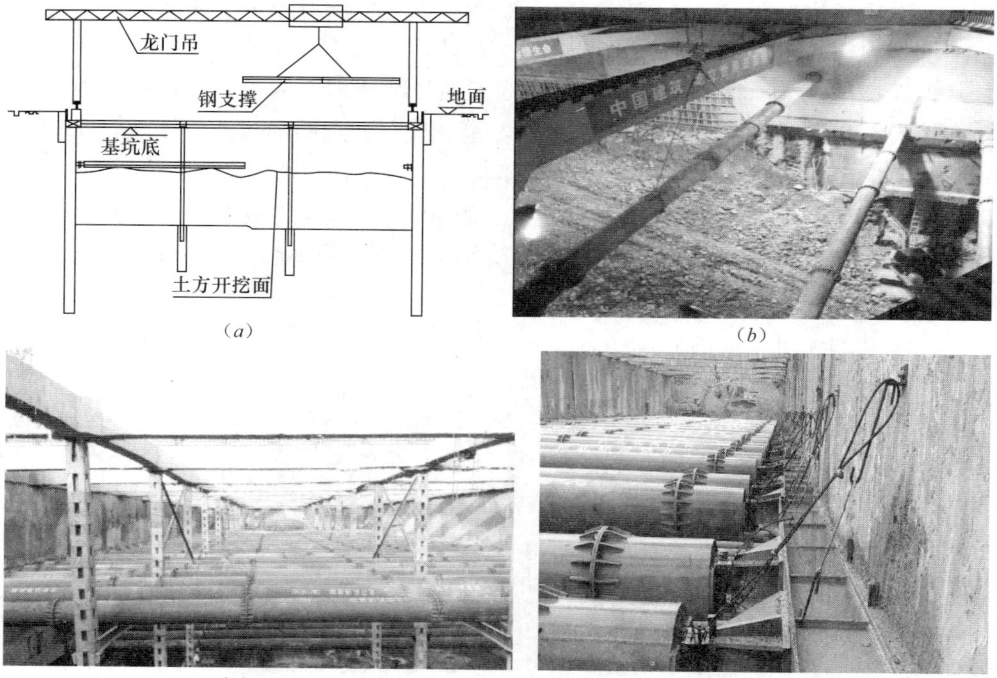

（a）　　（b）

（c）　　（d）

图 6-4　钢支撑安装及防坠措施

（a）钢支撑吊装示意图；（b）钢支撑现场吊装；（c）钢支撑安装整体效果图；（d）钢支撑端部防坠钢丝绳

（3）钢支撑吊装到位，不要松开吊钩，将两端活络头子拉出放在牛腿或钢围檩上，再将 2 台液压千斤顶放入活络头子顶压位置，同步施加预应力，达到设计应力值后，塞紧钢楔块，取下千斤顶，保证钢管支撑两端与围护结构接触处密切结合，最后解开起吊钢丝绳，完成支撑的安装。

3.2.6 施加预应力

（1）施加预顶力应根据设计轴力选用液压油泵和千斤顶，油泵与千斤顶需经标定。

（2）支撑安装完毕后应及时检查各节点的连接状况，经确认符合要求后方可施加预顶力。千斤顶压力的合力点应与支撑轴线重合，2 台千斤顶应在支撑轴线两侧对称、等距放置，且应同步施加压力。

（3）钢支撑施加预顶力时应在支撑两侧同步对称分级施加，每级为设计值 10%，施加每级压力后应保持压力稳定 10min 后方可施加下一级压力；预压力加至设计规定值后，应在压力稳定 10min 后，方可按设计预压力值进行锁定。

（4）支撑施加压力过程中，当出现焊点开裂、局部压曲等异常情况时应卸除压力，在对支撑的薄弱处进行加固后，方可继续施加压力；如发现实际变形值超过设计变形值时，应立即停止加荷，与设计单位研究处理。

（5）钢支撑预顶达到设计值后，采用特制定型钢楔锁定钢支撑活动端，支撑端头与钢围檩或预埋钢板应焊接固定，或采用设置防坠钢丝绳等固定措施。

（6）为确保钢支撑整体稳定性，各支撑之间通常采用连接杆件联系，系杆可用小断面工字钢或槽钢组合而成，通过钢箍与支撑连接固定。

（7）当监测的支撑压力出现损失时，应再次施加预压力。见图 6-5。

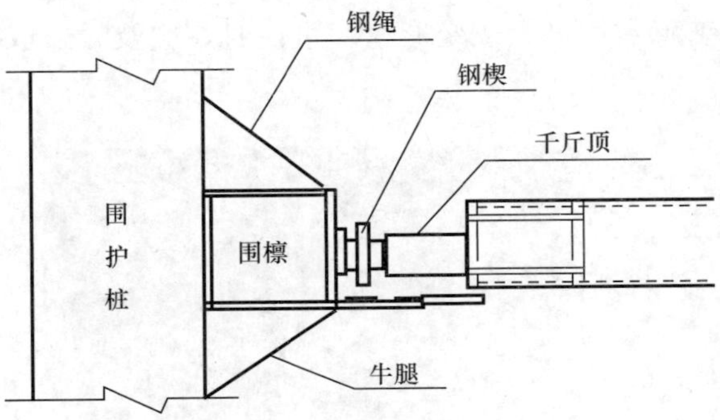

(*a*)

(*b*)

图 6-5 钢支撑预应力施加

(*a*) 钢支撑预应力施加示意图；(*b*) 钢支撑预应力施加

3.2.7 支撑拆除

钢支撑的拆除流程为：吊车就位、钢丝绳扣扎支撑→活动节内安放千斤顶施加顶力→撤除钢楔→分级解除顶力，同时卸下千斤顶→支撑杆体下放（拆除高强连接螺栓）→钢支撑分节吊出→钢围檩分段吊出。

（1）支撑拆除应在替换支撑的结构构件达到换撑要求的承载力后进行，否则应进行替代支承结构的强度及稳定安全核算后确定。

（2）钢支撑拆除前，先对上一层钢支撑进行一次预加轴力，达到设计要求以保证基坑安全。

（3）逐级释放需拆除的钢管支撑轴力。拆除时应避免瞬间预加应力释放过大而导致结构局部变形、开裂。及时对墙顶位移和地表沉降进行监测，每天两次。如出现异常情况加大监测频率，查找原因立即进行防护措施，确保基坑处于稳定、安全可控的状态。

（4）轴力释放完后，取出所有楔块，采用吊机双吊点提升一定高度后，再拆除下方支架和托板，再将钢管支撑轻放至结构板上。

（5）钢管支撑在结构板上分节拆除后，再垂直提升到地面，及时运到堆放场进行修整。凡构件变形超过规定要求或局部残缺的需进行校正修补。

3.2.8 施工监测

（1）钢支撑水平位移观测：主要适用经纬仪或全站仪，观测点埋设在同一支撑固定端与活端头处。

（2）钢支撑绕曲变形检测：包括水平挠曲变形和竖向挠曲变形，观测点设在端部及跨中，跨度较大的支撑杆件应适当增加测点。

（3）立柱竖向变形监测：测点布设在立柱顶部，使用水准仪进行监测。

（4）水平位移、挠曲变形、立柱竖向变形监测在基坑支护过程中应每天测量一次，基坑土方开挖至基槽底、基坑变形稳定后，根据实际情况确定观测频率。

（5）钢支撑的轴力监测

1）钢支撑轴力测试采用测力计，测力计安装在钢支撑活接头一端，每层均应布设测力计。

2）轴力测试前对测力计进行校验并读初始数值，开始时每天读两次，土方开挖至槽底，可三天或一周读一次。

对各项检测记录应随时进行分析，当变形数值过大或变形速率过快时，应及时采取措施，确保基坑支护安全。见图 6-6。

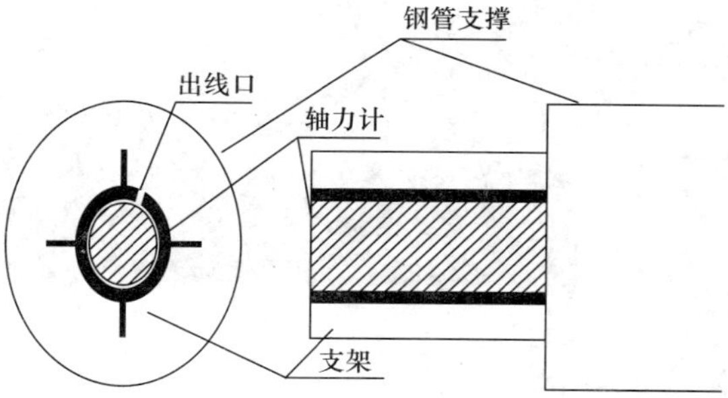

(*a*)

(*b*)

图 6-6 钢支撑轴力计安装

(*a*) 钢支撑轴力计安装示意图；(*b*) 钢支撑轴力计安装

3.3 质量控制要点

（1）施工前应熟悉支撑系统的图纸及各种计算工况，掌握开挖及支撑设置的方式、预应力及周围环境保护的要求。

（2）施工过程中应严格控制开挖和支撑的程序和时间，对支撑的位置（包括立柱及立柱桩的位置）、每层开挖深度、预加顶力（如需要时）、钢围檩与支护体或支撑与围檩的密贴度应做周密检查。

（3）型钢支撑安装时必须严格控制平面位置和高程，以确保支撑系统安装符合设计要求。

（4）应严格控制支撑系统的焊接质量，确保杆件连接强度符合设计要求。

（5）支护结构出现渗水、流砂或开挖面以下冒水，应及时采取止水堵漏措施，土方开挖应均衡进行，以确保支撑系统稳定。

（6）当夏期施工产生较大温度应力时，应及时对支撑采取降温措施。当冬期施工降温产生的收缩使支撑端头出现空隙时，应及时用铁楔将空隙楔紧。

（7）施工中应加强监测，做好信息反馈，出现问题及时处理。全部支撑安装结束后，需维持整个系统的安全可靠，直至支撑全部拆除。

（8）密切关注支撑的受力情况，并由监测小组进行轴力监测，若超出设计值时，立即停止施工并通知设计及相关部门对异常情况进行分析，制定解决方案，待方案确定后及时组织实施，确保基坑安全。

4 质量检验标准

4.1 材料检验

支撑系统所用钢材的材质应符合现行国家标准《钢结构工程施工质量验收规范》GB 30205 的要求。焊接质量应符合国家现行标准《建筑钢结构焊接技术规程》JG J81 的规定。

4.2 实测项目

钢支撑系统工程质量检验标准应符合表 6-2 的规定：

钢支撑系统工程质量检验标准 **表 6-2**

项目	检查项目	允许偏差或允许值（mm）	检查方法
主控项目	支撑标高位置（mm）	30	水准仪用钢尺量
	支撑平面位置（mm）	30	全站仪
	预加顶力（kN）	±50	油泵读数或传感器
一般项目	围檩标高（mm）	30	水准仪
	临时立柱平面位置（mm）	50	全站仪
	临时立柱垂直度（mm）	1/150	全站仪

第七章　土石方与地基处理施工工艺标准

1　工艺概述

地铁车站土石方工程主要包括基坑开挖与基坑回填。基坑开挖方式分为明挖法和盖挖法施工。车站基坑开挖一般采用明挖法施工，当车站位于现状道路或跨越路口时，且处于比较繁华而狭窄的街道下，无明挖条件，但允许短时间中断交通或局部交通改移时，通常采用盖挖法施工。盖挖法依据施作顺序可分为盖挖顺作法和盖挖逆作法。

车站常用地基处理包括水泥土搅拌桩地基和高压喷射注浆地基。水泥搅拌桩按主要使用的施做方法分为单轴、双轴和三轴搅拌桩，适用于处理淤泥、淤泥质土、泥炭土和粉土土质；高压喷射注浆常采用单管、双管和三管法工艺施工，适用于淤泥、淤泥质土、流塑、软塑或可塑黏性土、粉土、砂土、黄土、素填土和碎石土等地基。

2　工序流程

（1）明挖法车站土石方与地基处理施工流程见图 7-1：

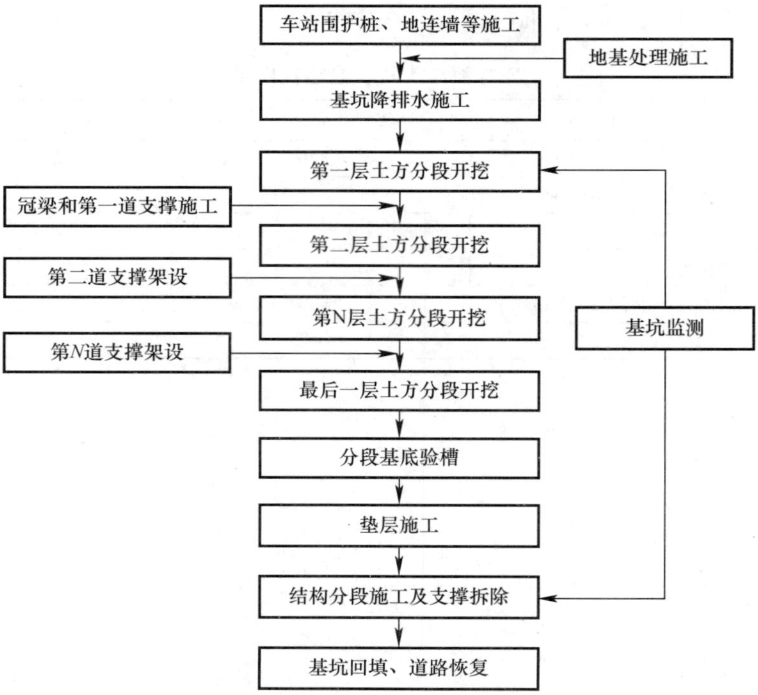

图 7-1　明挖车站土石方与地基处理施工流程

（2）盖挖逆作法两层车站土石方与地基处理施工流程见图 7-2：

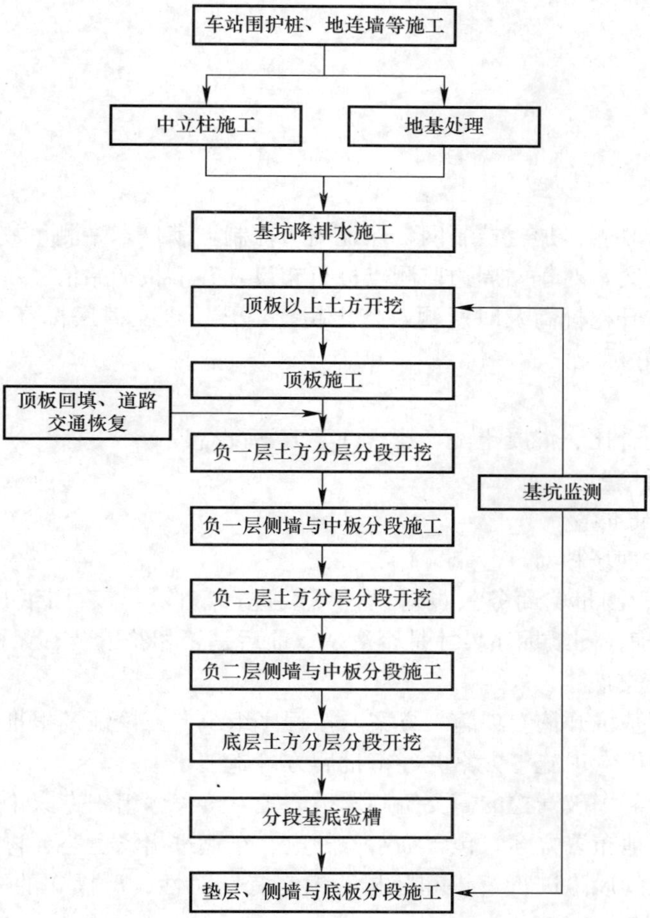

图 7-2　盖挖逆作法车站土石方与地基处理施工流程

（3）盖挖顺作法车站土石方与地基处理施工流程见图 7-3：

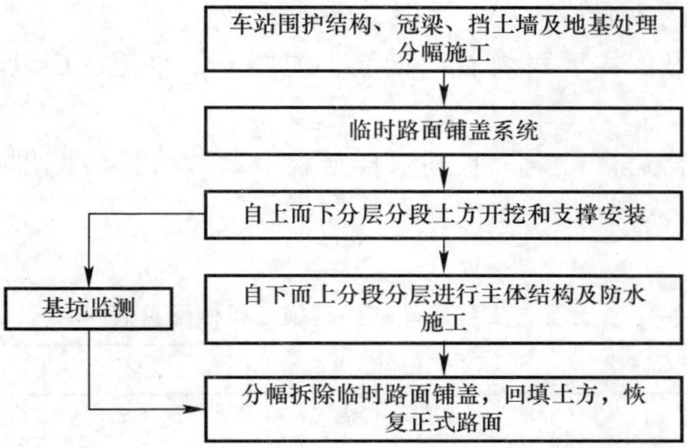

图 7-3　盖挖顺作法车站土石方与地基处理施工流程

3 施工工艺及控制要点

3.1 施工准备

3.1.1 技术准备

（1）测量准备

1）对车站进行联测，加密控制网，保证周边控制点满足车站测量放样要求。

2）根据监测方案，对车站周边监测点进行布设，并上报初始值。

3）对车站土方开挖标高及时复测，防止超挖，开挖至支撑底标高时，及时对支撑进行测量定位，并做好标记。

（2）试验准备

1）确定砂浆配合比、混凝土配合比、注浆浆液配合比。

2）进场原材料检验。

（3）方案及图纸准备

1）图纸审核与现场核对

组织工程技术、测量、商务人员对设计图纸进行审核，查看图纸与现场实际是否相符；工程量是否准确；图纸标注尺寸是否清楚；前后是否相符以及有无缺漏等。

2）施工方案与交底

① 编制车站深基坑开挖专项施工方案，按程序组织专家论证及报批手续。

② 编制地基加固专项施工方案并经审批后方可施工。

③ 基底遇硬岩需爆破开挖的需要编制爆破方案，按程序组织专家论证及报批手续。

④ 车站施工场地布置方案（包含临水、临电、车辆进出场道路、材料堆场布置等）。

⑤ 对工程潜在的风险进行辨识和分析，编制有针对性、可操作的应急预案并落实抢险设备、材料、人员、方案。

⑥ 进行安全技术交底。

3.1.2 资源准备

（1）材料准备

1）地基处理涉及的主要材料有：水泥、外掺剂等。

2）土石方工程涉及的主要材料有：钢筋、混凝土、水泥、中（粗）砂、碎石、速凝剂、钢管撑等。

3）材料进场前严格进行检查验收和取样送检，试验合格经监理工程师认可后方可进料；杜绝不合格材料进入现场。

（2）机械准备

土石方工程及地基处理施工机械配置表 **表 7-1**

序号	设备名称	用途	数量	备注
1	三重管旋喷桩机	钻孔、喷浆	1～2 台	三重管旋喷桩钻孔、注浆
2	地质钻机	钻孔	2～3 台	双重管旋喷桩成孔、注浆
3	空压机	供气、供水、供浆	1～2 台	

续表

序号	设备名称	用途	数量	备注
4	高压喷射注浆机	单、双液注浆	1～2 台	双重管旋喷桩成孔、注浆
5	搅拌机	拌制水泥浆	1～2 台	
6	三轴搅拌桩机	搅拌、喷浆	1～2 台	水泥土搅拌桩
7	水泥罐	存储散装水泥	2 套	
8	PC200 反铲挖机（炮机）	挖土、转土	4～6 台	土石方开挖与回填 土石方开挖与回填
9	伸缩臂抓斗	垂直提升土方	1～2 台	
10	自卸汽车（≥15t）	土方外运	20～40 台	
11	推土机	回填摊铺	1 台	
12	压路机	回填压实	1 台	
13	龙门吊（16t）	水平、垂直运输	1～2 台	
14	汽车吊（≥25t）	水平、垂直运输	按需配备	
15	空气压缩机	≥$7m^3$	2 台	
16	风镐	混凝土破除	按需配备	
17	潜水泵	降水、排水	按需配备	
18	发电机（≥100kW）	备用	1 台	
19	电焊机	/	2～3 台	
20	氧割设备	/	2～3 套	

（3）人员准备

人员准备计划表 **表 7-2**

序号	工种及职务	人数
1	地质钻机操作工	2～3 人/台
2	高压喷射注浆机操作工	2～3 人/台
3	三轴搅拌桩机操作工	6～8 人/台
4	挖掘机司机	1～2 人/台
5	伸缩臂抓斗	1～2 人/台
6	推土机、压路机司机	1 人/台
7	龙门吊司机	1～2 人/台
8	汽车吊司机	1 人/台
9	杂工（抽水、混凝土破除）	6～10 人
10	质检员	1
11	技术员	1
12	测量人员	3
13	试验员	1

3.1.3 现场准备

（1）按车站施工场地布置方案对现场进行施工总平面布置，包含临水、临电、车辆进出场道路、材料堆场布置、冲洗设备、排水措施等。

（2）基坑土石方与地基处理施工前，需将影响施工的地下管线进行改迁影响范围外或进行悬吊保护。

（3）采用高压喷射注浆处理地基施工前，应检查水泥、外掺剂等的质量，桩位，压力表、流量表的精度和灵敏度，高压喷射设备的性能等。

（4）采用水泥搅拌桩处理地基施工前，应检查水泥、外掺剂等的质量，桩位、搅拌桩机工作性能及各种计量设备完好程度（主要是水泥浆流量计及其他计量装置）。

（5）基坑土石方开挖前需确定外运土石方卸土点落实及办理运输途径手续等。

（6）基坑土方开挖前，降水井已进行了降水试验和试运转，降水、降压满足施工工况要求。

3.1.4 车站施工场地的布置原则

车站施工场地的布置，主要遵循以下原则：

（1）确定用地范围和施工平面布置时要满足交通疏解、管线改迁要求，尽量减少对交通及周边环境的影响，不超出招标文件规定的施工用地范围。

（2）平面布置要根据结构形式、施工方法、交通疏解期数和关键工期节点等要求，统筹考虑施工场地需求。

（3）平面布置要结合施工区域划分及施工工艺流程安排，分阶段进行布置。

（4）施工场地原则上一次布置到位，尽量不进行中途挪移，以减少二次建设带来的不必要的浪费。

（5）生活和办公区布置尽量做到相对固定并与施工区、材料区隔离。

（6）充分利用既有交通或路面，减少施工临时便道工程和场内硬化面积，满足施工要求的基础上尽可能少占、少掘道路，节约成本。

（7）现场布置做到安全、美观、简洁、经济。

（8）严格遵守业主的安全文明环保等招标要求和城市管理中关于城市美化环保等相关要求。

3.2 水泥土搅拌桩地基处理施工

3.2.1 施工工艺流程

车站地基处理采用水泥土搅拌桩时，多采用三轴搅拌桩机成桩施工，施工工艺流程如图 7-4 所示：

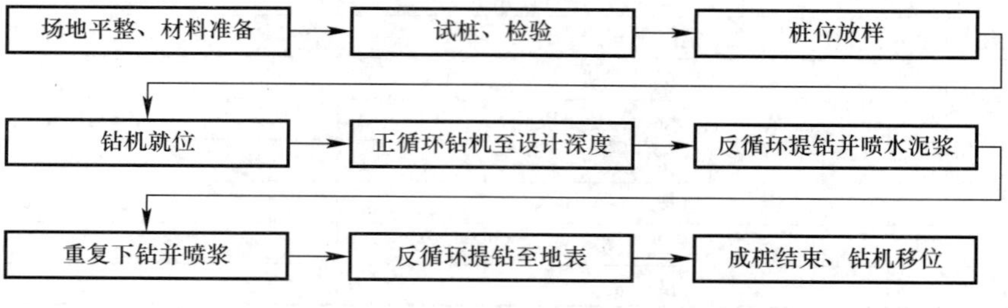

图 7-4　水泥土搅拌桩施工工艺流程

3.2.2 施工控制要点

（1）试桩

施工前必须进行成桩试验，以掌握施工工艺及各项技术参数，确定水泥掺入量或水泥浆的配合比。

（2）桩机就位

移动搅拌桩机到指定位置，对准桩位，桩位偏差不得大于 50mm，并应使搅拌桩机保持水平，导向架垂直。

(3) 正循环钻进至设计深度

将搅拌机钻杆用钢丝绳吊挂在导向架起重机上，用输浆管将贮料出罐砂浆泵混凝土搅拌桩机接通，待搅拌桩机的冷却水循环正常后，启动搅拌桩机电机，放松钢丝绳，使搅拌桩机钻杆沿导向架搅拌切土下沉，为使土体充分破碎，应控制搅拌桩机电流、电压和钻杆下沉速度。

(4) 水泥浆制备

待搅拌桩机下沉到一定深度时，即开始按成桩试验及设计配合比拌制水泥浆，待压浆前将水泥浆倒入集料漏斗中。

(5) 反循环提钻并喷水泥浆

搅拌桩钻头下钻至设计深度后，启动灰浆泵将水泥浆从搅拌桩机钻头中心管不断压入土层中，边喷浆边搅拌，直至提升至设计加固深度的顶面标高，完成一次搅拌过程。同时严格按照试桩确定的提升速度提升搅拌机，一般以 0.5m/min 的均匀速度提升。

(6) 重复下钻搅拌并喷浆

当第一次提升至设计加固深度的顶面标高时，再次将进行下钻搅拌并喷浆，直至设计加固深度。

(7) 提钻至地面

当第二次下钻搅拌至设计加固深度后再将钻杆提车并搅拌至地面，即完成一根柱状加固体，外形呈“8”字形，一根接一根搭接，成壁状加固体，多个壁状加固体形成一片即成块体。

(8) 清洗、桩机移位

当一施工段施工结束后，应及时清洗喷浆管路。向集料斗中注入适量清水，开启灰浆泵，清洗全部管路中残留的浆液，直至基本干净，并将粘附在搅拌头的软土清洗干净。开行搅拌桩机至下一位置，进行下一根桩施工。见图 7-5。

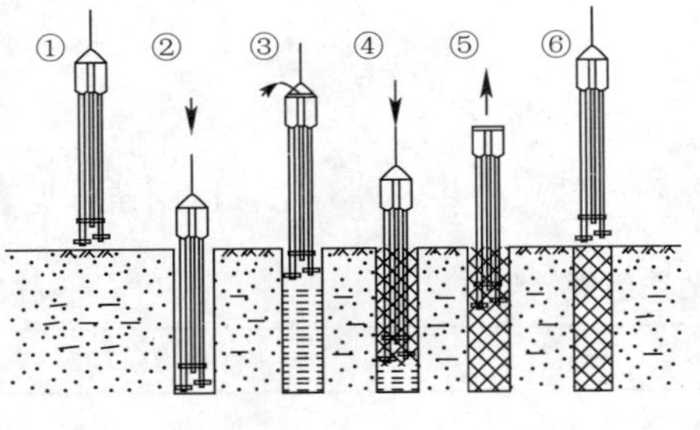

① 定位；② 预埋下沉；③ 提升喷浆搅拌；
④ 重复下沉搅拌；⑤ 重复提升搅拌；⑥ 成桩结束

(*a*)

(*b*)

图 7-5　水泥土搅拌桩施工

(*a*) 搅拌桩施工流程；(*b*) 三轴搅拌桩施工实例图

3.2.3 质量控制要点

(1) 施工前现场地面应予平整，必须清除地上地下一切障碍物。

(2) 开机前必须调试，检查桩机运转和输料管畅通情况。

（3）施工时，设计停浆（灰）面应高出操作面标高 0.5m，在开挖时应将该施工质量较差段挖去。

（4）按试桩工艺试验及设计确定的参数控制喷浆量和搅拌提升速度。为保证施工质量、提高工作效率和减少水泥浪费，应尽量连续工作。输浆阶段必须保证足够的输浆压力，连续供浆。一旦因故停浆，为防止断桩和缺浆，应将搅拌头下沉到停浆点 0.5m 以下，待恢复供浆后再喷浆搅拌；如停工 40min 以上，必须立即进行全面清洗，防止水泥在设备和管道中结块，影响施工。

（5）严格控制搅拌时的下沉和提升速度，以保证加固范围内每一深度得以充分搅拌；确保桩身强度和均匀性。

（6）深层搅拌施工中采用少量多次喷浆的方法，搅拌过程中均喷水泥浆。

（7）施工中，如因地下障碍物等原因使钻杆无法钻进时，应及时通知监理、设计人员，以便及时采取补桩措施，以保证施工质量。

（8）根据水泥用量计算每槽用水量，在储水罐上做好标志，在施工中严格做好计量工作。制备好的浆液不得离析，泵送必须连续，拌制浆液的罐数固化剂和外加剂的用量以及泵送浆液时间等应有专人记录。

（9）施工记录必须详尽完善：施工记录必须有专人负责，深度记录误差不得大于 10cm，时间记录误差不得大于 10s。施工中发生的问题和处理情况，均须如实记录，以便汇总分析。

（10）施工中应经常检查施工用电及机械情况，发现问题及时修理。在制作水泥浆时可适当掺入外加剂。

（11）水泥搅拌桩施工，第一次下钻时为避免堵管可带浆下钻，喷浆量应小于总量的 1/2，严禁带水下钻。第一次下钻和提钻时一律采用低档操作，复搅时可提高一个档位。

（12）为保证水泥搅拌桩桩端、桩顶及桩身质量，第一次提钻喷浆时应在桩底部停留 30s，进行磨桩端，余浆上提过程中全部喷入桩体，且在桩顶部位进行磨桩头，停留时间为 30s。

3.3 基坑降水施工

基坑降水可采用管井、轻型井点、喷射井点、砂（砾）渗井点等方法，适用条件见表 7-3：

降水类型及适用条件 **表 7-3**

序号	方法	土类	渗透系数（m/d）	降水深度（m）
1	管井井点	粉土、砂土、碎石土	20～200	>10
2	轻型井点	黏性土、粉土、砂土	0.1～50	单级井点 3～6 多级井点 6～12
3	喷射井点	黏性土、粉土、砂土	0.1～50	8～30
4	砂（砾）渗井点	粉质黏土、粉土、粉细砂	0.1～20	按下伏强导水层的水头、导水性与坑深确定

地铁车站施工中多采用管井井点、轻型井点进行基坑降水。

3.3.1 施工工艺流程

（1）管井井点施工工艺流程

管井井点降水施工工艺流程如图 7-6 所示：

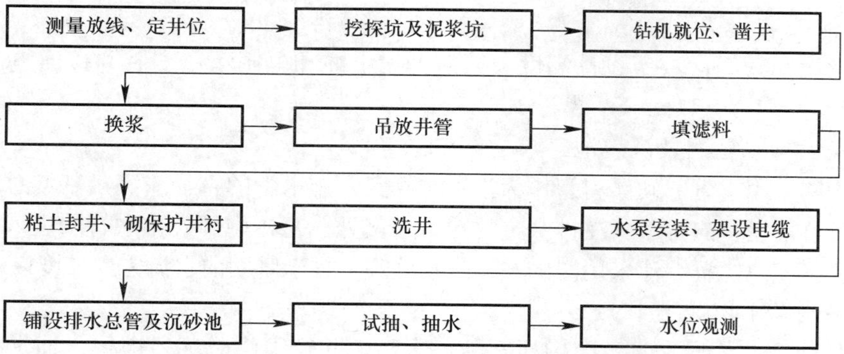

图 7-6　管井井点施工工艺流程

1）放线、定井位

按降水设计要求放线、布设井位，测量地面标高，并进行验收复核。

2）挖泥浆坑及探坑

泥浆池位置的选定宜根据现场条件确定。可多井一池，其大小根据井深、井数、排浆量综合确定。泥浆池的选定与开挖应注意地下管网，必要时可采用砖砌泥浆池。为查明、避开地下障碍物，应在井位处挖探坑。

3）钻机就位、凿井

管井成孔方法可根据土质条件和孔深要求，采用冲击钻钻孔（CZ-22 或 CZ-20 型）、回转钻钻孔、潜水电钻钻孔等。用泥浆护壁，孔口设置护筒，以防孔口塌方。

钻机就位稳，钻进时一般采用地层自造泥浆护壁。井径宜大于管井外径 200mm 以上，且井管外径不宜小于 200mm，井管内径宜大于水泵外径 50mm。井孔应保持圆正垂直，孔深不小于设计值。

4）换浆

成井过程中应不断注入清水进行置换，用水泵或捞砂管抽出沉渣，使井内泥浆密度保持在 $1.05 \sim 1.10 g/m^3$。

5）吊放井管

吊放井管要垂直，并保持在井孔中心，用吊车或三脚架及卷扬机将井管分节下入孔内，连接牢固。

6）填滤料

下入管井后立即填入滤料。滤料沿井孔四周用手推车均匀填入。填滤料时，宜保持连续，将泥浆挤出井孔，应随填随测滤料填入高度。当填入量与理论计算量不一致时，应及时查找原因。洗井后，如滤料下沉量过大，应填补至井口下 1.5m 处。

7）黏土封井、砌保护井衬

当滤料填至设计高度后、改用黏土封填。井口做砖砌保护井衬，井衬表面抹砂浆，或制作专用保护井盖。

8）洗井

成井后，借助空压机清除孔内泥浆至井内完全出清水为止，再用污水泵反复恢复性抽洗。洗井应在成井 4h 内进行。洗井后可进行试验性抽水，确定单井出水量。

9）水泵安装、架设电缆

潜水泵用钢丝绳吊放至设计高度。然后铺设电缆和电闸箱，安装并接通电源，做到单井单控电源。

10）铺设排水管网及沉淀池

排水管网采用钢管、硬塑料管作为排水主管路，排水管的直径应满足基坑总出水量的要求，必要时可采用多向排水。在排水管的转角连接处、每边中部、排水管网进入市政管线连接口处设置沉淀池，沉淀池采用砖砌并作防水处理。排水管网向水流方向坡度以1‰为宜。

11）抽水及水位观测

管井联网后连续抽水，不应中途间断，水泵、井管维修应逐一进行。抽水初期水位观测每天2次以上，水位稳定后应每天观测1次。

（2）轻型井点施工工艺

轻型井点降水施工工艺流程如图7-7所示：

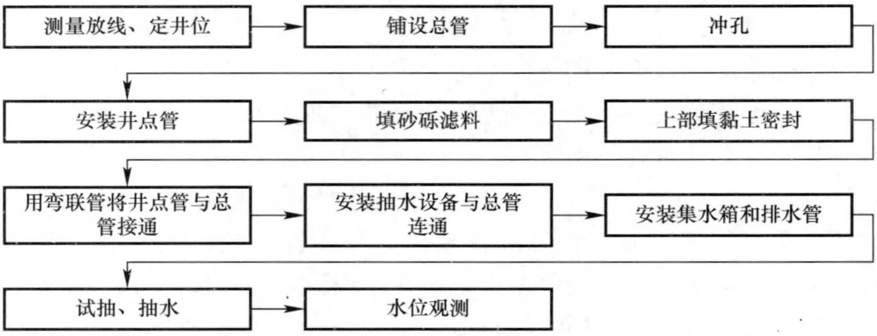

图7-7　轻型井点施工工艺流程

1）铺设总管

抽水设备一般安装在集水总管的中部。集水总管应铺设在坚实地面上，并低于真空泵，同时应沿抽水水流方向设0.25%～0.5%的上仰坡度。

2）冲孔

根据土质情况、场地和施工条件，选择适用的成孔机具和方法。井孔直径不宜大于300mm，孔深宜比滤管底深0.5～1.0m，井孔保持垂直。

3）安装井点管

下管前应校正孔深，并适当稀释孔内泥浆。同时必须逐根检查滤管，保证滤网完好，井管连接处牢固可靠。吊放井管时应垂直，并保持在井孔中心。

4）填砂砾滤料、上部填黏土密封

在井管与孔壁之间及时用洁净中粗砂填灌密实均匀，填灌砂料应沿井周均匀填入。在地面以下1m范围内应用黏土封孔。填料时管口有泥浆冒出或向管内灌水时能很快下渗为合格井。安设好的井点管在与集水管连接前，应将管口堵塞。

5）井点管与总管连接

井点管按好后，用透明塑料管或内装有弹簧钢丝的胶管与集水总管连通严密、不漏气。

6）安装集水箱和排水管

根据抽水量和井点位置布设一定数量和型号的集水箱。安装集水箱进、出排水管。

7）试抽

井点使用前，应进行试抽水，检查各部分是否正常。无漏水、漏气等异常现象为合格，否则应及时检修。

8）抽水和水位观测

抽水时，先开动真空泵排气，在开动离心泵抽水，井点降水系统运行后，要求连续工作，应准备双电源，保持正常抽水，不得随意停泵。

抽水初期每天观测 2 次以上，水位稳定后应每天观测 1 次。

3.3.2 施工控制要点

（1）降水井的深度应根据设计降水深度、含水层的埋藏分布和降水井的出水能力确定。设计降水深度在基坑范围内不宜小于基坑底面以下 0.5m。

（2）井点施工前，应复测基坑平面位置并测放井点孔位；清除地面、地下障碍物并将保留的地下管线挖露出来；平整场地并挖设泥浆坑。

（3）井点钻孔时，钻孔的孔口处应设置护筒，护筒孔径应比管径大 200～300mm，孔径应垂直、上下一致，孔底比管底深 0.5～1.0m，钻进中取土样做好记录。

（4）分节组装的井点管直径应一致。钢管井点管的滤管应采用穿孔钢管，孔隙率不应小于 25%，外壁垫筋缠镀锌铅丝后并包土工布滤网。

（5）各种原材料进场应有合格证，对于砂滤层还应进行原材料复试，合格后方可采用。

（6）井管应居于井孔中心，滤管不得紧靠井孔壁或插入淤泥中。

（7）井点管安装完毕应进行试抽，全面检查管路接头、出水状况和机械运转情况。一般开始出水混浊，经一定的时间后出水应逐渐变清，对长期出水混浊的井点应予以停闭或更换。

3.3.3 质量控制要点

（1）管井施工质量控制要点：

1）管井的成孔施工工艺应适合地层特点，对不易塌孔、缩孔的地层宜采用清水钻进；钻孔深度宜大于降水井设计深度 0.3～0.5m。

2）采用泥浆护壁时，应在钻进到孔底后清除孔底沉渣并立即置入井管、注入清水，当泥浆比重不大于 1.05 时，方可投入滤料；遇塌孔时不得置入井管，滤料填充体积不应小于计算量的 95%。

3）填充滤料后，应及时洗井，洗井应充分直至过滤器及滤料滤水畅通，并应抽水检验降水井的滤水效果。

（2）轻型井点降水施工质量控制要点：

1）成孔工艺可选用清水或泥浆钻进、高压水套管冲击工艺（钻孔法、冲孔法或射水法），对不易塌孔、缩孔的地层也可选用长螺旋钻机成孔；成孔深度宜大于降水井设计深度 0.5～1.0m；

2）钻进到设计深度后，应注水冲洗钻孔、稀释孔内泥浆；滤料填充应密实均匀，滤料宜采用粒径为 0.4～0.6mm 的纯净中粗砂；

3）成井后应及时洗孔，并应抽水检验井的滤水效果；抽水系统不应漏水、漏气；

4）降水时真空度应保持在 55kPa 以上，且抽水不应间断。

（a）（b）（c）（d）

图 7-8　降水井施工

（a）降水井冲孔；（b）降水井试抽；（c）降水井排水管；（d）降水井保护

3.4　车站基坑土石方开挖

3.4.1　基坑开挖的基本原则

（1）熟悉设计图纸，掌握基坑支护设计工况，遵循“开槽支撑、先撑后挖、分层开挖、严禁超挖”的原则。

（2）根据现场地理位置、土质条件、基坑开挖深度和周围环境的特点，结合设计工况，采用“分区、分层、分段、对称、平衡”的开挖方法；按照“时空效应”施工方法实施，尽量减少基坑暴露时间；以机械施工为主，人力施工为辅的开挖方式，合理选择施工机械及施工现场布置。

（3）施工前应充分研究地质勘察报告，对各段地质情况认真分析，以便施工中能够根据不同地质条件及时调整施工工艺和工序，对地质情况不明的地段要进行补勘。在施工过程中应根据现场施工实际情况与地质勘察资料进行核对，若有变化应立即通知监理、设计单位现场调整处理，以满足设计要求。

（4）基坑开挖过程中严禁大锅底开挖，其纵横向边坡放坡应据地质、环境条件取用开挖时的安全坡度，满足设计要求的安全坡度。

（5）根据基坑所处水文地质条件及设计要求，采取合理可行的基坑降排水方案，确保降排水效果，确保基坑稳定与安全。

（6）根据支护结构类型和地下水控制方法，选择基坑监测项目，并应根据支护结构构件、基坑周边环境的重要性及地质条件的复杂性确定监测点部位及数量。选用的监测项目及其监测部位应能够反映支护结构的安全状态和基坑周边环境受影响的程度。

3.4.2 基坑土方开挖方法

以常见的明挖车站基坑开挖为例，基坑土方开挖以规格 0.8～1.0m^3 和 0.4～0.6m^3 挖掘机为主，分台阶逐层向上翻挖，盾构井、工作面合拢段垂直取土时采用规格 0.5m^3 的长臂挖掘机或规格 1.0m^3 的液压抓斗配合。

基坑土方开挖分段、分层、分单元、限时实施，基坑分段按照主体结构施工节段划分及设计相关要求为准。竖向按支撑设置位置分层，每层土方宜采取先挖中间、再挖两侧土体，预留护壁土的方式，逐层接力向上翻挖。水平分段与竖向分层形成多个梯形单元，每一单元宜在 16h 内完成开挖，此后 8h 内完成钢支撑安装并施加预应力，尽量减少基坑无支护暴露时间。

基坑开挖时，要求施工纵向放坡坡比及平台的综合放坡坡比应根据土质情况进行安全验算，同时应满足设计相关要求。

（1）第一层土体开挖

土方开挖在围护桩或地连墙、旋喷桩止水帷幕及冠梁、周边挡墙施工完毕且达到设计强度后进行，采用 0.8～1.0m^3 反铲挖机，直接分段开挖至第一道支撑底（采用混凝土撑时，标高控制在混凝土支撑垫层底；采用钢支撑时，标高宜控制在支撑梁底以下 50cm，方便支撑架设）。

（2）第二层土体开挖

1）第一道支撑为钢支撑时，第二层土方开挖紧随第一层土体开挖形成流水作业，采用 0.8～1.0m^3 挖掘机逐层接力向上翻挖至基坑顶装车外运。小段开挖长度宜控制在 6m 左右。开挖时先挖中间土体，两侧预留护壁土，而后施作第一道钢支撑并施加预应力，再挖除两侧护壁土，要求每小段开挖控制在 16h 内，8h 内完成支撑安装并施加预应力，尽量减少基坑无支撑暴露时间。

2）第一道支撑为混凝土支撑时，第一层土方开挖完成进行混凝土支撑施工，待混凝土支撑强度达到设计要求时，方可进行第二层土方开挖，采用 0.8～1.0m^3 挖掘机逐层接力向上翻挖至基坑顶装车外运。小段开挖长度宜控制在 6m 左右。分段开挖至下层支撑底以下钢支撑下 50cm。

（3）第三层土体开挖

紧随第二层土体开挖形成流水作业，采用 0.8～1.0m^3 和 0.4～0.6m^3 挖掘机联合作业，逐层接力向上翻挖至基坑顶装车外运。小段开挖长度控制在 6m 左右。开挖时先挖中间土体，两侧预留护壁土，而后施作第二道钢支撑并施加预应力，再挖除两侧护壁土，要求每小段开挖控制在 16h 内，8h 内完成支撑安装并施加预应力，尽量减少基坑无支撑暴露时间。

（4）按照上述方法开挖至最后一道支撑底部以下 0.5m，安装最后一道支撑并施加预应力。

（5）最后一层土体开挖

最后一层土方采用 0.8～1.0m^3 和 0.4～0.6m^3 挖掘机联合作业，挖至离设计坑底标高 20～30cm 处时，进行基坑验槽。最后采用人工进行清底至车站底板垫层底标高，基坑底标高经测量符合设计要求后及时浇筑素混凝土垫层封闭基底。

基坑内遇到中风化、微风化岩层时，常规反铲挖掘机不能开挖的采用配置液压破碎锤

(俗称“啄木鸟”)的挖掘机破碎，破碎后采用挖机进行转运；破碎锤破除困难时采用爆破方式进行破除。

(6) 基坑端头井合拢处的土方开挖采取“分层开挖、先撑后挖、盆式开挖”的方式，即土方分层开挖至每到支撑下约 50cm，施作端头井斜撑并施加预应力，而后按先挖中间、后挖周边，预留护壁土的方式进行下一层土方的开挖。垂直取土时采用规格 0.5m^3 的长臂挖掘机或规格 1.0m^3 的液压抓斗配合。土方开挖与支撑安装的完成时间严格按设计要求控制。见图 7-9。

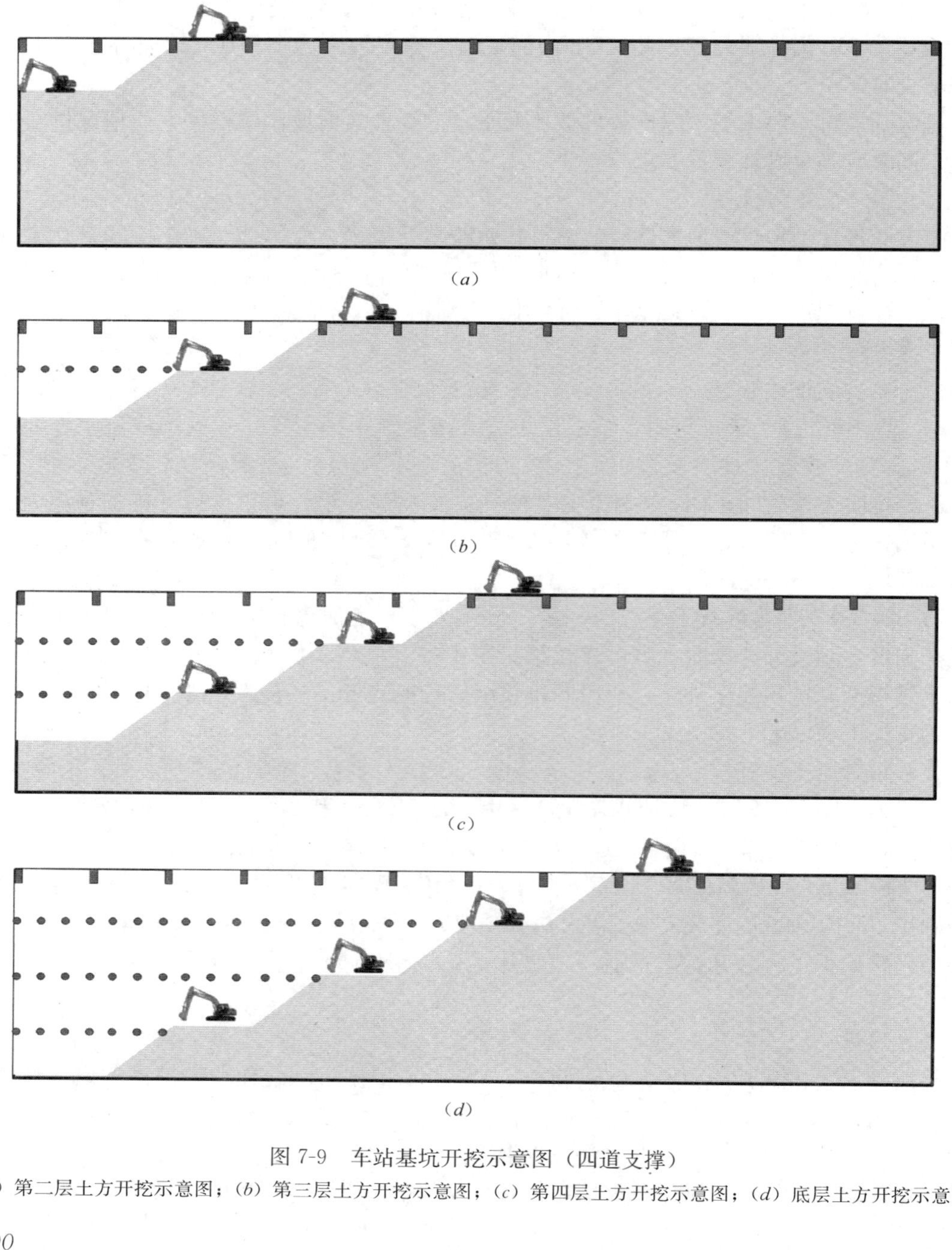

(a)

(b)

(c)

(d)

图 7-9 车站基坑开挖示意图（四道支撑）

(a) 第二层土方开挖示意图；(b) 第三层土方开挖示意图；(c) 第四层土方开挖示意图；(d) 底层土方开挖示意图

3.4.3 明挖车站基坑开挖控制要点

（1）基坑开挖专项方案（包括基坑降水、基坑监测）经专家论证并上报审批通过。施工严格按照审批通过的方案执行。方案中应明确以下内容：

1）方案需说明基坑所处地质及水文条件，并根据水文地质条件确定基坑降水设计及施工方案；

2）并对基坑周边环境及地下管线进行详细概述，明确开挖过程中可能受影响的建构筑物、管线，制定相应的加固与保护措施，开挖过程中进行监测；

3）根据现场地理位置、土质条件、基坑开挖深度、周围环境及工期节点目标等特点，选择合适的施工机械设备，明确分区情况、分段长度及开挖先后顺序；结合设计工况及相关要求，明确基坑开挖过程中分段长度、每层厚度、每小段宽度、每小段开挖支撑架设时限；

4）方案中明确开挖过程中纵横向边坡放坡安全坡度。根据设计要求及地质条件、基坑挖深经稳定性分析确定，必要时采取的防护及加固措施；

5）方案中有合理可行的应急救援预案与安全文明施工保证措施。

（2）基坑开挖前准备工作：

1）制定控制地层变形和基坑支护结构支撑的施工顺序及管理指标；

2）划分分层及分步开挖的流水段，拟定土方调配计划；

3）落实弃、存图场地并勘察好运输路线；

4）根据现场条件，合理进行场地布置，规划好基坑内外的排水，防止基坑土体浸泡，保证正常施工作业面；

5）按监测方案对周围环境及基坑布置监测控制点，且已测取初始值；基坑土方开挖过程中，加强施工监控量测，随时掌握土体压力、支撑结构受力及地下水位变化等情况，做到信息化指导施工

6）按照设计要求提前降水，水位控制在开挖面以下不小于 0.5m。

（3）基坑必须自上而下分层、分段依次开挖，严禁掏底施工。放坡开挖基坑应随基坑开挖及时刷坡，边坡应平顺符合设计规定；支护桩支护的基坑，应随基坑开挖及时护壁；地下连续墙或混凝土灌注桩支护的基坑，应在混凝土达到设计强度后方可开挖。

（4）机械挖土时，坑底以上 200～300mm 范围内的土方应采用人工修底方式挖除，不得超挖或扰动基底土。

（5）基坑开挖的分层厚度宜控制在 3m 以内，并应配合支护结构的设置和施工的要求，临近基坑边的局部深坑宜在大面积垫层完成后开挖。

（6）基底应平整压实，其允许偏差为：高程＋10/－20mm；平整度 20mm，并在 1m 范围内不得多于 1 处。基底经检查、基底验槽合格后，应及时施工混凝土垫层，进行结构施工。

（7）基底超挖、扰动、受冻、水浸或发现异物、杂土、淤泥、土质松软及软硬不均等现象时，应做好记录，并会同有关单位研究处理。

（8）开挖过程中应及时封堵或疏导墙体上的渗漏点，且应经常检查钢支撑及支护结构的稳定性，若发现松动及轴力损失及时补充，防止松动脱落。见图 7-10。

3.4.4 盖挖车站基坑开挖控制要点

盖挖法车站基坑开挖除满足明挖基坑开挖控制要求，还应注意以下要点：

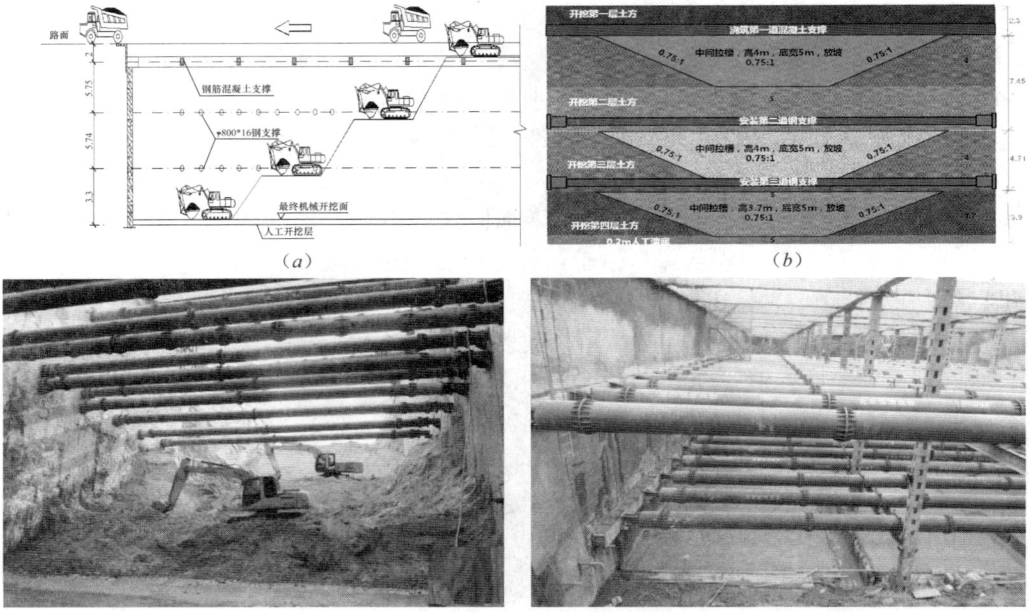

（*a*）　（*b*）

（*c*）　（*d*）

图 7-10　基坑开挖施工

（*a*）基坑分层放坡开挖示意图；（*b*）基坑分层拉槽开挖示意图；（*c*）基坑分段、分层开挖；（*d*）基坑开挖钢支撑架设

（1）基坑开挖方法的确定应与主体结构设计、支护结构设计相协调，主体结构在施工期间的受力变形和不均匀沉降均应满足设计要求。

（2）应根据基坑设计工况、平面形状、结构特点、支护结构、土体加固、周边环境等情况设置取土口。

（3）主体结构兼作为取土平台和施工栈桥时，应根据施工荷载要求对主体结构进行复核计算和加固设计，施工设备荷载不应大于设计规定限值。

（4）面积较大的基坑，宜采用盆式开挖，先形成中部结构，再分块、对称、限时开挖周边土方和施工主体结构。

（5）施工机械及车辆尺寸应满足取土平台、作业及行驶区域的结构平面尺寸和净空高度要求。

（6）暗挖作业区域应采取通风和足够的照明措施。

3.5　基坑回填

3.5.1　施工工艺流程

基坑回填施工工艺流程如图 7-11 所示：

3.5.2　施工控制要点

（1）车站顶板防水验收合格后方可回填，回填前需清除顶板上的积水、杂物清理干净，并经隐蔽验收合格后方可回填。

（2）回填土料按选定的土场和土质进行回填，不得擅自改变土场和土质。

（3）施工时严格控制土的含水率，使回填时土料的含水率接近回填土后最佳含水率。

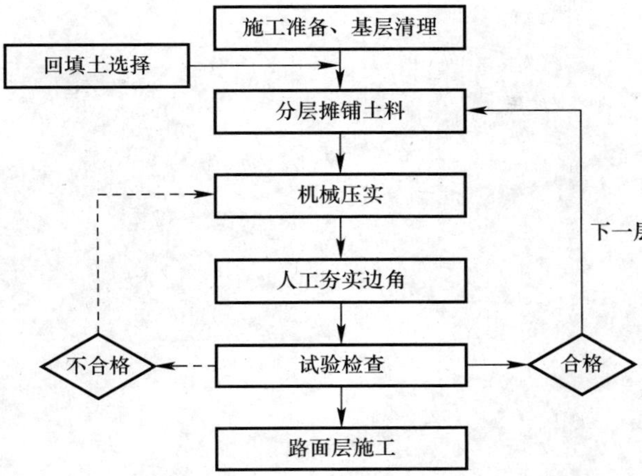

图 7-11　基坑回填施工工艺流程

（4）施工前在基坑的两侧用红油漆标出每层回填的高度线，以便检查和控制回填的厚度。按规范要求认真分层检测土压实密实度，每回填完一层必须经过试验查验合格后方可回填上一层土料，回填压实度必须满足设计相关要求。

（5）采用水平分层平铺，分层厚度一般 25～30cm，人工夯实的地方摊铺厚度 20～25cm。在结构两侧和顶部 500㎜范围以内及地下管线周围应采用人工使用小型机具夯填。

（6）机械碾压不了的边角处，人工用小型机械夯实时必须按顺序、按要求夯实，不得有漏夯的地方。

（7）在管沟两侧应水平、对称同时填压；回填高程不一样时，应从低处逐层填压；基坑分段回填接茬处，应挖台阶。

（8）填土按要求分段进行，分段填夯接茬处，土坡需填成阶梯形，梯形的高宽比一般为 1∶2，上下层错缝宽度不小于 1.0m，高度不大于 0.5m，碾压时碾迹应重叠 0.5m。

3.5.3　质量控制要点

（1）回填土使用前应分别取样测定其最大干容重和最佳含水量并做压实试验，确定填料含水量控制范围、虚铺厚度和压实遍数等参数。

（2）回填土为黏性土或砂质土时，应在最佳含水量下填筑，如含水量偏大应翻松晾干或加干土拌匀；如含水量偏低，应洒水湿润，并增加压实遍数或使用重型压实机械碾压。

（3）基坑回填必须在顶板和地下管线结构达到设计强度后进行。

（4）基坑回填土采用机械碾压时，搭接宽度不得小于 200mm。人工夯填时，夯与夯之间重叠不得小于 1/3 夯底宽度。

（5）基坑雨季回填时应集中力量，分段施工，取、运、填、平、压各工序应连续作业。雨前应及时压完已填土层并将表明压平后，做成一定坡势。雨中不得填筑非透水性土质。

（6）基坑不宜在冬季回填。如必须回填，应有可靠的防冻措施。见图 7-12。

3.6　基坑监测

3.6.1　基坑监测选择

（1）基坑支护设计应根据支护结构类型和地下水控制方法，按表 7-4 选择基坑监测项

(a) (b) (c) (d)

图 7-12　基坑土方回填施工

（a）基坑顶板土方回填；（b）回填土方摊铺、碾压；（c）回填土方碾压；（d）环刀法压实度检测

目，并应根据支护结构构件、基坑周边环境的重要性及地质条件的复杂性确定监测点部位及数量。选用的监测项目及其监测部位应能够反映支护结构的安全状态和基坑周边环境受影响的程度。

基坑监测项目选择　　**表 7-4**

监测项目	支护结构的安全等级		
	一级	二级	三级
支护结构顶部水平位移	应测	应测	应测
基坑周边建（构）筑物、地下管线、道路沉降	应测	应测	应测
坑边地面沉降	应测	应测	宜测
支护结构深部水平位移	应测	应测	选测
锚杆拉力	应测	应测	选测
支撑轴力	应测	宜测	选测
挡土构件内力	应测	宜测	选测
支撑立柱沉降	应测	宜测	选测
支护结构沉降	应测	宜测	选测
地下水位	应测	应测	选测
土压力	宜测	选测	选测
孔隙水压力	宜测	选测	选测

（2）基坑监测点布置满足设计及《建筑基坑支护技术规程》JGJ 120 相关要求。

3.6.2 基坑监测控制要点

（1）各类水平位移观测、沉降观测的基准点应设置在变形影响范围外，且基准点数量不应少于两个。

（2）基坑各监测项目采用的监测仪器的精度、分辨率及测量精度应能反映监测对象的实际状况，并应满足基坑监控的要求。

（3）各监测项目应在基坑开挖前或测点安装后测得稳定的初始值，且次数不应少于两次，并做好监测点的保护工作。

（4）基坑监测各监测点频次应符合设计及《建筑基坑支护技术规程》JGJ 120 相关要求。

（5）对基坑监测有特殊要求时，各监测项目的测点布置、量测精度、监测频度等应根据实际情况确定。

（6）在支护结构施工、基坑开挖期间以及支护结构使用期内，应对支护结构和周边环境的状况随时进行巡查，现场巡查时应检查有无下列现象及其发展情况：

1）基坑外地面和道路开裂、沉陷；

2）基坑周边建筑物开裂、倾斜；

3）基坑周边水管漏水、破裂，燃气管漏气；挡土构件表面开裂；

4）锚杆锚头松动，锚杆杆体滑动，腰梁和锚杆支座变形，连接破损等；

5）支撑构件变形、开裂；

6）土钉墙土钉滑脱，土钉墙面层开裂和错动；

7）基坑侧壁和截水帷幕渗水、漏水、流砂等；

8）降水井抽水不正常，基坑排水不通畅。见图 7-13。

（*a*）　　（*b*）

图 7-13　基坑监测点量测及保护

（*a*）地面监测点测量；（*b*）监测点保护盖

在施工过程中，采用日报形式反馈监测成果，当测试数据接近监控报警值时，立即通知监理单位，并主动加密观测，在基坑施工和完成后，提交监测监控分析报告。

当发现变化异常或达到预警、报警值时，则应向业主及相关部门汇报情况，并同时提交书面预警和报警报告，分析原因并提出相应技术对策，以便采取处理措施，并形成专题分析报告。

4 质量检验标准

（1）水泥土搅拌桩地基处理质量检验标准应符合表 7-5 的规定：

水泥土搅拌桩允许偏差 **表 7-5**

项目	序号	检查项目	允许偏差或允许值		检查方法
			单位	数值	
主控项目	1	水泥及外掺剂质量	符合出厂要求		查产品合格证书或抽样检查
	2	水泥用量	参数指标		查看流量表及水泥浆水灰比
	3	桩体强度	设计要求		按规定方法
	4	地基承载力	设计要求		按规定方法
一般项目	5	机头提升速度	m/min	≤0.5	量机头上升距离及时间
	6	桩底标高	mm	±200	测机头深度
	7	桩顶标高	mm	+100、−50	水准仪（最上部标 500mm 不计入）
	8	桩位偏差	mm	<50	用钢尺量
	9	桩径	m	<0.04D	用钢尺量，D 为桩径
	10	垂直度	%	≤1.5	经纬仪
	11	搭接	mm	>200	用钢尺量

（2）降水与排水施工应符合表 7-6 的规定：

降排水施工允许偏差 **表 7-6**

序号	检查项目	允许偏差或允许值		检查方法
		单位	数值	
1	排水沟坡度	‰	1～2	目测：坑内不积水，沟内排水畅通
2	井管（点）垂直度	%	1	插管时目测
3	井管（点）间距（与设计相比）	%	≤150	用钢尺量
4	井管（点）插入深度（与设计相比）	mm	≤200	水准仪
5	过滤砂砾料填灌（与计算值相比）	mm	≤5	检查回填料用量
6	井点真空度：轻型井点 喷射井点	kPa kPa	>60 >93	真空度表 真空度表
7	电渗井点阴阳极距离：轻型井点 喷射井点	mm mm	80～100 120～150	用钢尺量 用钢尺量

（3）土方开挖工程质量检验标准应符合表 7-7 的规定：

土方开挖工程质量检验标准（mm） **表 7-7**

项目	序号	检查项目	允许偏差或允许值					检验方法
			柱基基坑槽基	挖方场地平整		沟管	地（路）面基层	
				人工	机械			
主控项目	1	标高	−50	±30	±50	−50	−50	水准仪
	2	长度、宽度（由设计中线向两边量）	+200 −50	+300 −100	+500 −100	+100	—	经纬仪，用钢尺量
	3	边坡	设计要求					观测或用坡度尺检查

续表

项目	序号	检查项目	允许偏差或允许值					检验方法
			柱基基坑槽基	挖方场地平整		沟管	地（路）面基层	
				人工	机械			
一般项目	1	表面平整度	20	20	50	20	20	用2m靠尺和楔形塞尺检查
	2	基底土性	设计要求					观察或土样分析

注：地（路）面基层的偏差只使用于直接在挖、填方上做地（路）面的基层。

（4）基坑回填工程质量检验标准应符合表7-8的规定：

填土工程质量检验标准（mm） **表7-8**

项目	序号	检查项目	允许偏差或允许值					检验方法
			柱基基坑槽基	挖方场地平整		沟管	地（路）面基层	
				人工	机械			
主控项目	1	标高	−50	±30	±50	−50	−50	水准仪
	2	分层压实系数	设计要求					按规定方法
一般项目	1	表面平整度	20	20	30	20	20	靠尺或水准仪
	2	分层厚度及含水量	设计要求					水准仪及抽样检查
	3	回填土料	设计要求					取样检查或直观鉴别

注：地（路）面基层的偏差只使用于直接在挖、填方上做地（路）面的基层。

第八章　车站主体结构施工工艺标准

1　工艺概述

地铁车站由站台层、站厅层、设备层以及出入口组成。地铁站台按照线路分布情况，又可分为：岛式站台、侧式站台以及混合式站台。地下车站结构主要包括：主体结构、内部结构、出入口及风亭组等。

车站结构形式一般采用整体式钢筋混凝土框架结构，车站主体结构按车站宽度的不同，一般采用双跨或三跨矩形框架结构。主体结构施工方法主要包括：明挖顺作法、盖挖顺作法和盖挖逆作法。

2　工序流程

（1）车站明挖顺作法与盖挖顺作法主体结构施工工艺流程见图 8-1：

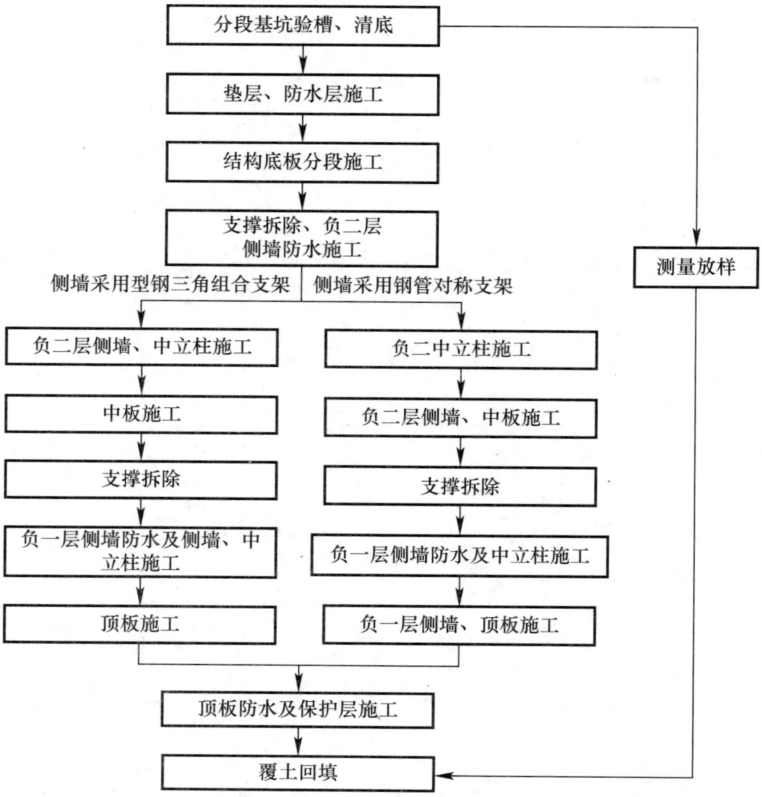

图 8-1　顺作法车站主体结构施工流程（两层车站）

（2）车站主体结构盖挖逆作法施工流程如图 8-2 所示：

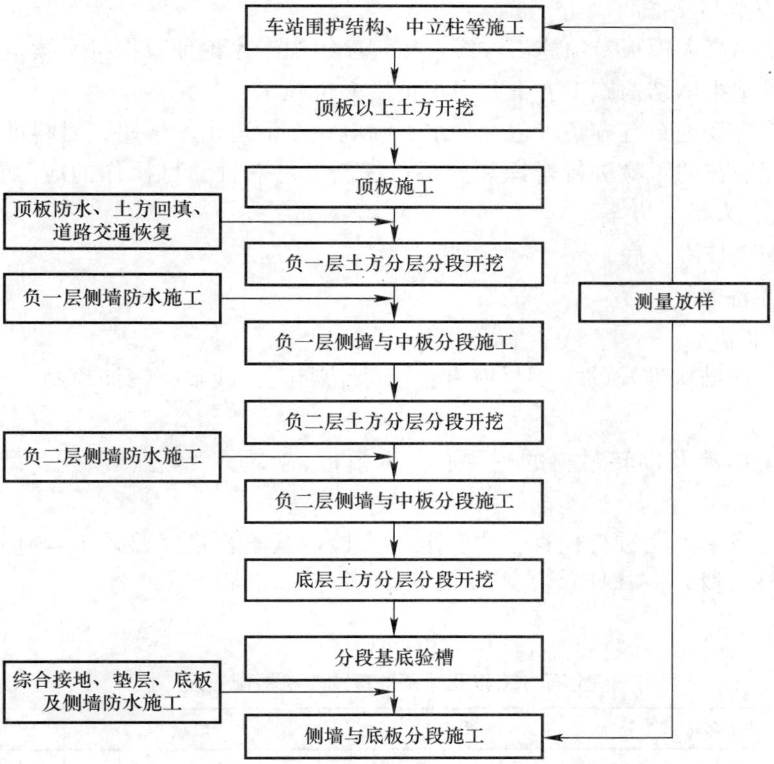

图 8-2　逆作法车站主体结构施工流程（三层车站）

3　施工工艺及控制要点

3.1　施工准备

3.1.1　技术准备

（1）测量准备

1）对车站进行联测，加密控制网，保证车站周边控制满足测量放样要求。

2）车站施工的高程测量控制，利用复核或增设的水准基点，按精密水准测量要求把高程引测到基坑内，并在基坑内设置水准基点，且不能少于两个，通过基坑内和地面上的水准基点对车站施工进行高程测量控制。

（2）试验准备

1）编制见证取样及送检方案。

2）确定各强度等级混凝土配合比、砂浆配合比。

3）进场原材料检验、钢筋接头送样检验。

（3）方案及图纸准备

1）图纸审核与现场核对

组织工程技术、测量、商务人员对设计图纸进行审核，查看图纸与现场实际是否相符；工程量是否准确；图纸标注尺寸是否清楚；前后是否相符以及有无缺漏等。

2）施工方案与交底

① 编制车站高大模板专项施工方案，按程序组织专家论证及报批手续。

② 编制车站主体结构施工方案并经审批后方可施工。

③ 车站施工场地布置方案（包含临水、临电、车辆进出场道路、材料堆场布置等）。

④ 对工程潜在的风险进行辨识和分析，编制有针对性、可操作的应急预案并落实抢险设备、材料、人员、方案。

⑤ 进行安全技术交底。

3.1.2 资源准备

（1）材料准备

1）车站主体结构涉及的主要材料有：商品混凝土、砂浆、钢筋原材、钢筋直螺纹套筒、预埋件等。

2）车站主体涉及周转材料的主要有：木模板、木枋、钢管、顶托、型钢三角桁架、钢模板等。

3）材料进场前严格进行检查验收和取样送检，试验合格经监理工程师认可后方可进料；杜绝不合格材料进入现场。

（2）机械准备

土石方工程及地基处理施工机械配置表 **表 8-1**

序号	设备名称	用途	数量	备注
1	塔吊	水平、垂直运输	1～2 台	按场地条件配置
2	16t 龙门吊	水平、垂直运输	1～2 台	
3	吊车（≥25t）	水平、垂直运输	1～3 台	
4	装载机	水平运输	1～2 台	
5	钢筋弯曲机	钢筋加工	4～8 台	
6	钢筋切割机	钢筋加工	2～6 台	
7	电焊机	钢筋焊接	4～8 台	
8	钢筋调直机	钢筋调直	2～4 台	
9	钢筋直螺纹机	直螺纹车丝	2～6 台	
10	振捣棒	混凝土振捣	10～20 台	
11	平板振动器	混凝土振捣	4～8 台	
12	风镐	凿毛、混凝土破除	按需配备	
13	圆盘锯	模板加工	4～6 台	
14	潜水泵	降水、排水	按需配备	
15	发电机（≥100kW）	备用	1 台	

（3）人员准备

人员准备计划表 **表 8-2**

序号	工种及职务	人数
1	钢筋工	30～50 人/工作面
2	模板工	20～30 人/工作面

续表

序号	工种及职务	人数
3	混凝土工	10～20 人/工作面
4	架子工	10～20 人/工作面
5	电工	2～3 人
6	质检员	1～2 人
7	技术员	1～2 人
8	测量人员	3～5 人
9	试验员	1～2 人
10	安全员	2～3 人

3.1.3 现场准备

（1）按车站施工场地布置方案对现场进行施工总平面布置，包含临水、临电、车辆进出场道路、材料堆场布置、冲洗设备、排水措施等。

（2）熟悉设计图纸，对结构施工顺序、施工进度安排、施工方法、标准要求及技术要点向班组及全体管理人员进行认真交底，并对进场人员进行三级安全教育级及安全技术交底。

（3）基坑开挖到底以后，应报请监理组织业主、勘察单位、设计单位、施工单位对基坑进行验收，验收内容为基底标高、结构净宽、地质情况、土壤电阻率等是否与设计相符合。经各方验收合格以后方可进行下道工序的施工。

（4）为保证隐蔽综合接地、防水施工质量，确定具有相关专业资质、业绩良好的分包队伍进行施工，每段施工完经验收合格后方可进行上部结构施工。

（5）按施工进度计划安排，提前进场所需材料和设备，材料提前进行取样送检，设备提前进行报审等工作。

3.2 车站主体结构施工段划分

车站主体结构按照“竖向分层、纵向分段”的方法进行施工。

（1）“竖向分层”即按照车站结构形式、层数、选用材料和支撑体系等，对结构每段依次自下而上（顺作法详见图 8-3）或自上而下（逆作法详见图 8-4）分层施工。

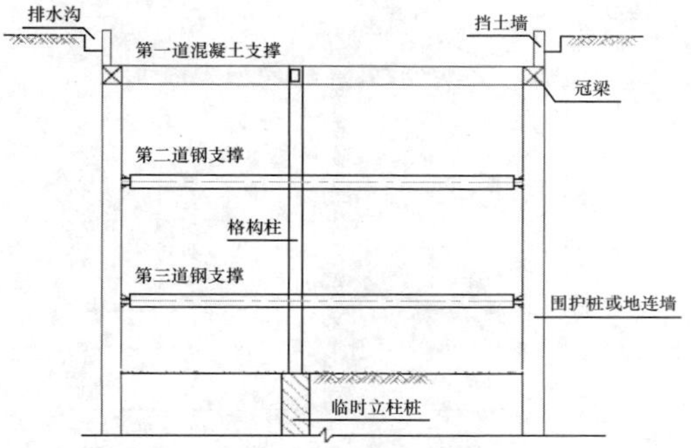

① 土方开挖至基坑底施做垫层、防水

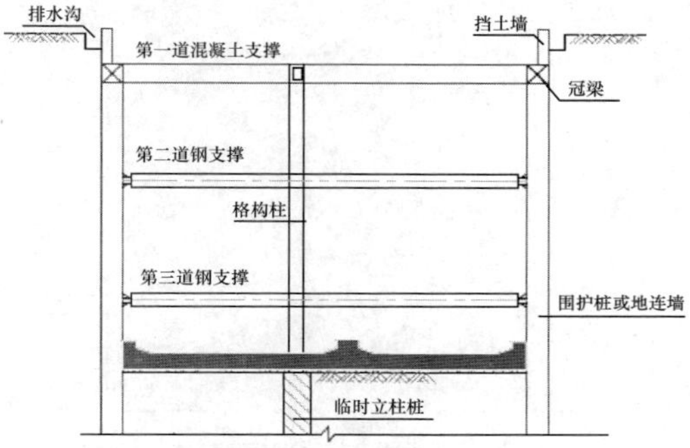

② 车站底板施工

图 8-3 明挖顺作法主体结构分层施工顺序（两层车站三道支撑）（一）

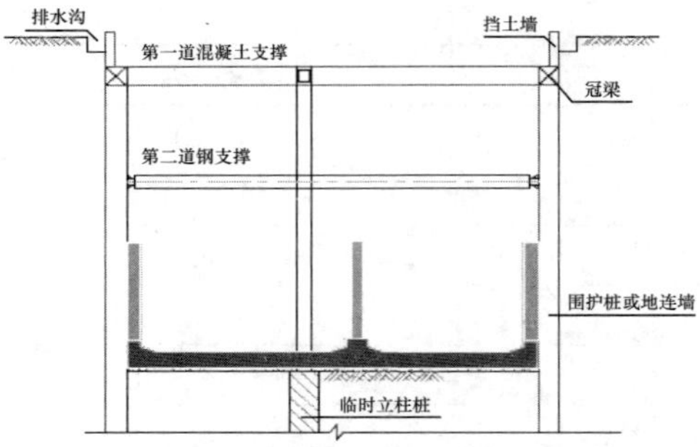

③ 底板混凝土达到设计要求强度拆除第三道支撑，施做负二层侧墙、中立柱

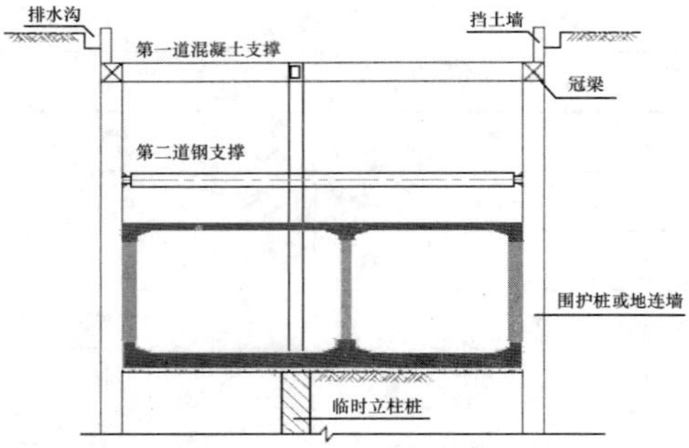

④ 车站中板施工（当车站侧墙采用钢管对撑时，中板可与负二层侧墙、中立柱同时浇筑）

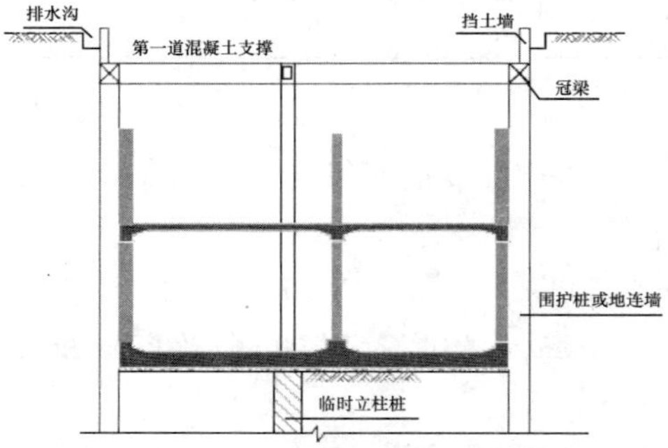

⑤ 中板混凝土达到设计要求强度拆除第二道支撑，施做负一层侧墙、中立柱

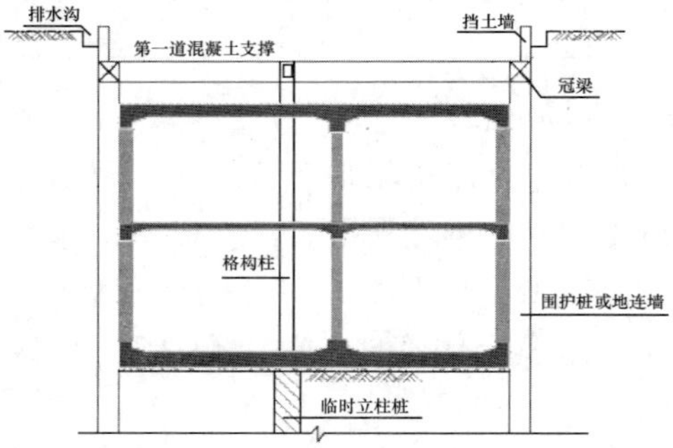

⑥ 车站顶板施工（当车站侧墙采用钢管对撑时，顶板可与负一层侧墙、中立柱同时浇筑）

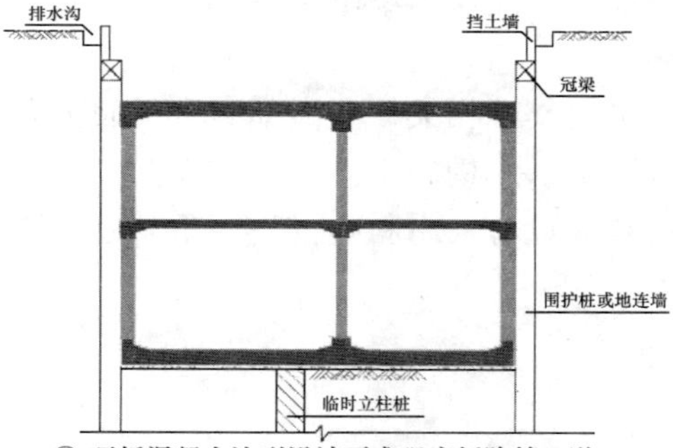

⑦ 顶板混凝土达到设计要求强度拆除第一道支撑及临时格构柱

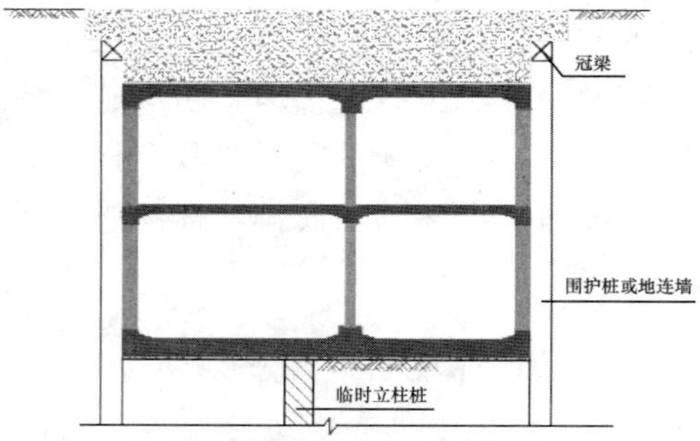

⑧ 顶板防水施工，顶板覆土回填

图 8-3　明挖顺作法主体结构分层施工顺序（两层车站三道支撑）（二）

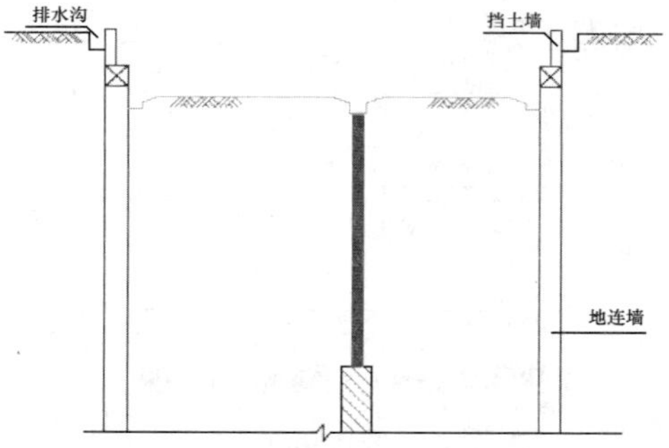

① 车站围护结构施工及中立柱施工，土方开挖至顶板底

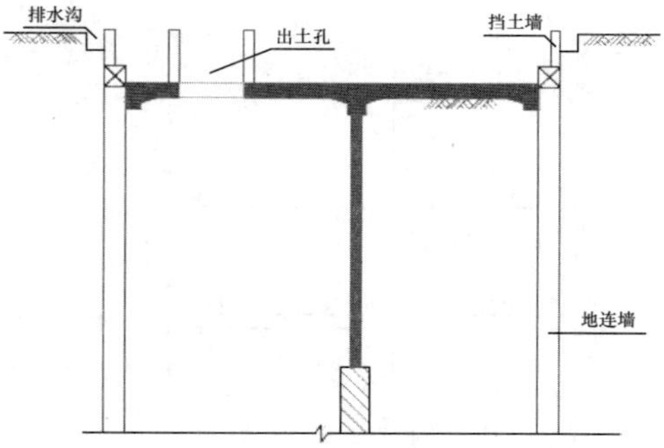

② 车站顶板施工、预留出土孔

图 8-4　盖挖逆作法主体结构分层施工顺序（两层车站）（一）

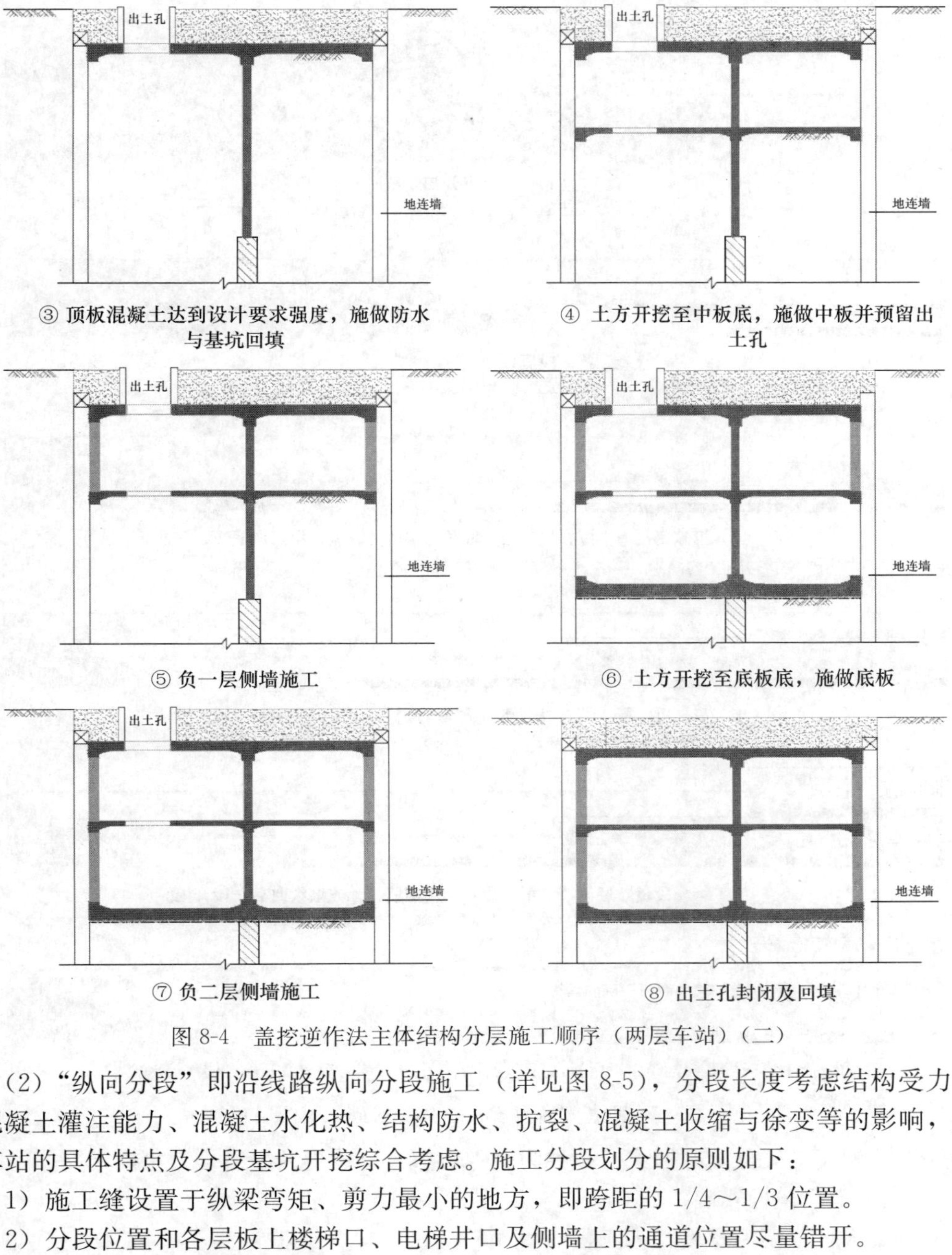

③ 顶板混凝土达到设计要求强度，施做防水与基坑回填

④ 土方开挖至中板底，施做中板并预留出土孔

⑤ 负一层侧墙施工

⑥ 土方开挖至底板底，施做底板

⑦ 负二层侧墙施工

⑧ 出土孔封闭及回填

图 8-4　盖挖逆作法主体结构分层施工顺序（两层车站）（二）

（2）“纵向分段”即沿线路纵向分段施工（详见图 8-5），分段长度考虑结构受力、一次混凝土灌注能力、混凝土水化热、结构防水、抗裂、混凝土收缩与徐变等的影响，并结合车站的具体特点及分段基坑开挖综合考虑。施工分段划分的原则如下：

1）施工缝设置于纵梁弯矩、剪力最小的地方，即跨距的 1/4～1/3 位置。

2）分段位置和各层板上楼梯口、电梯井口及侧墙上的通道位置尽量错开。

3）根据设计与规范要求，施工分段长度满足设计相关要求。

3.3　模板工程施工控制要点

模板及支架应根据工程结构形式、荷载大小等条件进行设计，必须具有足够的强度、刚度和稳定性。

梁、板一般采用木模板、木枋、双拼钢管和满堂支撑架体系。柱一般采用钢模、木模，异形柱、壁柱一般采用木模。侧墙采用单侧木模或钢模。

① 第一段土方开挖至基底

② 施工第一段底板，土方继续向后一段开挖

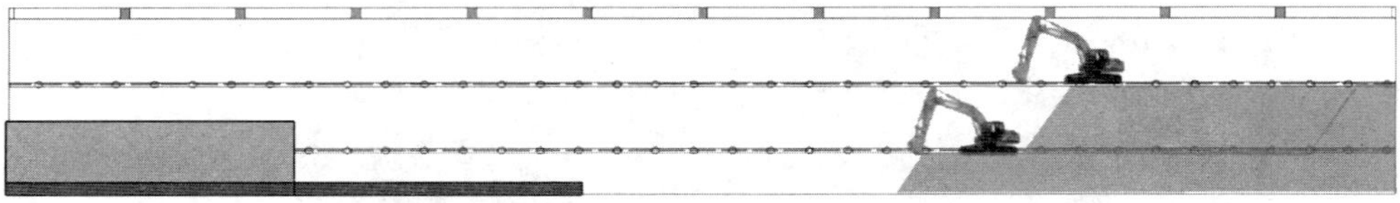

③ 拆除第三道支撑，施工第一段负二层侧墙，施工第二段底板

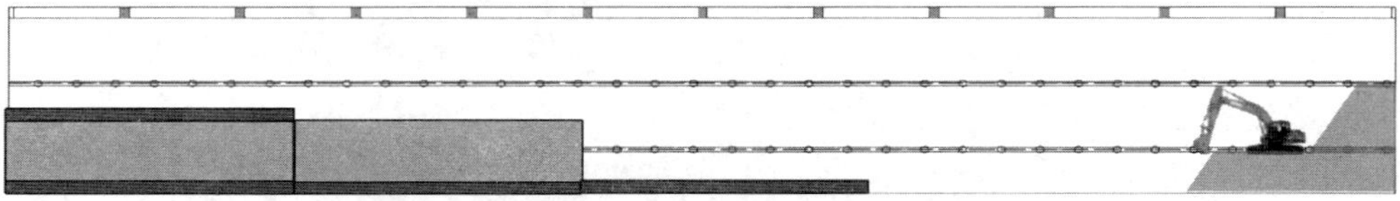

④ 施工第一段中板，第二段侧墙，第三段底板，土方继续向后一段开挖

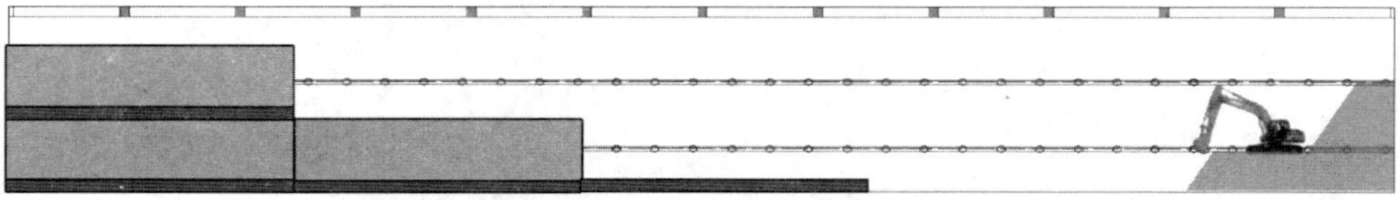

⑤ 施工第一段负一层侧墙，第二段负二层侧墙，土方继续向后一段开挖

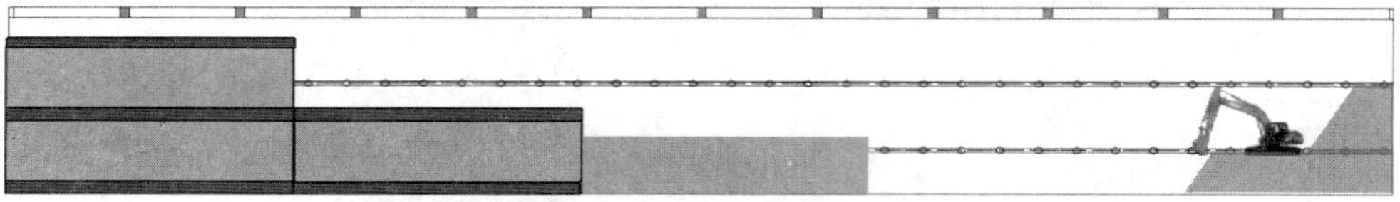

⑥ 施工第一段顶板，第二段中板，第三段侧墙，土方继续向后一段开挖。依次流水施工

图 8-5　明挖顺作法车站主体分段施工（两层）

侧墙单侧模支架分两种形式：一种为钢管对撑；一种为型钢组合三角桁架支撑。

3.3.1　底板腋角模板安装

车站底板腋角模板安装工艺流程如图 8-6：

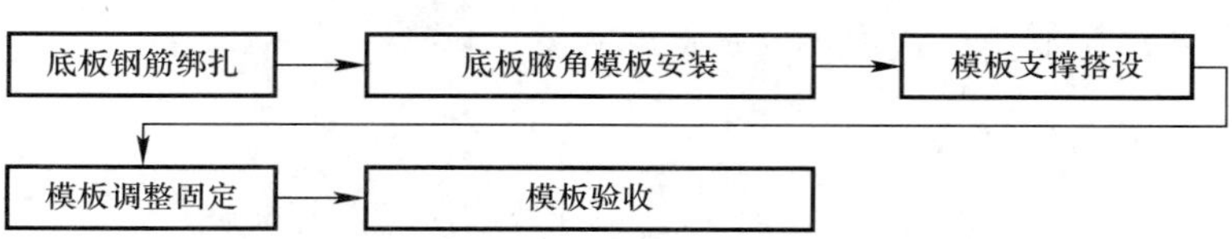

图 8-6　底板腋角模板安装工艺流程

（1）车站底板与侧墙一般设置腋角，施工时腋角可采用木模板或钢模板。

（2）底板钢筋绑扎完毕且验收合格后，按照间距 1m 设置两根 $\phi14$ 钢筋顶部附带焊接

M18 对拉螺杆垂直于腋角斜向钢筋并与底板底钢筋焊接。

（3）采用钢模时，在斜向钢筋上设置垫块后安装钢模板，在钢模板斜向侧再设置两道双拼 A48 钢管，使用对拉螺杆拉结扣紧钢模，腋角上部侧墙处预埋与侧墙钢筋焊接钢筋，钢筋弯钩扣住钢模顶。

（4）采用木模时设置垫块后安装木模板，其上安设三道纵向方木背楞，直径 20 钢筋做主楞；上反梁腋角以上 100mm 处，梁上 100mm 处分别设置 M18 对拉螺杆以固定梁侧模板主楞，纵向方木背楞，双拼 A48 钢管主楞对拉固定。

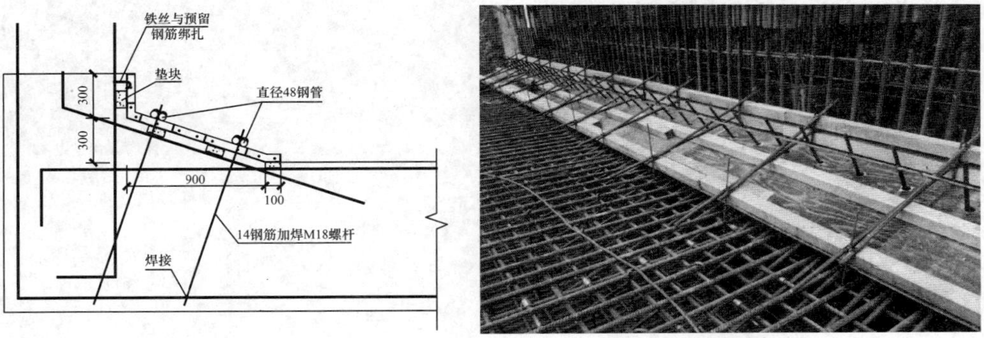

（*a*）　　　　　　　　　　　　（*b*）

图 8-7　底板腋角模板安装

（*a*）底板腋角模板安装示意图；（*b*）底板腋角模板安装

3.3.2　柱模板安装

车站柱模板安装工艺流程如图 8-8：

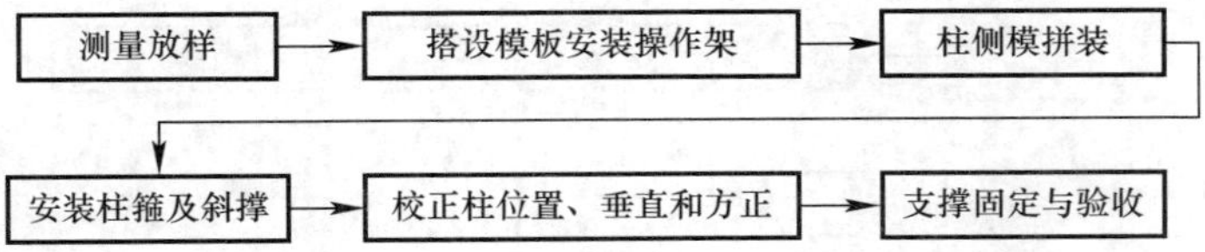

图 8-8　柱模板安装工艺流程

（1）柱模板施工前，对柱脚边不平整处，应用人工凿除松动混凝土。测量放样，弹出柱四边边线。

（2）柱模板及钢筋安装前需搭设安装操作脚手架，脚手架采用钢管及扣件搭设，应稳定可靠，上部设置防护高度不小于 1.2m。

（3）立柱模板采用覆膜木胶板，四周沿竖向布置方木，先安装柱子相对的两块模板，并作临时固定，再安装另外两块模板。枋木表面必须刨光，板间拼缝表面要求平整，不得翘曲。

（4）合模之后，然后再用双拼钢管或工字钢作柱箍，从下到上安装柱箍，布设穿柱螺栓用 3 型扣件对拉锁紧，并在设计位置设置斜撑。

（5）安装完毕后确保柱子下脚平整，与模板交接严密，加贴海绵条，以防止跑浆；并检查斜撑是否顶紧，以防止浇筑混凝土时模板发生位移或上浮。

（6）柱脚设置一个清扫口，尺寸为 100mm×100mm，浇筑混凝土前封堵严密，柱模根部用水泥砂浆堵严，防止跑浆。柱脚贴底板面位置设置钢筋地锚，确保柱子的形状和尺寸。见图 8-9。

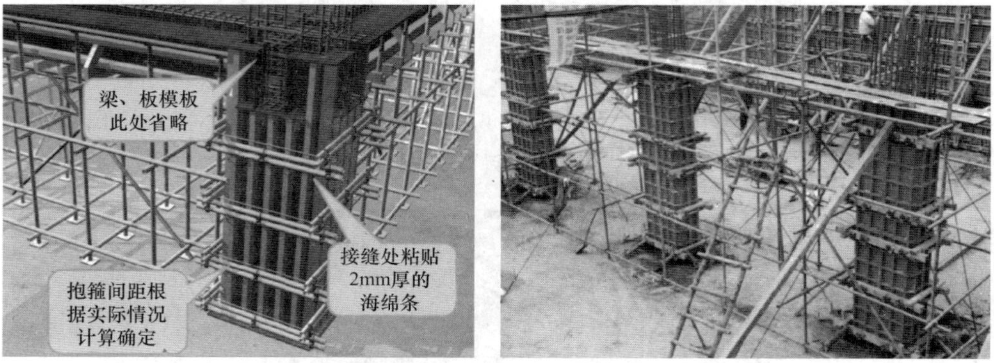

（*a*）　　（*b*）

图 8-9　柱模板安装

（*a*）立柱木模安装示意图；（*b*）立柱钢模安装实例图

3.3.3　满堂支撑架搭设

满堂架搭设工艺流程如图 8-10：

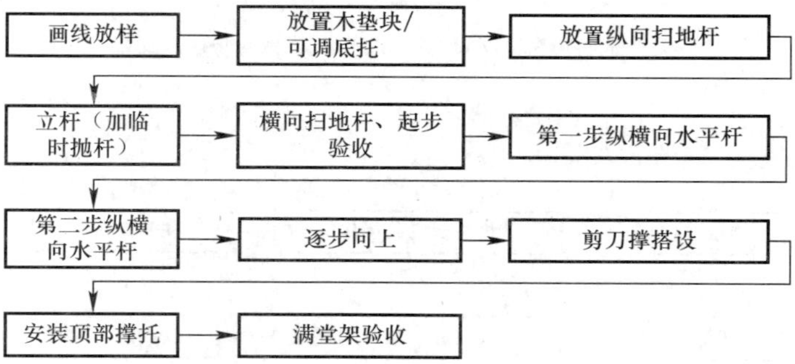

图 8-10　满堂架搭设工艺流程

（1）采用扣件式钢管作模板支架时，施工控制要点如下：

1）模板支架搭设所采用的钢管、扣件规格应符合设计要求；立杆纵距、立杆横距、支架步距以及构造要求，应符合专项施工方案的要求；一般中板立杆纵横间距为 900mm×900mm，顶板立杆纵横间距为 600mm×900mm 或 600mm×600mm，步距一般为 1200mm，梁下沿纵向需进行加密设置。

2）立杆纵向和横向宜设置扫地杆，纵向扫地杆距立杆底部不宜大于 200mm，横向扫地杆宜设置在纵向扫地杆的下方；立杆底部宜设置底座或垫板。

3）立杆接长除顶层步距可采用搭接外，其余各层步距接头应采用对接扣件连接，两个相邻立杆的接头不应在同一步距内。

4）立杆步距的上下两端应设置双向水平杆，水平杆与立杆的交错点应采用扣件连接，双向水平杆与立杆的连接扣件之间的间距不应大于 150mm。

5）支架周边应连续设置剪刀撑。支架长度或宽度大于 6m 时，应设置中部纵向或横向的竖向剪刀撑，剪刀撑的间距和单幅剪刀撑的宽度均不宜大于8m，剪刀撑与水平杆的夹角宜为45°～60°；支架高度大于3倍步距时，支架顶部宜设置一道水平剪刀撑，剪刀撑应延伸至周边。

6）立杆、水平杆、剪刀撑的搭接长度，不应小于0.8m，且不应少于2个扣件连接，扣件盖板边缘至杆端不应小于100mm。剪刀撑的搭接长度，不应小于1.0m，且不应少于3个扣件连接。

7）扣件螺栓的拧紧力矩不用小于40N·m，且不应大于65N·m。

8）支架立杆搭设的垂直偏差不宜大于1/200。

（2）采用扣件式钢管作高大模板支架时，施工控制要点如下：

1）宜在支架立杆顶部插入可调托座，可调托座螺杆外径不应小于36mm，螺杆插入钢管长度不应小于150mm，螺杆伸出钢管的长度不应大于300mm，可调托座伸出顶层水平杆的悬臂长度不应小于500mm；

2）立杆的纵距、横距不应大于1.2m，支架步距不应大于1.8m；

3）立杆顶层步距内采用搭接时，搭接长度不应小于1m，且不应少于3个扣件连接；

4）立杆纵向和横向应设置扫地杆，纵向扫地杆距立杆底部不宜大于200mm；

5）宜设置中部纵向或横向的竖向剪刀撑，剪刀撑的间距不宜大于5m，沿支架高度方向搭设的剪刀撑的间距不宜大于6m；

6）立杆的搭设垂直偏差不宜大于1/200，且不宜大于100mm；

7）应根据周边结构的情况，采取有效的连接措施加强支架整体稳固性。

（3）采用碗扣式、盘扣式或盘销式钢管架作模板支架时，支架搭设施工控制要点如下：

1）碗扣架、盘扣架或盘销架的水平杆与立柱的扣接应牢靠，不应滑脱；

2）立杆上的上、下层水平杆间距不应大于1.8m；

3）插入立杆顶端可调托座伸出顶层水平杆的悬臂长度不应超过650mm，螺杆插入钢管的长度不应小于150mm，其直径应满足与钢管内径间隙不小于6mm的要求。架体最顶层的水平杆步距应比标准步距缩小一个节点间距；

4）立柱间应设置专用斜杆或扣件钢管斜杆加强模板支架。

（4）支架搭设施工其他注意事项

1）按施工方案弹线定位，架体立杆间距、横杆步距等都必须符合施工方案要求。放置可调底座后分别按先立杆后横杆再斜杆的搭设顺序逐层进行，每次上升高度不大于3m。

2）支架及脚手架内外侧加挑梁时，挑梁范围内只允许承受人行荷载，严禁堆放物料。

3）支撑架搭设过程中，须由专人全过程监督，保证支撑架定位的正确性及搭设过程中的安全性。支撑架搭设到顶时，应组织技术、安全、施工人员对整个架体结构进行全面的检查和验收，及时解决存在的结构缺陷。

4）支撑架搭设时，木枋接头都要求在立杆顶托上面，不允许出现悬挑，纵向木枋接头也是要求在横向分配梁上，不允许出现悬挑，同样木模板底模拼装时也要求在纵向木枋上，不允许悬挑。

5）浇筑过程中，派人检查支架和支承情况，发现下沉、松动和变形情况及时解决。

6）遇大面积预留孔洞时需上下通直搭设（否则孔洞处设工字钢过梁）。见图8-11。

（a）　　（b）

图 8-11　模板满堂架支撑搭设施工

（a）满堂架搭设施工；（b）满堂架剪刀撑设置

3.3.4　侧墙模板安装

（1）侧墙采用钢管对撑

车站内衬墙模板采用钢管对撑安装工艺流程如图 8-12：

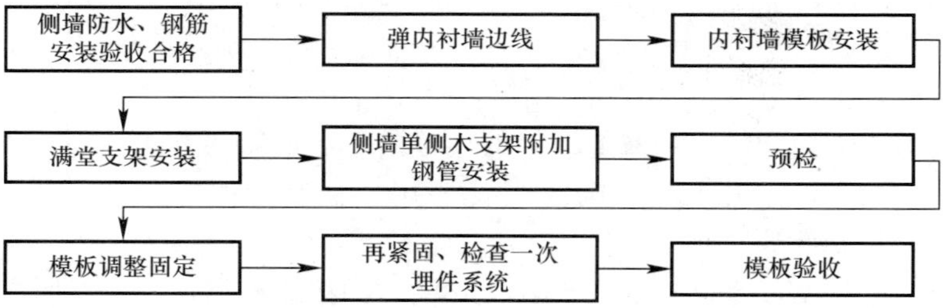

图 8-12　侧墙模板安装工艺流程（对撑）

1）墙体模板安装前，由测量员核准标高，测放结构轴线及墙体控制线，做好班前交底。

2）先安装内衬墙底第一块模板，模板下口与预先弹好的墙边线对齐，然后安装方木背楞，临时用钢管支撑。

3）按照设计要求间距及步距搭设板支撑满堂架，在搭设满堂支撑架的同时及时安装侧墙模板撑架主楞木方，在横杆端头架设可调托撑快拆头。

4）由于侧墙混凝土侧压力较大，要求支撑侧墙模板的横杆垂直于侧墙，横杆钢管支撑采用对接扣件连接，垂直度控制要求在 1/100。

5）车站横断面总体尺寸变化较大时，故而再搭配使用扣件钢管做对撑时需要提前计算控制长短搭配。

6）对于大小里程端侧墙模板支撑体系在横断面侧墙支撑架体系基础上再行增加斜撑钢管，斜撑数量需按验算要求进行设置。

7）预检后再调整加固，将模板偏差控制在规定范围之内，待模板及支架正式验收合格后，进行墙体混凝土浇筑。见图 8-13。

（2）侧墙采用型钢组合三脚架支撑体系，车站内衬墙模板采用型钢组合三脚架支撑工艺流程如图 8-14：

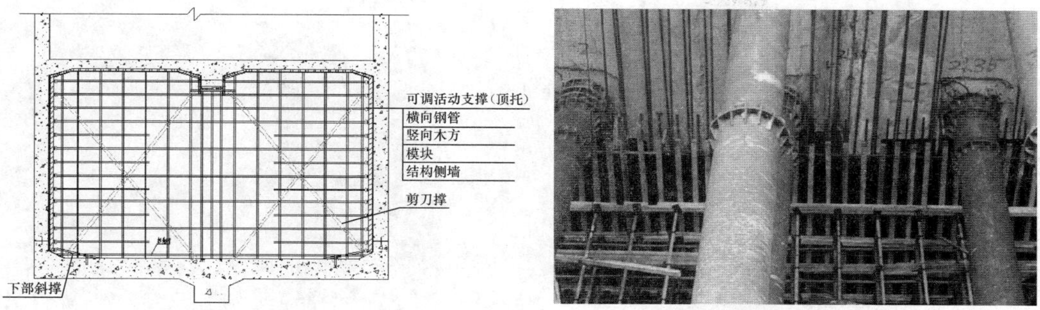

(a) (b)

图 8-13　侧墙模板施工

(a) 侧墙模板安装示意图；(b) 侧墙模板现场安装

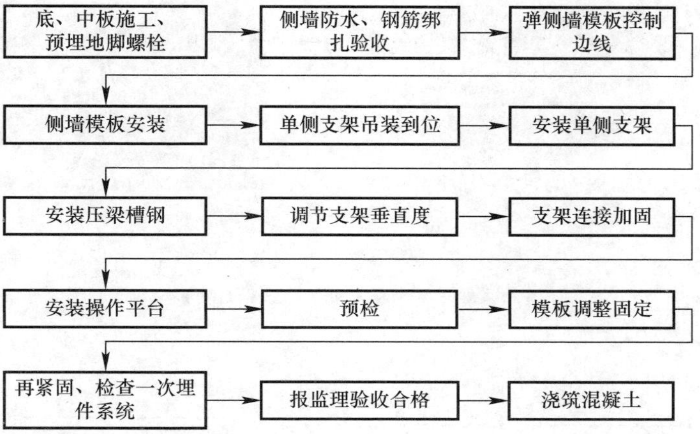

图 8-14　侧墙模板安装工艺流程（型钢三角支撑）

1）底板中板施工时，需在板内预埋地脚螺栓伸出倒角斜面，为固定侧墙型钢三角支架。预埋地脚螺栓与倒角斜面交点距侧墙内壁一般为 200mm，地脚螺栓裸露长度为 200mm，预埋平直长度 250mm 与板上层钢筋点焊连接。地脚螺栓裸露端与板水平面成 45°。地脚螺栓现场预埋时拉通线，保证埋件在同一条直线上。地脚螺栓在预埋前对连接螺纹采取保护措施，用塑料布包裹并绑牢，以免施工时混凝土粘附在丝扣上，影响连接螺母。预埋地脚螺栓平面位置与桁架同间距，对应预埋。

2）侧墙钢筋绑扎完验收合格后，方可进行模板安装。侧墙模板可采用木模，木模可提前按侧墙高度，拼装成 5～6m 宽的大模板，背楞采用 100mm×100mm 木枋和槽钢。

3）吊装组合大模板，吊装到位后临时固定，固定可采用钢管斜撑；采用钢模时可从下至上进行单块拼装，模板安装后进行单侧支架吊装，单侧支架根据侧墙高度提前拼装好，然后进行单榀吊装，

4）墙体模板支架每安装 5～6 榀单侧支架后，及时穿插施工埋件系统的压梁槽钢紧固。

5）支架安装完后，用钩头螺栓将模板背楞与单侧支架部分连成一个整体。

6）调节单侧支架后支座，直至模板面板上口符合设计要求。将调整好的支架用钢管进行连接加固。最后再紧固并检查一次埋件受力系统，确保混凝土浇筑时，模板下口不会漏浆。

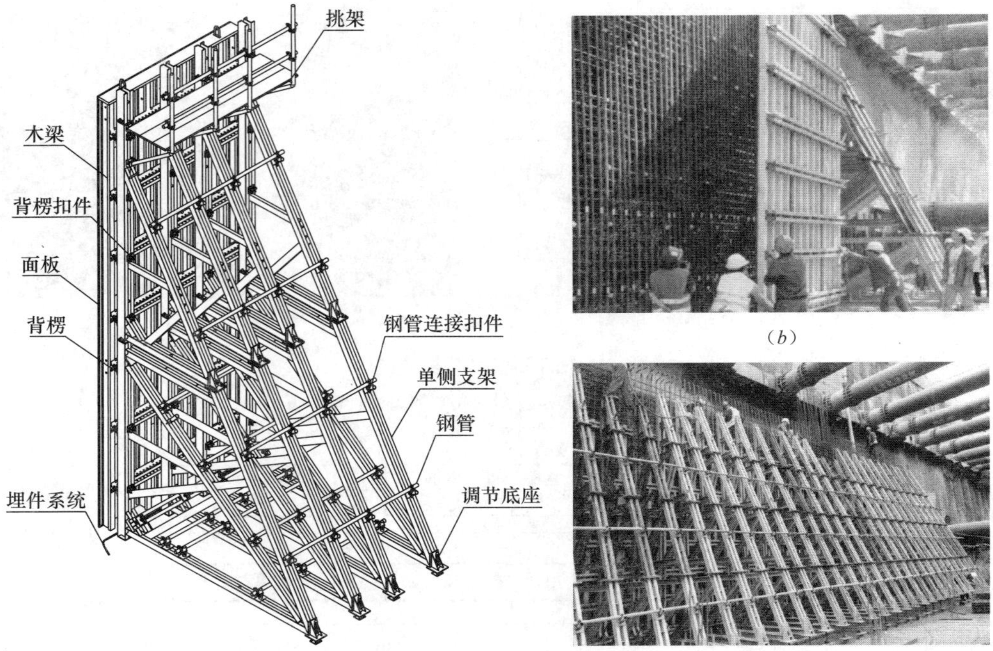

图 8-15　侧墙型钢三角支架支撑施工

(*a*) 侧墙型钢三角支架组装示意图；(*b*) 侧墙拼装大模板合模；(*c*) 侧墙模板三角支架支撑

3.3.5　板、梁模板安装

板模板安装工艺流程如图 8-16：

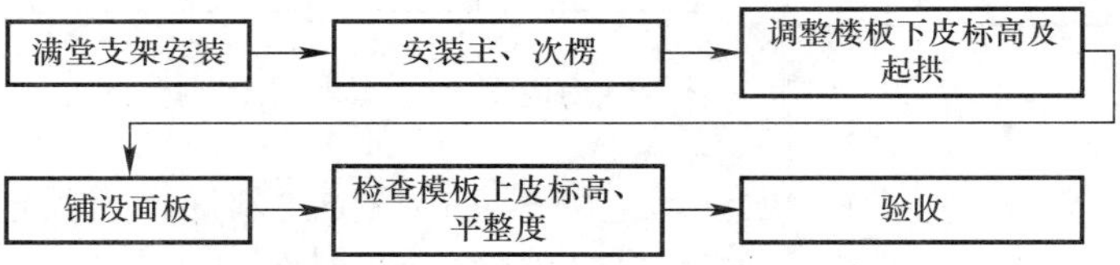

图 8-16　板模板安装工艺流程

梁模板安装工艺流程如图 8-17：

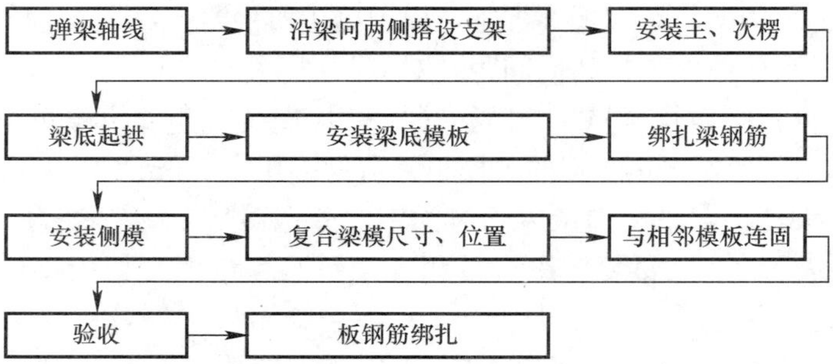

图 8-17　梁模板安装工艺流程

(1) 在铺设板模板前，先进行模板支撑架验收，验收合格后，方可铺设板及梁模板。

(2) 模板铺设时先铺设梁底主次楞，再铺设梁底模板及侧模。

（3）在梁模板安装完毕后再进行板模板铺设，板模板从两侧开始安装，先安装第一排主次楞，临时固定后再安装第二排主次楞，依次逐排安装；调节可调螺栓高度，将主次楞找平。

（4）铺设板时，板与板之间采取硬拼缝，要求拼缝严密，缝隙小于2mm；板铺完后，用水平仪测量模板标高，进行校正，标高校完后，将模板上面杂物清理干净；并及时进行验收。

（5）板铺完后，用水准仪测量、校正模板标高，且满足起拱要求。在梁的一侧板端不封口，留做清扫口，待将模板内杂物清除干净后，再进行封堵。模板涂刷隔离剂时，不得污染梁、板钢筋及混凝土施工缝。

（6）墙板相接处，板支模前，在墙体上部弹线，将混凝土浮浆层剔除干净，露出石子。板支模时，根据墙体上水平控制线控制板支模标高。板模板与墙体接触面贴海绵条，木胶板与墙体挤紧，防止接缝不严而漏浆，同时避免海绵条露出模板表面。木模板与木模板间采用硬拼缝，保证拼缝严密，不漏浆，严禁在接缝上贴胶带纸。

（7）预留洞口模板采用木枋和模板拼制，为便于脱模，角部用木枋斜撑加固。洞口下侧模板留设排气孔。洞口模板角部加设斜撑。见图 8-18。

（*a*）

（*b*）

图 8-18　梁板模板安装

（*a*）梁板模板安装示意图；（*b*）梁板模板节点安装实例图

3.3.6　模板拆除

（1）模板拆除顺序

支架的拆除应在统一指挥下，底模及支架拆除时混凝土强度必须达到设计要求，按先支的后拆、后支的先拆、先拆非承重模板、后拆承重模板，并应从上而下进行。

1）梁板模板拆除顺序按照梁侧模→板底模→梁底模顺序；

2）柱墙模板拆除按照由上至下顺序拆除，并应分段分片进行。

（2）模板拆除控制要点

1）模板支架拆除采用人工拆除为主，机械辅助运输方式进行模板支架拆除。

2）模板拆除必须在混凝土结构达到设计强度方可进行。施工过程中加强安全监督和安全防护，确保拆除过程中的安全。

3）拆除侧模时混凝土强度保证构件不缺棱掉角。

4）模板拆除时严禁用铁棍或铁锤乱砸，拆除的模板应妥善放置于地面。

5）墙柱模板拆除完毕后，应对墙柱阳角部位设置护角，防止损害。

6）模板拆除时应有专人指挥、统一作业，同时应注意临边维护、防止钢管扣件等下落砸伤人员。工人必须具备专业资质，拆除模板支架时工人必须按规定穿戴安全防护装备。

7）模板拆除后及时对拆除的模板进行清理、修补、保养。

3.4 钢筋工程施工控制要点

3.4.1 钢筋进场程序

钢筋加工工艺流程如图 8-19：

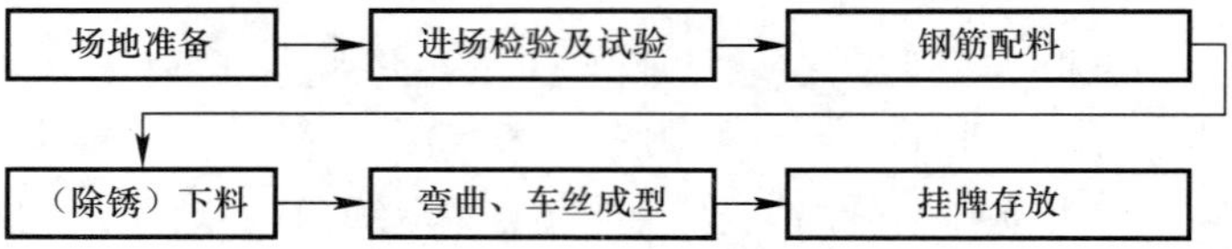

图 8-19 钢筋进场流程

（1）场地准备

根据施工平面布置确定钢筋存放及钢筋加工场地，场地能满足施工需求，且方便钢筋原材进场及钢筋半成品的吊装。

（2）进场验收标准

钢筋进场时，应检查出厂合格证、检测报告、钢筋标识牌、钢筋上的标识及钢筋外观质量、过磅复核重量。所标注的供应商名称、牌号、炉号（批号）、型号、规格、重量等应保持一致。

（3）原材存放要求

钢筋原材进入现场后，根据现场施工需求分规格、分型号进行堆放。原材与加工成品堆放时，地面要用方木等材料架空、防止泥水污染生锈。旁边竖放材料标示牌，区分好已检和待检材料。

（4）进场检测标准

取样方法：按照同一批量、同一规格、同一炉号、同一出厂日期、同一交货状态的钢筋，每批重量不大于 60t 为一检验批，进行现场见证取样；不足 60t 时也为一个检验批，进行现场见证取样。见图 8-20。

（*a*）　　（*b*）

图 8-20 钢筋进场存放及送检

（*a*）钢筋原材分类存放；（*b*）钢筋原材取样送检

3.4.2 钢筋连接加工

（1）直螺纹套筒连接加工

钢筋滚压直螺纹连接工艺流程如图 8-21：

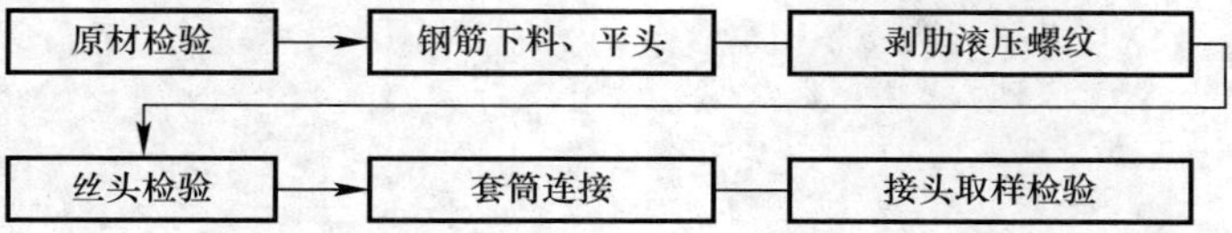

图 8-21 钢筋直螺纹连接工艺流程

1）切割标准

采用砂轮切割机切割钢筋，钢筋端面与母材轴线方向垂直，不得使用气割和剪断机进行下料切割。

2）车丝标准

加工不同规格的钢筋挡块行程不同，挡块侧面打印所加工的钢筋规格。剥肋滚压完成后，用打磨机磨平端头，检查牙型是否饱满、无断牙、秃牙现象，核实对应型号钢筋的有效丝个数，合格的丝头用保护套筒进行保护。见表 8-3。

丝头加工尺寸标准 **表 8-3**

钢筋直径（mm）	有效螺纹数量（扣）	有效螺纹长度	螺距（mm）
20	10	25	2.5
22	11	30	2.5
25	11	33	3.0
28	11	33	3.0
32	13	39	3.0

3）连接标准

连接钢筋时，钢筋规格和套筒的规格必须一致，连接钢筋时应对正轴线将钢筋拧入连接套筒，接头连接完成后，应使两个丝头在套筒中央位置互相顶紧，标准型套筒每端外露丝扣长度不应超过 $2P$。以 500 个接头为一个批次（不足 500 个接头时也作为一个验收批）进行抽检，每批抽检 3 个接头。

4）扭力标准

使用扭力扳手或管钳进行施工，对连接完的接头用扭力扳手校核拧紧扭矩，拧紧扭矩值应符合表 8-4 直螺纹钢筋接头拧紧力矩值，对已拧紧的接头作标记，与未拧紧的接头区分开。

钢筋直螺纹连接拧紧力矩值 **表 8-4**

钢筋直径（mm）	16～18	20～22	25	28	32	36～40
拧紧力矩（N·m）	100	200	250	280	320	350

5）预埋设标准

采用预埋接头时，连接套筒的位置、规格和数量应符合设计要求。带连接套筒的钢筋应固定牢靠，连接套筒的外露端应有保护盖，可涂油后塑料包裹防护。见图 8-22。

（a）　　　　　　　　　　　　　　　　（b）

图 8-22　钢筋直螺纹加工

（a）钢筋直螺纹车丝；（b）钢筋直螺纹车丝端头打磨

（2）钢筋焊接加工

1）电弧焊焊条标准

电弧焊采用的焊条，其性能符合国家标准规定，其型号应根据设计确定，若设计无规定按表 8-5 执行。

电弧焊焊条标准　　　　表 8-5

钢筋级别	帮条焊、搭接焊	坡口焊	钢筋与钢板搭接焊
HPB235	E4303	E4303	E4303
HRB335	E4303	E5303	E4303
HRB400	E5303	E5303	/

2）电弧焊焊接标准

① 焊渣清除后的焊缝表面平整、不得有凹陷和焊瘤，焊接处不得有裂纹。

② 检查连接方式、搭接长度、力学性能（300 个抽检一次）是否满足表 8-6 要求：

电弧焊搭接质量标准　　　　表 8-6

钢筋牌号	焊缝形式	帮条长度
HPB235	单面焊	≥8d
	双面焊	≥4d
HRB335 HRB400	单面焊	≥10d
	双面焊	≥5d

3.4.3　主体结构钢筋安装施工

（1）施工工艺流程

1）柱钢筋安装施工工艺流程如图 8-23：

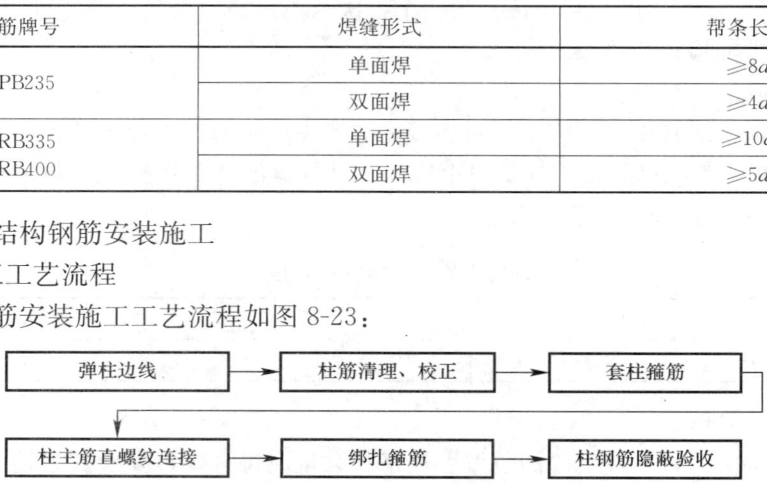

图 8-23　柱钢筋安装施工工艺

2）墙钢筋安装施工工艺流程如图 8-24：

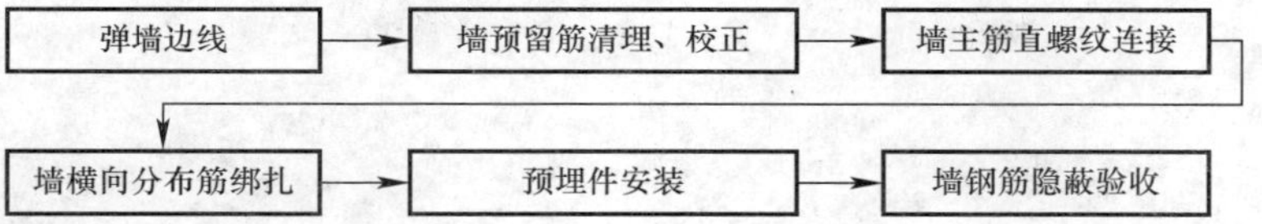

图 8-24　侧墙钢筋安装施工工艺

3）梁板钢筋安装施工工艺流程如下：

按结构要求分层分单元进行绑扎。对双层钢筋先铺下层钢筋，再铺上层钢筋。铺设梁钢筋时，设钢筋定位架；铺设板钢筋时，设架立钢筋。对多层钢筋，在层间设置足够的支撑筋，保证钢筋骨架的整体刚度及位置准确。对主体先行预埋的机械连接接头用聚苯泡沫保护。顶梁、中梁、底梁与板相交处需加腋处理。绑扎梁、柱节点等复杂的结构部位时，先根据钢筋穿插就位的顺序，并与模板工联系安排好支模和绑扎钢筋的顺序，以减少绑扎困难。

（2）施工控制要点

1）钢筋加工制作前，下料表要由技术员和工长审核，并将钢筋加工下料表与设计图复核，检查下料表是否有错误遗漏，对每种钢筋要按下料表检查是否达到设计和规范要求。

2）钢筋的接头应设置在受力较小处（梁板设置于 1/3～1/4 跨处），同一纵向受力钢筋不宜设置两个或两个以上接头，接头末端至钢筋弯起点的距离不应小于钢筋直径的 10 倍。纵向受力钢筋的接头应错开，上下层钢筋接头应错开。

3）钢筋的锚固及搭接长度，除图中注明以外，按规范取值。

4）钢筋绑扎施工时，对所有的预埋件采取加固措施，确保预埋件的位置准确。

5）内底板及底板以上 1.8m 范围内，应按设计图纸中做好车站杂散电流钢筋电气连接相关要求，底板及内衬墙表层所有纵向钢筋均应电气连接，若有搭接，应进行搭接焊。

6）对有抗震要求的框架和斜撑构件（含梯段）中的纵向受力普通钢筋应采用带“E”的钢筋，其强度和最大力下总伸长率的实测值应符合规范要求。

7）垫块必须使用现场预制水泥砂浆垫块或者厂家生产的专业垫块。为保证钢筋保护层厚度的准确性，应采用不同规格的垫块，并将垫块与钢筋绑扎牢固，垫块应交错布置。见图 8-25。

（*a*）　　（*b*）

图 8-25　结构钢筋绑扎（一）

（*a*）结构柱钢筋绑扎；（*b*）侧墙钢筋绑扎

(c)　　(d)

图 8-25　结构钢筋绑扎（二）

(c) 结构板钢筋绑扎检查；(d) 结构梁板钢筋绑扎

3.4.4　化学植筋

化学植筋适用于：后浇混凝土构件钢筋（未预留），需通过化学植筋锚固于现浇钢筋混凝土内；围护桩或地连墙内预埋接驳器位置偏差不能满足施工要求，需进行化学植筋与车站板内钢筋相连。化学植筋满足以下要求：

(1) 化学植筋锚固性能满足相应的产品标准，应有充分的试验依据和工程经验、并经国家制定的机构技术认证许可；

(2) 化学植筋应锚固于混凝土基层内，宜深入有钢筋环绕的结构核心区内，不应锚固在混凝土保护层内；钢筋植筋深度一般不小于 15d（d 为钢筋直径）；

(3) 化学植筋最小锚固长度应根据现场拉拔试验确定，且不应产生混凝土基材破坏或拔出破坏；

(4) 化学植筋的锚固安全等级为一级；

(5) 化学植筋的钢筋间距及其至混凝土构件边距均不小于 5d（d 为钢筋直径）；

(6) 采用植筋锚固时，其锚固部位的原构件混凝土不得有局部缺陷，若有局部缺陷，应先进行补强或加固处理后再植筋；

(7) 钢筋使用 HRB400 级热轧带肋钢筋，不得使用无出厂合格证，无标志或未进行现场检验的钢筋或再生钢筋；

(8) 植筋用的胶粘剂必须采用改性环氧类或改性乙烯基酯类（包括改性氨基甲酸酯）的胶粘剂，当植筋钢筋直径大于 22mm 时，宜采用 A 级胶，其安全性指标符合相应标准；

(9) 植筋时钢筋宜先焊后种植，若有困难必须后焊时，其焊点距基材混凝土表面应大于 15d，且应采用冰水浸渍的湿毛巾包裹植筋外露部分的根部。

3.5　混凝土工程施工控制要点

3.5.1　混凝土施工的一般原则

(1) 主体结构混凝土施工顺序随同模板施工顺序。

(2) 采用商品混凝土浇筑，并按规范要求进行混凝土坍落度的现场检测、混凝土抗压、抗渗试件的现场取样。

(3) 混凝土浇筑前，按规范要求对模板、钢筋、预埋件、预留孔洞、防水层、止水带等进行检查修整，特别注意模板，特别是挡头板，不能出现跑模现象。

（4）混凝土的浇筑采用泵送入模。按规范要求控制混凝土的自由倾落高度、浇筑层厚度、间歇时间、振捣方式，以确保混凝土质量。

3.5.2 梁、板混凝土浇筑控制要点

（1）底板、中板、顶板、梁混凝土浇筑按结构分段分层采用一次浇筑，针对不同工程部位，采用适宜的浇筑顺序：底板、顶板下料由混凝土输送泵完成，水平分台阶、纵向分幅，由边墙分别向中线方向进行浇筑；中板采用纵向分幅，由两侧向中板浇筑。

（2）在浇筑混凝土前，对模板内的杂物和钢筋上的油污等清理干净；对模板的缝隙和孔洞应予堵严；检查止水带是否损坏，对损坏处及时修补。

（3）在浇筑过程中，控制混凝土的均匀性和密实性。混凝土拌合物运至浇筑地点后，立即浇筑入模。在浇筑过程中，严格控制坍落度损失，如发现混凝土拌合物的均匀性和稠度发生变化，及时处理。

（4）浇筑过程中，注意防止混凝土的分层离析。

（5）浇筑混凝土时，安排专人对模板、支架、钢筋、预埋件和预留孔洞进行观察，发现有变形、移位时，及时采取措施进行处理。

（6）混凝土浇筑连续进行，如必须间歇时，其间歇时间宜缩短，并在前层混凝土初凝前将次层混凝土浇筑完毕。混凝土运输、浇筑及间歇的允许时间见表 8-7。

混凝土运输、浇筑和间歇的允许时间 **表 8-7**

混凝土强度等级	气温	
	≤25℃	＞25℃
≤C30	120min	90min
＞C30	90min	60min

3.5.3 柱、墙混凝土浇筑控制要点

（1）柱、梁、墙浇筑应采用分层浇筑振捣，浇筑前底部应先填 5～10cm 厚与混凝土配合比相同的减石子砂浆。

（2）每次浇筑高度不应超过 50cm，混凝土下料点应均匀、分散布置。侧墙模板支撑采用钢管对撑，墙体混凝土浇筑时，要左右对称、分层连续浇筑至顶板交界处，然后浇筑顶板混凝土。

（3）墙体连续浇筑首尾相接间隔时间常温下不应超过 3h。

（4）梁柱节点附近离开柱边≥500mm，且≥1/2 梁高处，沿 45°斜面从梁顶面到梁底面用 5mm 网眼的密目铁丝网分隔（作为高低等级混凝土的分界），先浇高强度等级混凝土后浇低强度等级混凝土，即先浇节点区混凝土后浇节点区以外的梁板混凝土。

（5）洞口浇筑时，应使洞口两侧浇筑高度对称均匀，振捣棒距洞边 30cm，并从洞口两侧同时振捣，以防止洞口变形。

（6）其他施工要求与底板、中板、顶板、梁浇筑要求一样。

3.5.4 混凝土振捣控制要点

（1）振捣施工使用插入式振动器要做到快插慢拔，插点均匀排列，逐点移动，按顺序进行，不得遗漏，做到均匀振实。插入振捣器避免碰撞钢筋，更不得放在钢筋上，在施工

缝处应充分振捣，且严禁触碰止水带；振捣机头开始转动以后才能插入混凝土中，振完后，徐徐提出，不能过快或停转后再拔出来，振捣靠近模板时，插入式振捣器机头须与模板保持5～10cm距离。

（2）振捣时间控制：一般每点振捣时间为20～30s，使用高频振动器，最短不应少于10s。肉眼观察，振捣合格应视混凝土表面呈水平不再显著下沉，不再出现气泡，表面泛出灰浆为准。移动间距不大于振动棒作用半径的1.5倍（一般为300～450mm），插点距模板不小于20cm，振捣上一层时插入下层混凝土面50mm，以消除两层间的接缝。

（3）根据泵送浇筑时自然形成一个坡度的实际情况，在每道浇筑前后布置三道振动棒，前道振捣棒布置在底排钢筋处和混凝土坡脚处，确保下部混凝土密实，后道振捣棒布置在混凝土卸料点，解决上部混凝土的捣实。

3.5.5 施工缝、变形缝施工控制要点

（1）分次浇筑混凝土时，必须在原浇筑的混凝土达到规定的强度要求后，方可再进行混凝土浇筑。

（2）在原混凝土表面再次进行混凝土浇筑前，应清除原混凝土表面的浮浆及脆弱表面层，对混凝土表面进行凿毛，露出粗骨料，使其表面呈凹凸不平状。

（3）用高压水冲洗表面，彻底清扫原混凝土表面的泥土，松散骨料及杂物，让混凝土表面充分吸水、润湿。

（4）施工缝、变形缝止水带安装应顺直、密贴，安装位置和方法正确。混凝土浇筑前应对其有无破损、位置是否正确等进行严格检查，在符合要求后方可进行混凝土浇筑。

（5）混凝土浇筑时，对接缝处适当地进行重复振捣，使其密贴，同时应采取措施防止止水带的位移和破损。

（6）逆作法车站侧墙留设施工缝时，需特别注意预埋注浆管，施工完成后进行注浆处理，减少渗漏风险。

3.5.6 混凝土养护控制要点

（1）混凝土养护

侧墙采用喷淋养护，在混凝土侧墙最上端设有一喷淋管，喷淋管上等间距的开设有数个喷淋孔，喷淋孔对准混凝土侧墙，喷淋管的一端采用堵头填堵，另一端外接水源。当打开水源进行喷淋时，水流自上而下覆盖整个混凝土侧墙。

（2）结构柱养护

在柱模板拆除后立即采用塑料薄膜进行包裹，并在柱上端设置塑料水箱，固定于柱子上端，在水箱下部开数个小孔，让水慢慢侵入结构柱，达到持续养护的目的。养护时间不得少于7d。

（3）板养护标准

板浇筑完毕后，采用湿麻袋或土工布覆盖浇水养护（条件允许时采用蓄水养护），应在12h以内加以覆盖并浇水养护，保持混凝土表面湿润，尽量减少暴露时间，防止表面水分蒸发。混凝土浇水养护日期，对采用硅酸盐水泥、普通硅酸盐水泥或矿渣硅酸盐水泥拌制的混凝土，不得少于7d；掺用缓凝型外加剂或有抗渗要求的混凝土不得小于14d，且需达到混凝土设计强度75%以上，在混凝土强度达到1.2MPa之前，不得在其上踩或施工振动。见图8-26。

图 8-26　混凝土养护

(a) 侧墙喷淋养护；(b) 侧墙覆盖养护；(c) 结构柱养护水箱设置；
(d) 结构柱薄膜包裹养护；(e) 结构板覆盖养护；(f) 结构板覆盖养护

3.5.7　混凝土缺陷修补

(1) 蜂窝麻面处理

先将蜂窝麻面处凿除到密实处，用清水清理干净，再用喷壶向混凝土表面喷水直至吸水饱和，将配置好的水泥干灰均匀涂抹在表面，此过程应反复进行，直至有缺陷的地方全部被水泥灰覆盖。待 24h 凝固后用镘刀将凸出于衬砌面的水泥灰清除，然后按照涂抹水泥灰方法进行细部的修复，保证混凝土表面平顺、密实。

(2) 露筋处理

一般都是先用锯切槽，划定需要处理的范围，形成整齐而规则的边缘，用冲击工具对处理范围内的疏松混凝土进行清除。露筋较浅时用 1∶2 或 1∶2.5 水泥砂浆将露筋部位抹压平整；露筋较深时，应将薄弱混凝土和突出的颗粒凿去，洗刷干净后，用比原来高一强度等级的细石混凝土填塞压实，或采用喷射混凝土工艺或压力灌浆技术进行修补。

(3) 孔洞处理

1) 先将孔洞凿去松散部分，使其形成规则形状；

2) 用钢丝刷将破损处的尘土、碎屑清除；

3) 用压缩空气吹干净修补面；

4) 用水冲洗修补面，使修补面周边混凝土充分湿润；

5) 填上所选择的修补材料，振捣、压实、抹平（推荐可选择的材料 HGM 高强无收缩灌浆料、HGM100 无收缩环氧灌浆料等），并按所用材料的要求进行养护。

(4) 表面裂缝处理

一般表面较小的裂缝，可用水清洗，干燥后用环氧浆液灌缝或表面涂刷封闭；裂缝开张较大时，沿纵裂缝凿凹槽，洗净后用 1：2 水泥砂浆抹补或干后用环氧胶泥嵌补；因外荷载引起裂缝，钢筋应力较高，影响结构的强度和刚度，应作加固处理，如对板加厚，对梁在梁的一侧或两侧加大截面，作钢筋混凝土围套或以钢板箍住再抹钢丝网水泥砂浆封闭；有整体防水和防锈要求的结构裂缝，应据裂缝宽度采用水泥压力灌浆或化学注浆（环氧浆液、甲凝、丙凝等）方法，进行裂缝修补或表面封闭与注浆同时使用。

(5) 错台处理

由于模板拼缝错台而导致混凝土表面错台的处理措施：用扁斧将错台部位的混凝土细致砍除，保证处理部位的混凝土表面顺平，表面光滑，处理后的错台高差不能大于 3mm；由于模板加固不牢导致混凝土胀模的处理措施：以标准混凝土表面为准，将胀模部位的混凝土范围做好标记，沿着标记线剔凿多余混凝土，剔凿好的表面为毛面比标准混凝土表面低 7～10mm，喷水湿润后，用与此处混凝土配合比一致的水泥砂浆压实抹平并加以养护。

4 质量检验标准

(1) 模板的安装质量检验标准应符合表 8-8 的规定：

现浇结构模板安装的允许误差及检验方法 **表 8-8**

序号	项目		允许偏差（mm）	检验方法
1	轴线位置		5	尺量
2	底模上表面标高		±5	水准仪或拉线、尺量
3	模板内部尺寸	基础	±10	尺量
4		柱、墙、梁	±5	尺量
5		楼梯相邻踏步高差	5	尺量
6	墙、柱垂直度	层高≤6m	8	经纬仪或吊线、尺量
		层高＞6m	10	
7	相邻板面高低差		2	尺量
8	表面平整		5	2m 靠尺和塞尺量测

(2) 采用扣件式钢管做模板支架式，质量检查应符合下列规定：

1) 梁下支架立杆间距的偏差不宜大于 50mm，板下支架立杆间距的偏差不宜大于 100mm；水平杆间距的偏差不宜大于 50mm。

2) 应检查支架顶部承受模板荷载的水平杆与支架立杆连接的扣件数量，采用双扣件构造设置的抗滑移扣件，其上下应顶紧，间隙不应大于 2mm。

3）支架顶部承受模板荷载的水平杆与支架立杆连接的扣件拧紧力矩，不应小于 40N·m，且不应大于 65N·m。支架每步双向水平杆应与立杆扣接，不得缺失。

4）采用碗扣式、盘扣式或盘销式钢管架作模板支架时，质量检查应符合下列规定：

① 插入立杆顶端可调托座伸出顶层水平杆的悬臂长度，不应超过 650mm；

② 水平杆杆端与立杆连接的碗扣、插接和盘销的连接状况，不应松脱；

③ 按规定设置的竖向和水平斜撑。

（3）钢筋安装位置偏差表 8-9 要求：

钢筋安装允许偏差 **表 8-9**

项目			允许偏差（mm）	检验方法
绑扎钢筋网	长、宽		±10	钢尺检查
	网眼尺寸		±20	钢尺量连续三档，取最大值
绑扎钢筋骨架	长		±10	钢尺检查
	高、宽		±5	
受力钢筋	间距		±10	钢尺量两端、中间各一点，取最大值
	排距		±5	
	保护层厚度	基础	±10	钢尺检查
		柱、梁	±5	
		板、墙	±3	
绑扎箍筋、横向钢筋间距			±20	钢尺量连续三档，取最大值
钢筋弯起点位置			20	钢尺检查
预埋件	中心线位置		5	钢尺检查
	水平标高		+3，0	钢尺检查和塞尺检查

（4）预埋件和预留孔洞允许偏差见表 8-10：

预埋件安装允许偏差 **表 8-10**

序号	项目		允许偏差（mm）	检验方法
1	预埋钢板中心线位置		3	钢尺检查
2	预留管、孔中心线位置		3	钢尺检查
3	插筋	中心线位置	5	钢尺检查
4		外露长度	+10，0	钢尺检查
5	预埋螺栓	中心线位置	2	钢尺检查
6		外露长度	+10，0	钢尺检查
7	预留洞	中心线位置	10	钢尺检查
8		尺寸	+10，0	钢尺检查

（5）现浇结构位置和尺寸允许偏差及检验方法如表 8-11 所示：

现浇结构位置和尺寸允许偏差及检验方法 **表 8-11**

序号	项目		允许偏差（mm）	检验方法
1	轴线位置	整体基础	15	经纬仪及尺量
2		柱、墙、梁	8	经纬仪及尺量

续表

序号	项目		允许偏差（mm）	检验方法
3	垂直度	每层	10	经纬仪或吊线、尺量
4		全高	$H/30000+20$	经纬仪、尺量
5	标高	层高	±10	水准仪或拉线、尺量
6		全高	±30	水准仪或拉线、尺量
7	截面尺寸	基础	+15，−10	尺量
8		柱、梁、板、墙	+10，−5	尺量
9		楼梯相邻踏步高差	6	尺量
10	电梯井	中心位置	10	尺量
11		长、宽尺寸	+25，0	尺量
12	表面平整度		8	2m靠尺和塞尺量测
13	预埋件中心位置	预埋板	10	尺量
14		预埋螺栓	5	尺量
15		预埋管	5	尺量
16		其他	10	尺量
17	预留洞、孔中心线位置		15	尺量

（6）模板拆除

底模及支架应在混凝土强度达到设计后再拆除；当设计无具体要求时，同条件养护的混凝土立方体试件抗压强度应符合表8-12的规定：

底模拆除时的混凝土强度要求 **表8-12**

构件类型	构件跨度（m）	达到设计混凝土强度等级值的百分率计（%）
板	≤2	≥50
	>2，≤8	≥75
	>8	≥100
梁、拱、壳	≤8	≥75
	>8	≥100
悬臂结构		≥100

第九章　综合接地网施工工艺标准

1　工艺概述

地铁车站综合接地是强电、弱电及非电气金属管道等共用一个接地装置，主要用于满足强、弱电设备接地，保护接地的要求。车站接地网安装在车站底板下面，主要由水平接地体、垂直接地体和接地引上线构成。

2　工序流程

车站综合接地网施工工艺流程图 9-1 所示：

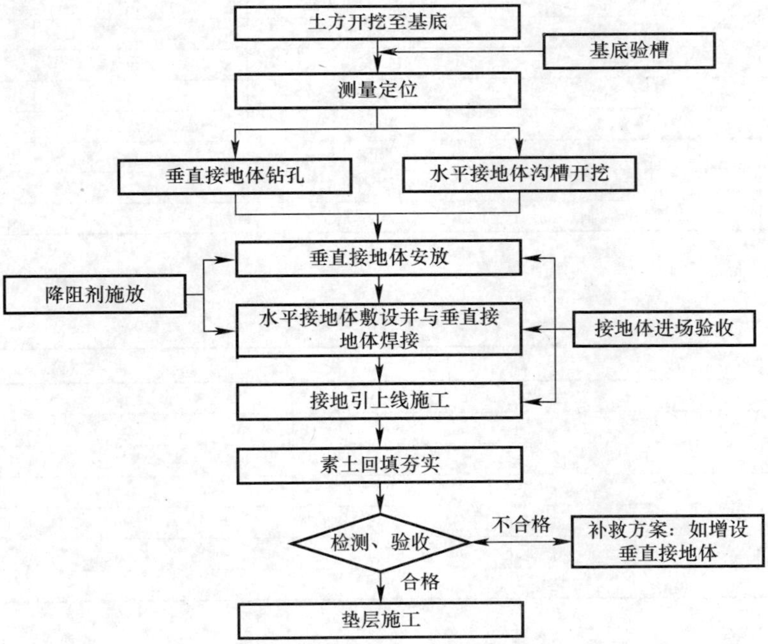

图 9-1　车站综合接地网施工流程

3　施工工艺及控制要点

3.1　施工准备

3.1.1　技术准备

(1) 车站综合接地网施工之前，应组织图纸会审，掌握综合接地网技术要求，编制车站综合接地网施工方案或作业指导书。

（2）综合接地网必须由具有相应资质的队伍施工，主要施工人员应持有建设行政主管部门或其指定单位颁发的执业资格证书。

（3）对分项作业人员进行技术交底、安全教育。

3.1.2 资源准备

（1）材料准备

1）车站综合接地网涉及的主要材料有：铜排、铜管、降阻剂、焊粉、止水法兰、复合绝缘热缩带等。

2）材料进场前严格进行检查验收和取样送检，试验合格经监理工程师认可后方可进料；杜绝不合格材料进入现场。

（2）施工机具准备

综合接地施工机械配置表 **表 9-1**

序号	设备名称	用途	数量	备注
1	挖掘机	挖水平沟槽	1台	
2	地质钻机	垂直接地体钻孔	1台	
3	风镐机	挖水平沟槽	2台	
4	切割机	铜排等材料切割	1台	
5	氧焊设备	焊接接地网	1套	
6	电焊机	焊接	1台	
7	打夯机	回填夯实	1台	
8	模具	焊接	6套	
9	夹具	焊接	2套	
10	点火枪	氧焊点火	2个	
11	钢刷、毛刷	清洁模具	若干	

（3）劳动力配置计划

劳动力配备计划表 **表 9-2**

序号	工种及职务	人数
1	专业技工	3-5
2	普工	3-5
3	挖机司机	1
4	专职安全员	1
5	质检员	1
6	技术员	1
7	测量人员	3

3.1.3 现场准备

（1）具备相应的施工作业面，基底整平完毕，并通过相关单位基底验槽。

（2）作业面综合接地网测量放线工作完毕后撒白灰标记并且通过监理验收。

（3）施工现场用电电源拉接到位。

3.2 施工控制要点

3.2.1 测量定位

（1）综合接地网根据设计图纸进行测量放线，并根据车站土方开挖及主体结构分段施工进行分段施工；

（2）每段主体结构土方开挖及基底整平后进行测量放线，并撒白灰标记。

3.2.2 钻孔及沟槽开挖

（1）水平接地体沟槽开挖

1）综合接地网测量定位完毕后，进行水平接地体沟槽开挖，开挖采用人工配合小挖机进行，按设计图纸要求尺寸开挖沟槽，沟槽断面一般为上口宽下口窄梯形，沟槽中心应于水平接地体敷设线路重合。

2）开挖沟槽底部应平整，沟槽底部有积水时应及时排除。

3）若底板及底板纵梁标高有变化时，沟槽开挖标高应随底板及底纵梁底标高同步变化，保持相互标高差。

（2）垂直接地体钻孔

1）按测量定位标记用地质钻机钻出孔径为 120～150mm 的孔，深度不小于设计值；

2）若孔内有地下水时，在安放垂直接地体铜管前，需用底部带有活门的管筒抽干孔洞内积水（防止降阻剂浆料稀释）。见图 9-2。

(*a*)　　(*b*)

图 9-2 综合接地测量放样及沟槽开挖

(*a*) 综合接地网测量定位；(*b*) 水平接地网

3.2.3 垂直接地体安放

（1）垂直接地体钻孔完成后，用底部带有活门的管筒抽干孔洞内积水，将垂直接地体铜管直接插入孔洞中。

（2）将调配好的降阻剂浆料从孔口灌入，直至充满整个管体及降阻剂填充区，并应保证垂直接地体位于降阻剂填充区中心位置。

（3）当图纸要求可不施放降阻剂时，可采用车站基底原土进行孔洞内回填。

3.2.4 水平接地体施工

（1）按照设计要求挖出接地网水平接地体敷设沟槽后，将沟槽内积水排出，水平接地体敷设在沟槽底部，且接地体铜排应立放敷设。

（2）为方便降阻剂浆液包裹，用支撑物将接地铜排支撑起来，支撑高度一般不小于50mm，且满足设计要求降阻剂包裹厚度要求。

（3）将降阻剂严格按厂家产品说明书上要求进行配置，在斗车或其他容器内搅拌均匀，制成浆状，然后均匀地灌入沟槽，包裹住水平接地体。

（4）水平接地体在局部下沉和上抬时应做半径不小于 5m 的圆弧处理。

（5）当图纸要求可不施放降阻剂时，可采用车站基底原土进行沟槽回填。见图 9-3。

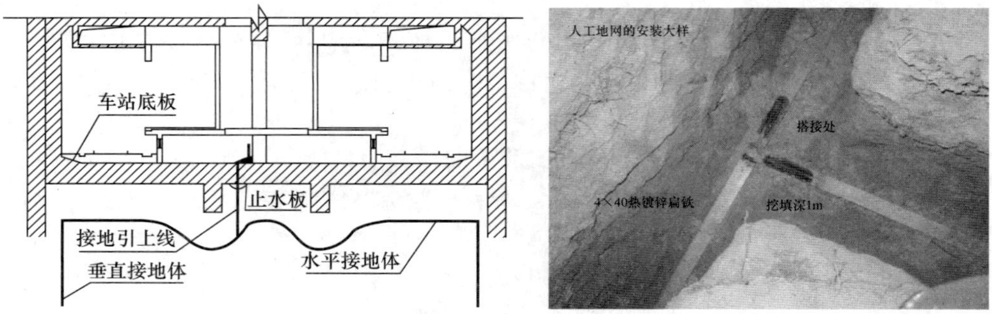

（*a*） （*b*）

图 9-3 综合接地敷设示意

（*a*）综合接地网安装里面示意图；（*b*）接地网安装节点

3.2.5 接地网各组件间焊接

（1）接地系统焊接采用放热焊接，放热焊接是通过铝与氧化铜的化学反应（放热反应）产生液态高温铜液和氧化铝的残渣，并利用放热反应所产生的高温来实现高性能电气熔接的现代焊接工艺。各组件间的焊接方式主要有 4 种。

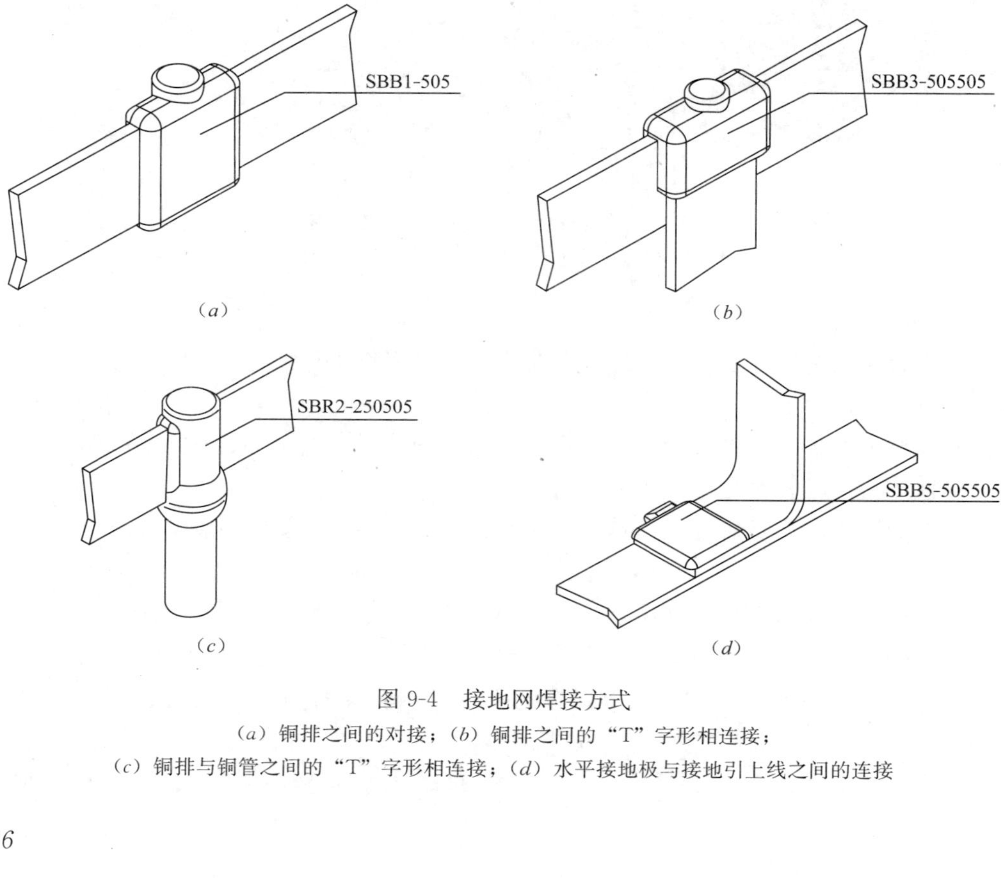

图 9-4 接地网焊接方式

（*a*）铜排之间的对接；（*b*）铜排之间的"T"字形相连接；

（*c*）铜排与铜管之间的"T"字形相连接；（*d*）水平接地极与接地引上线之间的连接

（2）放热焊接工艺方法操作步骤如下：

第一步：模具固定，选用专用模具，把需要焊接的导体放入模具焊接腔；

第二步：合上模具，锁紧夹具，固定模具并放钢碟于模具反应腔底部；

第三步：将焊药倒入模具反应腔，把引燃药均匀撒在焊药及模具沿口上；

第四步：合上模具盖并用专用点火枪点燃，待反应完毕后，打开模具并清除焊渣。

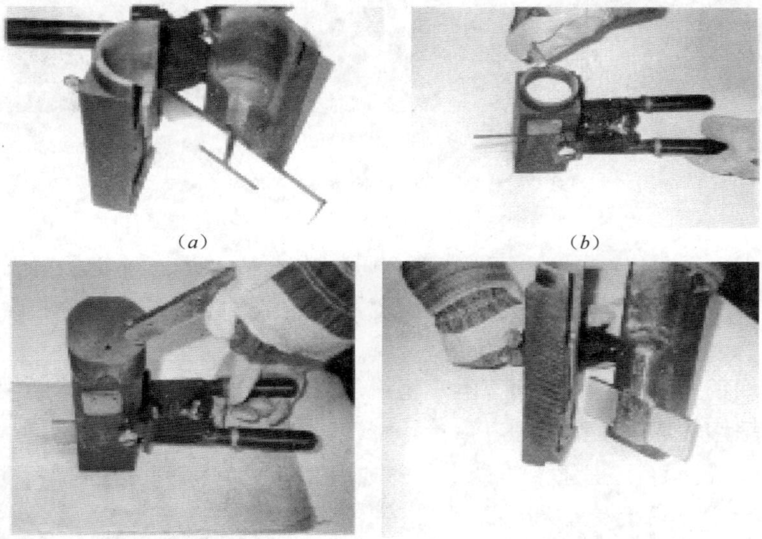

(*a*) (*b*) (*c*) (*d*)

图 9-5　焊接操作步骤

(*a*) 第一步；(*b*) 第二步；(*c*) 第三步；(*d*) 第四步

（3）焊接前使用加热工具干燥模具，驱除水汽，以防因模具内含有水分，影响焊接质量。

（4）使用软毛刷或其他软性物品清洁模具。

（5）夹紧模具并检查模具接触面的密合度，防止作业时铜液从缝隙处渗漏出来。

（6）模具夹是用于开合模具的，模具夹的紧密度对熔接的效果有影响，在熔接开始之前认真检查模具夹，并做适当调整。

（7）安装调节模具夹，将模具夹的密合度与模具的密合度调整到最佳状态。

（8）通电进行放热焊接，焊接完毕后及时清洁模具。见图 9-6。

3.2.6　接地引上线施工

（1）接地引出线与水平接地体可靠焊接，上端预留接线端子和接地母排连接。引出线在车站结构板以上引出高度不小于 0.5m。

（2）接地引出线穿越结构底板时，在结构底板中间位置加装止水板，止水板与引上线之间必须满焊，止水板周围（尤其是止水板下部）应特别注意，要填满防水混凝土、止水板及接地引上线应尽量远离结构钢筋。

（3）接地引上线必须与车站结构板钢筋绝缘，接地引上线在底板钢筋网孔中心穿过，并在接地引上线及止水板上用绝缘热缩带按工艺要求包缠（热缩带重叠部分为带宽 1/2），加热收缩以使热缩带与铜排紧密结合在一起，在土建施工时严禁损伤热缩带，以保证接地引出线铜排与结构钢筋间的绝缘要求。

（a）　　　　　　　　　　　　　　　　（b）

图 9-6　综合接地网焊接实例

（a）水平接地网与垂直接地网焊接过程；（b）焊接完成

（4）接地引上线引出结构底板后固定在电车绝缘子上，电车绝缘子就近固定在附近的柱子或侧墙上。引上线的位置应避开轨底风道及结构梁等，且需相关专业确认以保证其可用性。

（5）引上线铜排引出结构板面至电车绝缘子处，并设法保护，严禁断裂，如图 9-7 所示，根据具体结构形式用素水泥加以覆盖。

（a）　　　　　　　　　　　　　　　　（b）

图 9-7　接地引上线防水及绝缘处理

（a）接地引上线止水板及绝缘带示意图；（b）接地引上线止水钢板焊接

3.2.7　回填夯实

综合接地系统分段敷设连接完毕后，采用电阻率低的黏土或地表土进行回填夯实，每层回填土厚度控制在 200～300mm，采用小型蛙式打夯机结合人工进行夯实。

3.2.8　接地电阻检测

（1）接地网随车站底板分段施工，为使整体接地网的接地电阻值满足设计要求，在阶段性施工结束后，按设计要求对已完工部分接地网进行接地电阻测量，以此数据推算出整体接地网的接地电阻值。接地电阻的测量采用三极法原理进行。

（2）如测量的电阻值不符合设计要求，在余下的接地系统敷设中采取相应的补救措施。如深打垂直接地体、增加垂直接地体、回填电阻率低的土壤等方法来降低接地电阻，直至满足要求。见图 9-8。

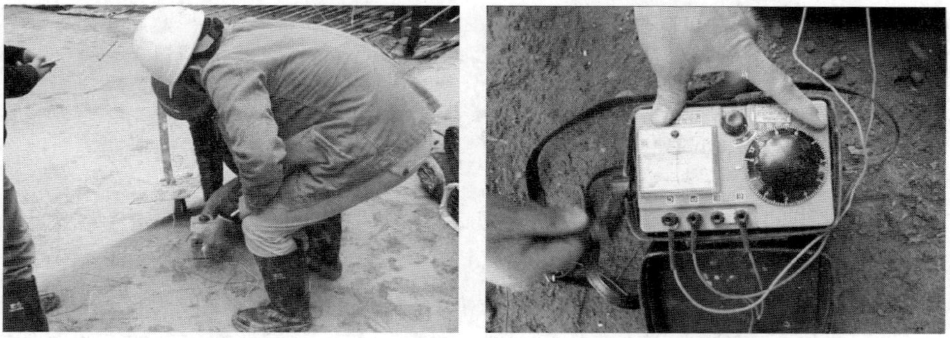

（a）　　　　　　　　　　　　（b）

图 9-8　接地网电阻检测

（a）接地网电阻实测；（b）接地网电阻实测读数

3.3　质量控制要点

（1）综合接地网测量定位要准确无误，经复查后进行综合接地网施工操作。

（2）正式放热焊接前，要进行试焊。试焊检验合格后，方可正式开始综合接地系统放热焊接作业。

（3）沟槽严禁超挖，防止过多扰动持力地基土层。

（4）严格按操作规程清洁模具，以防造成模具损坏，以致出现漏液甚至模具报废。

（5）模具使用前要充分预热除湿（加热 5min 以上），防止连接器中有水分产生大量气孔，影响接头质量，甚至出现连接器过于膨大而使铜液进入引流槽，造成脱模困难或不能脱模，以致模具报废。

（6）固定连接件时，要用力均匀，不能强行固定，以防造成模具损坏，甚至报废。

（7）接地体的连接应保证牢固，无虚焊。被连接的导体必须完全包在接头里，要保证连接部位的金属完全熔化，连接牢固，放热焊接头的表面应平滑、放热焊接头应无贯穿性气孔。

（8）在施工中严禁损伤热缩带，如发现损伤立即进行处理，做好接地引上线的防护。

4　质量检验标准

4.1　基本要求

（1）隐蔽工程采用班组自检，班组互检及专业检查相结合的方式控制质量。要求每道工序的施工班组对本工序的施工质量负责，每一工序完成并自检合格后，报专职质检人员检查，合格后通知监理工程师检查。

（2）每道需隐蔽的工序未经监理工程师的批准，不得进入下一道工序施工，确保监理工程师对即将覆盖的或掩盖的任何一部分工程进行检查、检验以及任何部分工程施工前对其基础进行检查，监理工程师认为已覆盖的工程需要返工时，质检工程师和施工员应积极配合并作好记录。

（3）所有隐蔽工程必须有严格的施工记录，有隐蔽工程的检查、验收都必须认真做好隐蔽工程验收记录和隐蔽工程检查签证资料的整理、存档工作。将检查项目、施工技术要求及检查部位等项填写清楚，记录上必须有项目负责人、技术负责人、质量检查人的签字。

（4）焊接作业采用技术人员跟班制，即每次焊接时当班技术员旁站监督、指导，发现问题及时整改处理。

（5）根据设计要求，分区域对接地体进行测量放线，测量放线应执行测量双检制。作业班组应严格按照测量放线来控制接地体的位置。

（6）工序作业完成后，全体作业人员（特别是后续钢筋加工、混凝土浇筑作业人员）应加强对成品的保护，切实避免因人为原因造成成品的损坏，给后续施工造成不必要的麻烦。

（7）所有进场材料（铜棒、铜排、降阻剂、焊粉等）选用有较好信誉的厂家的产品，所有进场材料必须配有检验合格证，并经试验检验合格方可用于施工。

4.2 实测项目

（1）综合接地网所用铜排宽度、厚度及截面积不小与设计值；铜管直径、壁厚及截面积皆不小于设计值。

检验方法：观察和游标卡尺检查。

（2）综合接地系统接地电阻应满足设计要求，一般要求为≤0.5Ω。

检验方法：跨步电势和接触电势实测校验。

第十章　防水施工工艺标准

1　工艺概述

地下工程的防水可分为两部分：一是结构主体防水；二是细部构造特别是施工缝、变形缝、后浇带等特殊部位防水。

对于车站主体结构防水，目前普遍应用的防水混凝土自防水结构，同时按照工程的防水等级，增设一道或者两道防水层，防水层一般采用卷材防水层和涂料防水层。对于施工缝、变形缝、后浇带，应根据不同防水等级选用不同的防水措施，防水等级越高，拟采用的措施越多。

地下防水工程的设计和施工应遵循“防、排、堵相结合，刚柔相济，因地制宜，综合治理”的原则。

2　工序流程

车站防水施工流程如图 10-1 所示：

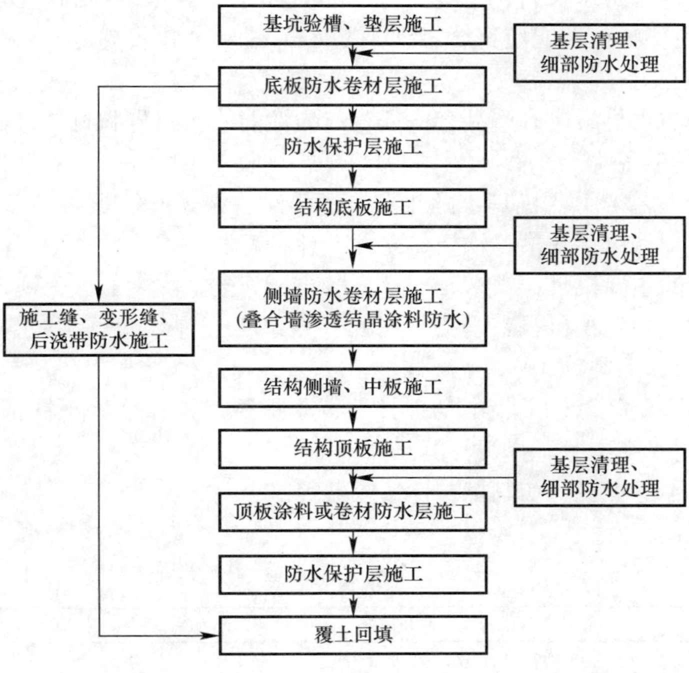

图 10-1　车站防水施工流程

3 施工工艺及控制要点

3.1 施工准备

3.1.1 技术准备

（1）防水层施工之前，应组织图纸会审，掌握工程主体及细部构造的防水技术要求，编制防水工程施工方案或作业指导书。

（2）防水层必须由具有相应资质的防水队伍施工，主要施工人员应持有建设行政主管部门或其指定单位颁发的执业资格证书。

（3）对分项作业人员进行技术交底、安全教育。

3.1.2 资源准备

（1）材料准备

1）防水卷材：主要有高聚物改性沥青类防水卷材和合成高分子防水卷材两类，按设计要求选用相应品种、规格，卷材的外观质量和主要物理性能应符合《地下防水工程质量验收规范》GB 50208 及设计相关要求。

2）防水涂料：主要有无机涂料和有机涂料两类，按设计要求选用相应的品种，涂料主要物理性能应符合《地下防水工程质量验收规范》GB 50208 及设计相关要求。

3）防水混凝土的原材料，商品混凝土质量及预埋件质量等必须符合设计要求和《地下工程防水技术规范》GB 50108、《地下防水工程质量验收规范》GB 50208 的规定，并设专人进行检查。

4）其他细部构造防水材料：主要有止水带、止水条、填缝材料、防水砂浆等，按设计要求选用，其主要物理性能应符合《地下防水工程质量验收规范》GB 50208 及设计相关要求。

5）所有进场防水材料应有产品合格证、产品性能检验报告和材料进场检验报告。

（2）施工机具准备

1）防水混凝土施工主要机具：翻斗车、运拌车、泵送车、振捣器（平板、高频插入式）、串筒、溜槽、铁锹、灰槽、铁板、磅秤、计量容器等。

2）清理基层的主要机具：铁锹、扫帚、墩布、棉丝、吹尘器、手锤、凿子、拖布等。

3）防水卷材主要施工机具：剪刀、盒尺、壁纸刀、弹线盒、刮板、压辊、锤子、钳子、射钉枪、刮板、毛刷等。

4）防水涂料主要施工机具：电动搅拌器、小平铲、搅拌桶、小铁桶、橡胶或塑料刮板、毛刷、滚动刷、小抹子、弹簧秤等。

5）其他机具：电焊机、切割机、计量容器等。

（3）人员准备

人员准备计划表 **表 10-1**

序号	工种及职务	人数
1	基层处理杂工	3～5
2	混凝土工（下料、摊铺、振捣、收光）	10～15

续表

序号	工种及职务	人数
3	卷材铺贴工	6～8
4	涂料涂刷工	4～6
5	泥工	2～4
6	专职安全员	1
7	质检员	1
8	技术员	1
9	测量人员	3
10	试验员	1

3.1.3 现场准备

（1）在地下水位较高的情况下，应做好降低地下水位和排水处理，地下水位应降低到防水层底标高 500mm 以下，并保持到整个防水工程施工完成。

（2）防水混凝土施工前，钢筋、模板工序已完成，办理隐蔽工程验收、预检手续。检查穿墙杆件是否已做好防水处理，模板内杂物清理干净并提前浇水湿润。

（3）卷材、涂料防水层施工前，防水基层表面应平整、光滑，达到设计强度，不得有空鼓、开裂、起砂、脱皮等缺陷，基层表面的尘土、杂物清扫干净，对基层表面留有残留灰浆、硬块以及突出部分进行清理、扫净。基层经验收合格方可进行防水施工。

（4）所有防水基层阴阳角均应做成圆弧或倒角，局部孔洞、蜂窝、裂缝应修补严密。

（5）整个防水基层应保持干燥，如有渗水部位应用水不漏堵漏灵封堵。

（6）进场防水材料分类集中堆放，并采取覆盖措施。见图 10-2。

(*a*)

(*b*)

图 10-2 防水基层清理及阴阳角处理

（*a*）基层清理；（*b*）阴阳角处理

3.2 防水混凝土施工

3.2.1 施工工艺流程

防水混凝土施工工艺流程如图 10-3 所示：

3.2.2 施工控制要点

（1）浇筑前施工准备

1）防水混凝土施工前应做好降排水工作，不得在有积水的环境中浇筑混凝土。

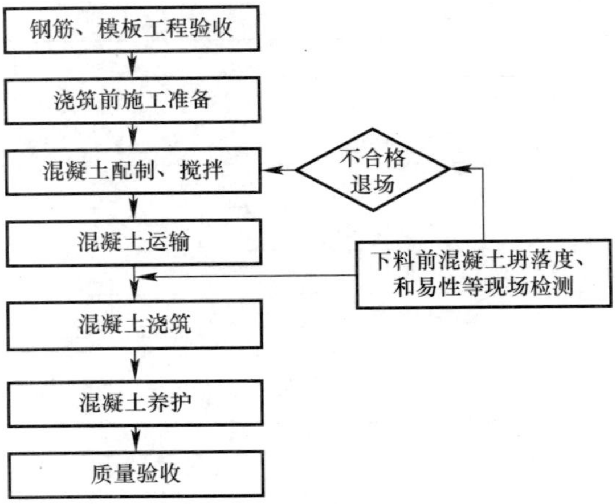

图 10-3　防水混凝土施工工艺流程

2）模板支设要求表面平整，拼缝严密，吸湿性小，支撑牢固，侧墙模板采用对拉螺栓固定时，应在螺栓中间加焊止水片，管道、套管等穿墙时，应加焊止水环，并焊满。模板内杂物清理干净并提前浇水湿润。

3）检查配筋、钢筋保护层、预埋件、穿墙管等细部构造是否符合设计要求，验收合格后方可浇筑混凝土。

4）各种钢筋或绑扎铁丝，不得接触模板。

（2）混凝土配制与搅拌控制要点

1）混凝土搅拌时必须严格按试验室配合比通知单的配比准确称量，不得擅自修改。当原材料有变化时，应通过实验室进行试验，对配合比作必要的调整。

2）混凝土一般采用预拌商品混凝土，混凝土中水泥、粗细骨料、外加剂等满足设计及《地下工程防水技术规范》GB 50108 要求。

3）防水混凝土如泵坍落度宜控制在 120～160mm，坍落度每小时损失值不应大于 20mm，坍落度总损失值不应大于 40mm。

4）使用减水剂时，减水剂宜配制成一定浓度的溶液。

5）防水混凝土拌合物应采用机械搅拌，搅拌时间不宜小于 2min。掺外加剂时，搅拌时间应根据外加剂的技术要求确定。

（3）混凝土运输

1）混凝土运送道路必须保持平整、畅通、尽量减少运输的中转环节，以防止混凝土拌合物产生分层、离析及水泥浆流失等现象。

2）混凝土拌合物运至浇灌地点后，后如出现离析，必须进行二次搅拌。当坍落度损失后不能满足施工要求时，应加入原水胶比的水泥浆或掺加同品种的减水剂进行搅拌，严禁直接加水。

（4）混凝土浇筑

1）当混凝土入模自落高度大于 2m 时应采用串筒、溜槽、溜管等工具进行浇灌，以防止混凝土拌合物分层离析。

2）防水混凝土应分层连续浇筑，分层厚度不得大于 500mm。

3）防水混凝土必须采用机械振捣，以保证混凝土密实，一般墙体、厚板采用插入式和附着式振捣器，薄板采用平板式振捣器。对于掺加气剂和引气型减水剂的防水混凝土应采用高频振捣器（频度在万次/分钟以上）振捣，可以有效地排除大气泡，使小气泡分布更均匀，有利于提高混凝土强度和抗渗性。

4）分层浇灌时，第二层混凝土浇灌时间应在第一层初凝以前，将振捣器垂直插入到下层混凝土中≥50mm，插入要迅速，拔出要缓慢，振捣时间以混凝土表面浆出齐，不冒泡、不下沉为宜，严防过振、漏振和欠振而导致混凝土离析或振捣不透。

5）防水混凝土应连续浇筑，宜不留或少留施工缝，当必须留施工缝时，应符合下列规定：

① 墙体水平施工缝不应留在剪力最大处或底板与侧墙的交接处，应留在高出底板表面化不小于300mm处墙体上。拱（板）墙结合的水平施工缝，宜留在拱（板）墙接缝以下150～300mm处。有预留孔洞时，施工缝距孔洞边缘不应小于300mm。

② 垂直施工缝应避开地下水和裂隙水较多的地段，并宜与变形缝相结合。

6）施工缝防水构造形式符合设计要求，施工缝的施工应符合下列规定：

① 水平施工缝浇灌混凝土前，应清除表面浮浆和杂物，然后铺设净浆或涂刷界面处理剂或涂刷水泥基渗透结晶型防水涂料等材料，再铺设30～50mm厚的1：1水泥砂浆，并及时浇筑混凝土；

② 垂直施工缝浇筑混凝土前，应将其表面清除干净，涂刷混凝土界面处理剂或水泥基渗透结晶型防水涂料，并及时浇灌混凝土；

③ 施工缝采用遇水膨胀止水条时，止水条应牢固地安装在接缝表面或预留槽内，遇水膨胀止水条应具有缓胀性能，7d的净膨胀率不应大于最终膨胀率的60%，最终膨胀率宜大于220%；

④ 采用中埋式止水带或预埋注浆管时，应确保位置准确，固定牢靠。

（5）混凝土养护

1）防水混凝土终凝后应立即进行养护，养护时间不得少于14d。

2）混凝土初凝后应立即在其表面覆盖草袋、塑料薄膜或涂混凝土养护剂等到进行养护，炎热季节或刮风天气应随浇灌随覆盖，但要保护表面不被压坏。浇捣后4～6h即浇水或蓄水养护，3d内每天浇水4～6次，3d后每天浇水2～3次；墙体混凝土浇筑达到一定强度后，可采取撬松侧模，在侧模与混凝土表面缝隙中浇水养护的做法保持混凝土表面湿润。

3）防水混凝土冬期施工养护应采用综合蓄热法、蓄热法、暖棚法、掺化学外加剂等方法，不得采用电热法或蒸气直接加热法；采取保湿保温措施。

3.2.3 质量控制要点

（1）所用外加剂应有出厂合格证和使用说明书，现场复验其各项性能指标应合格。

（2）检查混凝土拌合物配料的称量是否准确，如拌合用水量、水泥用量、外加剂掺量等。

（3）检查混凝土拌合物的坍落度，每工作班至少两次。掺引气型外加剂的防水混凝土，还应测定其含气量。

（4）检查模板尺寸、坚固性、有无缝隙、杂物，对欠缺处应及时纠正。

（5）检查配筋、钢筋保护层、预埋件、穿墙管等细部构造是否符合设计要求，合格后填写隐蔽验收单。

（6）检查混凝土拌合物在运输、浇筑过程中有否离析现象，观察浇捣施工质量，发现问题及时纠正。

（7）检查混凝土结构的养护情况。

（8）墙、柱模板固定应避免采用穿钢丝拉结，固定结构内部设置的紧固钢筋及绑扎钢丝不得接触模板，以免造成渗漏贯穿路线，引起局部渗漏。

（9）地下水位较高，应采取措施将地下水位降低至底板以下 0.5m，直至地下结构浇筑完成，回填土完毕，以防止地基浸泡造成不均匀下沉，引起结构裂缝。

3.3　卷材防水层施工

3.3.1　施工工艺流程

防水卷材施工工艺流程如图 10-4 所示：

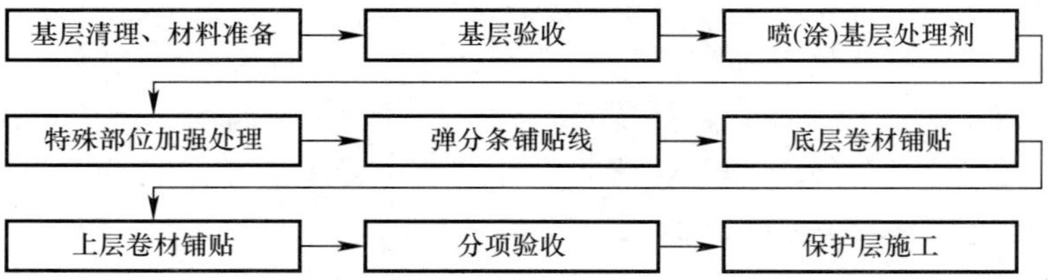

图 10-4　防水卷材施工工艺流程

3.3.2　施工控制要点

（1）基层清理

1）基层采用混凝土垫层找平后，施工防水卷材前应对作业面进行清理，确保作业面平整，无灰尘、杂物、无起砂、脱皮现象，应保持表面干燥。

2）所有防水基层阴阳角均应做成圆弧，铺贴高聚合物改性沥青防水卷材是圆弧半径不应小于 50mm、铺贴合成高分子防水卷材时圆弧半径不应小于 20mm，局部孔洞、蜂窝、裂缝应修补严密。

（2）涂刷基层处理剂

1）目前大部分合成高分子卷材在地下防水工程中是采用冷粘法施工，防水卷材施工前基面应干净、干燥，并应涂刷基层处理剂；当基面潮湿时，应涂刷湿固化型胶粘剂或潮湿界面隔离剂。基层处理剂的配制与施工应符合下列要求：

① 基层处理剂应与卷材及其粘结材料的材性相容；若为双组分时，应按配合比准确计量、搅拌均匀，在规定的可操作时间内涂刷完毕。

② 胶结料涂刷应均匀，不漏涂、不堆积。

③ 根据胶粘剂的性能和施工环境要求，有的可以在涂刷后立即粘贴，有的要待溶剂挥发后粘贴。因此，必须控制好胶粘剂涂刷与卷材铺贴的间隔时间。

2）高分子自粘胶膜防水卷材宜采用预铺反粘法施工，基层表面无需涂刷处理剂，基层表面应平整坚固、无明显积水。

（3）特殊部位加强处理

根据设计图纸要求对在平面与立面的转角处、管根、阴阳角、预埋件等细部构造增贴 1～2 层相同的附加层卷材，以做增强处理。见图 10-5。

(*a*)

(*b*)

图 10-5　特殊部位加强层施工

（*a*）阴阳角附加层施工；（*b*）底板预埋管道附加层施工

（4）卷材大面铺贴

1）铺贴各类防水卷材应符合下列规定：

① 结构底板垫层混凝土部位的卷材可采用空铺法或点粘法施工，其粘结位置、点粘面积应按设计要求确定；侧墙采用外防外贴法的卷材及顶板部位的卷材应采用满粘法施工。

② 卷材与基面、卷材与卷材间的粘结应紧密、牢固；铺贴完成的卷材应平整顺直，搭接尺寸应准确，不得产生扭曲和皱折。

③ 卷材搭接处和接头部位应粘贴牢固，接缝口应封严或采用材性相容的密封材料封缝。

④ 铺贴立面卷材防水层时，应采取防止卷材下滑的措施。

⑤ 铺贴双层卷材时，上下两层和相邻两幅卷材的接缝应错开 1/3～1/2 幅宽，且两层卷材不得相互垂直铺贴。

2）弹性体改性沥青防水卷材和改性沥青聚乙烯胎防水卷材采用热熔法施工应加热均匀，不得加热不足或烧穿卷材，搭接缝部位应溢出热熔的改性沥青。

3）铺贴自粘聚合物改性沥青防水卷材控制要点：

① 基层表面应平整、干净、干燥、无尖锐突起物或孔隙；

② 排除卷材下面的空气，应辊压粘贴牢固，卷材表面不得有扭曲、皱折和起泡现象；

③ 立面卷材铺贴完成后，应将卷材端头固定或嵌入墙体顶部的凹槽内，并应用密封材料封严；

④ 低温施工时，宜对卷材和基面适当加热，然后铺贴卷材。

4）铺贴三元乙丙橡胶防水卷材应采用冷粘法施工控制要点：

① 基底胶粘剂应涂刷均匀，不应露底、堆积；

② 胶粘剂涂刷与卷材铺贴的间隔时间应根据胶粘剂的性能控制；

③ 铺贴卷材时，应辊压粘贴牢固；

④ 搭接部位的粘合面应清理干净，并应采用接缝专用胶粘剂或胶粘带粘结。

5）铺贴聚氯乙烯防水卷材，接缝采用焊接法施工控制要点：

① 卷材的搭接缝可采用单焊缝或双焊缝。单焊缝搭接宽度应为 60mm，有效焊接宽度不应小于 30mm；双焊缝搭接宽度应为 80mm，中间应留设 10～20mm 的空腔，有效焊接宽度不宜小于 10mm。

② 焊接缝的结合面应清理干净，焊接应严密。

③ 应先焊长边搭接缝，后焊短边搭接缝。

6）铺贴聚乙烯丙纶复合防水卷材控制要点：

① 应采用配套的聚合物水泥防水粘结材料；

② 卷材与基层粘贴应采用满粘法，粘结面积不应小于 90%，刮涂粘结料应均匀，不应露底、堆积；

③ 固化后的粘结料厚度不应小于 1.3mm；

④ 施工完的防水层应及时做保护层。

7）高分子自粘胶膜防水卷材宜采用预铺反粘法施工控制要点：

① 卷材宜单层铺设；

② 在潮湿基面铺设时，基面应平整坚固、无明显积水；

③ 卷材长边应采用自粘边搭接，短边应采用胶粘带搭接，卷材端部搭接区应相互错开；

④ 立面施工时，在自粘边位置距离卷材边缘 10～20mm 内，应每隔 400～600mm 进行机械固定，并应保证固定位置被卷材完全覆盖；

⑤ 浇筑结构混凝土时不得损伤防水层。

8）采用外防外贴法铺贴卷材防水层时施工控制要点：

① 应先铺平面，后铺立面，交接处应交叉搭接。

② 临时性保护墙宜采用石灰砂浆砌筑，内表面宜做找平层。

③ 从底面折向立面的卷材与永久性保护墙的接触部位，应采用空铺法施工；卷材与临时性保护墙或围护结构模板的接触部位，应将卷材临时贴附在该墙上或模板上，并应将顶端临时固定。

④ 当不设保护墙时，从底面折向立面的卷材接茬部位应采取可靠的保护措施。

⑤ 混凝土结构完成，铺贴立面卷材时，应先将接茬部位的各层卷材揭开，并应将其表面清理干净，如卷材有局部损伤，应及时进行修补；卷材接茬的搭接长度，高聚物改性沥青类卷材应为 150mm，合成高分子类卷材应为 100mm；当使用两层卷材时，卷材应错茬接缝，上层卷材应盖过下层卷材。见图 10-6。

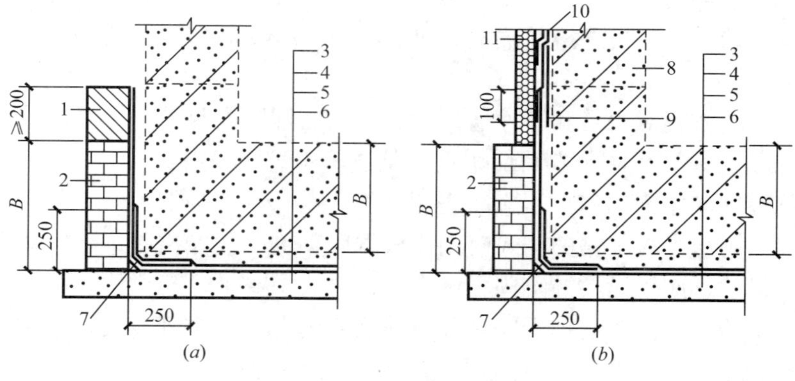

图 10-6　卷材防水层甩茬、接茬做法

（a）甩茬；（b）接茬

1—临时保护墙；2—永久保护墙；3—细石混凝土保护层；4—卷材防水层；5—水泥砂浆找平层；6—混凝土垫层；7—卷材加强层；8—结构墙体；9—卷材加强层；10—卷材防水层；11—卷材保护层

3.3.3 质量控制要点

（1）基面应洁净、平整、坚实，不得有疏松、起砂、起皮现象，转角处应做成圆弧形，局部孔洞、蜂窝、裂缝应修补严密。

（2）粘接剂涂刷适宜面积后，立即进行铺贴，防止停留时间过长造成粘接剂凝固。

（3）铺贴卷材应平整顺直，搭接尺寸准确，不歪扭、皱折，要排除卷材下面的空气，并辊压粘结牢固，不得有空鼓。

（4）满贴的卷材，必须均匀涂满胶粘剂，在辊压过程中有胶粘剂溢出，以保证卷材粘结牢固，封口严密。

（5）卷材接口应用密封材料封严，其宽度不小于10mm。

（6）卷材的甩茬、接茬做法符合《地下工程防水技术规范》GB 50108及设计要求，甩茬部分一定要保护好，防止碰坏或损伤，以便立墙防水层的搭接。

（7）已做完的卷材防水层应及时采取保护措施，严禁穿硬底鞋人员在防水层上行走，以免踩坏卷材造成隐患。

（8）浇筑细石混凝土保护层时，或车站侧墙防水无保护层绑扎钢筋时，施工现场应有防水工看护，如有碰破防水层必须立即修复，以免后患。

（9）铺贴卷材严禁在雨天、雪天、五级及以上大风中施工；冷粘法、自粘法施工的环境气温不宜低于5℃，热熔法、焊接法施工的环境气温不宜低于－10℃。施工过程中下雨或下雪时，应做好已铺卷材的防护工作。见图10-7。

(*a*)　(*b*)　(*c*)　(*d*)

图10-7　卷材铺贴施工

(*a*) 底板卷材铺贴；(*b*) 小压辊对搭接部位进行辗压；(*c*) 侧墙卷材铺贴固定；(*d*) 卷材铺贴成型

3.4 涂料防水层施工

3.4.1 施工工艺流程

涂料防水层包括无机防水涂料和有机防水涂料。无机防水涂料可选用掺外加剂、掺合料的水泥基防水涂料、水泥基渗透结晶型防水涂料。有机防水涂料可选用反应型、水乳型、聚合物水泥等涂料。无机防水涂料宜用于结构主体的背水面，有机防水涂料宜用于地下工程主体结构的迎水面，用于背水面的有机防水涂料应具有较高的抗渗性，且与基层有较好的粘结性。施工工艺流程图 10-8 所示：

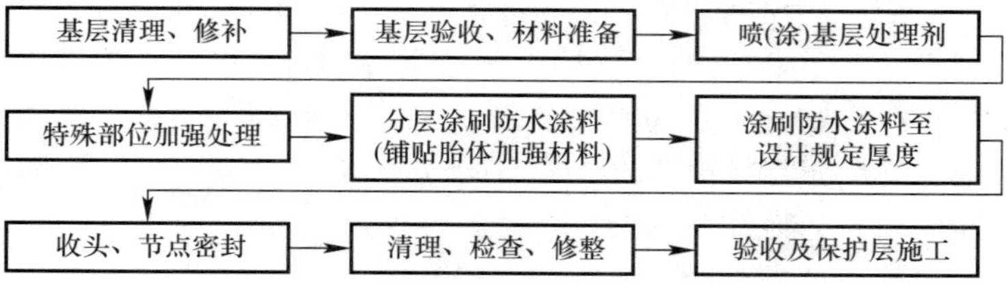

图 10-8　防水涂料施工工艺流程

3.4.2 施工控制要点

（1）基层清理

1）施工前，先以铲刀和扫帚将作业面表面的突起物、砂浆疙瘩等异物铲除，并将尘土杂物彻底清扫干净。

2）无机防水涂料基层表面应干净、平整、无浮浆和明显积水。

3）有机防水涂料基层表面应基本干燥，不应有气孔、凹凸不平、蜂窝麻面等缺陷。

4）涂料施工前，基层阴阳角应做成圆弧形。采用有机防水涂料时，基层阴阳角应做成圆弧形，阴角直径宜大于 50mm，阳角直径宜大于 10mm，在底板转角部位应增加胎体增强材料，并应增涂防水涂料。

（2）涂刷基层处理剂

涂刷基层处理剂时，应用刷子用力薄涂，使涂料尽量刷进基层表面毛细孔中，并将基层可能留下的少量灰尘等无机杂质，像填充料一样混入基层处理剂中，使之与基层牢固结合。

（3）防水涂料准备及调配

1）按照设计要求选用防水涂料类型，经送检后各项性能指标符合设计及规范要求方可投入使用。

2）采用双组分涂料时，每份涂料在配料前必须先搅匀。配料应根据材料生产厂家提供的配合比现场配制，严禁任意改变配合比。配料时要求计量准确（过秤），主剂和固化剂的混合偏差不得大于 5%。

3）涂料的搅拌配料先放入搅拌容器或电动搅拌内，然后放人固化剂，并立即开始搅拌。搅拌筒应选用圆的铁桶，以便搅拌均匀。采用人工搅拌时，要注意将材料上下、前后、左右及各个角落都充分搅匀，搅拌时间一般在 3～5min。掺入固化剂的材料应在规定时间使用完毕。

4）搅拌的混合料以颜色均匀一致为标准。

（4）涂刷防水涂料

1）涂层厚度控制试验

涂膜防水施工前，必须根据设计要求的涂膜厚度及涂料的含固量确定（计算）每平方米涂料用量及每道涂刷的用量以及需要涂刷的遍数。先涂底层，铺加胎体增强材料，再涂面层，施工时按试验用量，每道涂层分几遍涂刷，而且面层最少应涂刷 2 遍以上。

2）涂料涂（刷）可采用棕刷、长柄刷、橡胶刮板、圆滚刷等进行人工涂布，也可采用机械喷涂。涂布立面最好采用蘸涂法，涂刷应均匀一致。涂刷平面部位倒料时要注意控制涂料的均匀倒洒，避免造成涂料难以刷开、厚薄不匀现象。

3）前一遍涂层干燥后应将涂层上的灰尘、杂质清理干净后再进行后一遍涂层的涂刷。每层涂料涂布应分条进行，分条进行时，每条宽度应与胎体增强材料宽度相一致，每次涂布前，应严格检查前遍涂层的缺陷和问题，并立即进行修补后，方可再涂布后遍涂层。

4）涂料分层涂刷或喷涂，涂层应均匀，涂刷应待前遍涂层干燥成膜后进行。每遍涂刷时应交替改变涂层的涂刷方向，同层涂膜的先后搭压宽度宜为 30～50mm，涂料防水层的甩茬处接茬宽度不应小于 100mm，接涂前应将其甩茬表面处理干净。

5）地下工程结构有高低差时，在平面上的涂刷应按“先高后低，先远后近”的原则涂刷。立面则由上而下，先转角及特殊应加强部位，再涂大面。

6）铺贴胎体增强材料时，应使胎体层充分浸透防水涂料，不得有露茬及皱褶。胎体增强材料的搭接宽度不应小于 100mm。上下两层和相邻两幅胎体的接缝应错开 1/3 幅宽，且上下两层胎体不得相互垂直铺贴。

（5）收头、节点处理

为防止收头部位出现翘边现象，所有收头均应密封材料压边，压边宽度不得小于 10mm。收头处的胎体增强材料应裁剪整齐，如有凹槽时应压人凸槽内，不得出现翘边、皱折、露白等现象，否则应先进行处理后再涂封密封材料。

3.4.3 质量控制要点

（1）施工过程中，层层把关，前一道工序合格后，方可施工下一道工序。

（2）涂膜防水层及其变形缝等细部做法，必须符合设计和施工规范的规定。

（3）基层的气孔、凹凸不平、蜂窝、缝隙、起砂等，应修补处理，基面必须干净、无浮浆、无水珠、不渗水，涂膜防水层的基层一经发现出现有强度不足引起的裂缝应立刻进行修补，凹凸处也应修理平整。基层干燥程度仍应符合所用防水涂料的要求方可施工。

（4）涂料大面涂刷前，基层阴阳角处应做成圆弧；在转角处、变形缝、施工缝、穿墙管等部位应增加胎体增强材料和增涂防水涂料，宽度不应小于 500mm。

（5）配料要准确，搅拌要充分、均匀。双组分防水涂料操作时必须做到各组分的容器、搅拌棒，取料勺等不得混用，以免产生凝胶。

（6）控制胎体增强材料铺设的时机、位置，铺设时要做到平整、无皱折、无翘边，搭接准确；胎体增强材料上面涂刷涂料时，涂料应浸透胎体，覆盖完全，不得有胎体外露现象。

（7）严格控制防水涂膜层的厚度和分遍涂刷厚度及间隔时间。涂刷应厚薄均匀、表面平整。

（8）涂料防水层严禁在雨天、雾天、五级及以上大风时施工，不得在施工环境温度低于 5℃及高于 35℃或烈日暴晒时施工。涂膜固化前如有降雨可能时，应及时做好已完涂层的保护工作。

（9）防水涂料施工后，应尽快进行保护层施工，在平面部位的防水涂层，应经一定自然养护期后方可上人行走或作业。见图 10-9。

(a) (b) (c) (d)

图 10-9 涂料防水层施工

（a）防水涂料涂刷；（b）涂刷成型；（c）阴阳角细部处理；（d）涂料防水保护层施工

3.5 水泥基渗透结晶型防水材料施工

3.5.1 施工工艺流程

地铁车站侧墙采用叠合墙时，一般在叠合墙中间涂刷水泥基渗透结晶型防水材料，施工工艺流程如图 10-10：

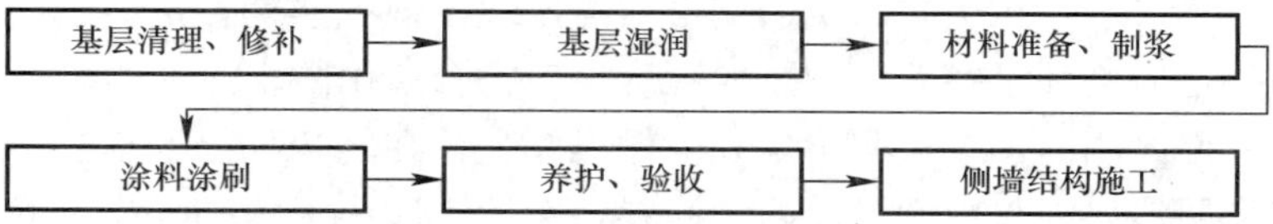

图 10-10 水泥基渗透结晶型防水施工工艺流程

3.5.2 施工控制要点

（1）基层表面应干净、牢固，对基层表面的油污、油漆、泛碱等必须处理清除干净。阴阳角、施工缝、穿壁管、模板固定器、蜂窝缺陷及特殊部位如有缺陷、裂缝等均应修补、抹平，预先进行细部处理，再进行大面积施工。

（2）湿润基面：施工前 15min 左右将施工面提前用干净水浇透，但注意不得有明水。

（3）称量净水：严格掌握好水灰比，按照材料说明书及设计要求进行材料配制（可根据工程和气温情况做适当调整）。

（4）配比搅拌：防水涂料使用前应特别注意搅拌均匀，因为防水涂料有较多的填充料，如果搅拌不均匀，不仅涂刮困难，而且未搅拌均匀的颗粒留在涂层中，将会影响防水效果，拌料时要掌握好料、水的比例，一次拌料不宜太多，混合时用手提式电动搅拌器搅拌约 5min；料浆需在 30min 内用完，料浆变稠时要频繁搅拌，中间不能加水。

（5）涂料涂刷

1）涂料涂刷可采用刮刀、尼龙刷、毛刷、喷枪喷涂等，根据现场条件选用合适的涂刷工具。

2）涂刷时要注意来回用力，确保凹凸处满涂，并厚薄均匀。

3）一般要求涂刷 2 道，即在第 1 层涂料达到初步固化（约 1～2h）后，进行第 2 道涂料涂刷。当第 1 道涂料干燥过快时，应浇水湿润后再进行第 2 道涂料涂刷。

4）夏天高温日照下不宜施工，建议在早、晚或夜间进行，防止涂层过快干燥，造成表面起皮、龟裂，影响渗透。

（6）检查验收

1）用观察法检查涂层是否涂刷均匀，不许有漏涂和漏底，如有漏涂、漏底及不均匀处，须进行修补；

2）水泥基渗透结晶型防水涂料涂层施工完毕后，须检查涂层是否有起皮、剥落、裂纹现象，如有，需要清除，并进行基面再处理后，再次用水泥基渗透结晶型防水涂料涂刷。

（7）防水涂层施工完毕，应注意养护和成品保护。养护须采用干净的雾状水喷洒养护，每天喷水养护 3～5 次，连续 2～3d，养护期间不得碰撞防水层并注意避免雨水冲坏涂层。

3.5.3 质量控制要点

（1）进场材料应有合格证和检验报告，经现场复验合格后方能使用。

（2）配合比及涂层施工操作应符合工艺规定要求。

（3）水泥基渗透结晶型防水涂料涂层厚薄均匀，不允许露涂和漏底，不符合要求的应修正重刷。

（4）水泥基渗透结晶型防水涂料浆料的调制用量应符合规定要求（1.5～2kg/m^2），并在规定的时间内用完。设计另有要求时按设计说明施工。

（5）水泥基渗透结晶型防水涂料涂层在施工养护期间不得损坏，否则需进行修补。见图 10-11。

(*a*)　　(*b*)

图 10-11　水泥基渗透结晶防水施工（一）

（*a*）基层处理；（*b*）基层润湿

(c) (d) (e) (f)

图 10-11 水泥基渗透结晶防水施工（二）

（c）涂料调配；（d）涂料涂刷 1；（e）涂料涂刷 2；（f）洒水养护

3.6 细部构造防水施工

3.6.1 施工缝钢板止水带施工

（1）工艺流程

车站结构施工中，施工缝部位一般采用中埋式钢板止水带，施工工艺流程如下：钢板止水带定位→钢板止水带固定→钢板止水带焊接→钢板止水带验收。

（2）施工控制要点

1）钢板止水带定位

① 侧墙施工缝钢板止水带放置在墙厚中间，侧墙混凝土浇筑高度处为钢板止水带中心标高，两端弯折处应朝向迎水面，在钢板止水带上口拉通线，以保持其上口平直；

② 底板、顶板施工缝钢板止水带应放置在板厚中间，两端弯折处应朝上，以便利于混凝土气泡排出。

2）钢板止水带固定

① 侧墙施工缝止水钢板采用两道钢筋焊接固定钢板，第一道用直径 14 的 HRB335 钢筋在钢板止水带下口焊接短钢筋，以支撑钢板，其长度应以侧墙钢筋骨架厚度为准，不能过长，以防沿短钢筋形成渗水通道。第二道止水钢板定位筋设置沿止水钢板方向，在其两侧用直径 14 的 HRB335 钢筋焊接，一端焊接在止水钢板上，另一端焊接在侧墙的水平、竖向主筋上对其进行定位，定位钢筋的间距为 500mm，两侧对称设置。

② 底板施工缝止水钢板可按侧墙施工缝止水钢板采用钢筋焊接固定，同时在施工缝

模板中间用两枋木进行固定。

3）钢板止水带焊接

① 钢板止水带的接头采用焊接，两块钢板的搭接长度为 50mm，两端均应饱满，焊接高度不低于钢板厚度。

② 焊条应采用 E43 焊条。焊接之前应进行试焊，调试好电流参数，电流过大易烧伤甚至烧穿钢板，电流过小起弧困难，焊接不牢固。

③ 钢板焊接应分两遍成活，接缝处应留 2mm 焊缝，第一遍施焊时，首先在中间、两端固定焊点，然后从中间向上施焊直到上端，然后再从下端向中间施焊，第一遍完成后立即将药皮用焊锤敲掉，检查有无砂眼、漏焊处，如有应进行补焊。第二遍应从下端开始施焊。

4）钢板止水带检查验收

① 钢板止水带焊好后，夜间利用电筒光线进行检测，检查有无砂眼、漏焊或焊缝不饱满之处，不符合要求的进行返工处理。

② 定位钢筋是否焊接牢固，附加拉筋是否加设，如若未设置或焊接不牢，对其重新焊接或加设。钢板表面应清洁，无锈蚀、麻点或划痕等缺陷。

③ 焊缝的焊波应均匀，不得有裂缝、夹渣、咬边、烧穿等缺陷。见图 10-12。

(*a*) (*b*)

(*c*) (*d*)

图 10-12 施工缝钢板止水带施工

(*a*) 钢板止水带定位；(*b*) 钢板止水带固定；(*c*) 钢板止水带焊接；(*d*) 焊缝检查、验收

3.6.2 变形缝施工控制要点

（1）中埋式止水带施工控制要点

1）止水带埋设位置应准确，其中间空心圆环应与变形缝的中心线重合；

2）止水带应固定，顶、底板内止水带应成盆状安设；

3）中埋式止水带先施工一侧混凝土时，其端模应支撑牢固，并应严防漏浆；

4）止水带的接缝宜为一处，应设在边墙较高位置上，不得在结构转角处，接头宜采用热压焊接；

5）中埋式止水带在转弯处应做成圆弧形，（钢边）橡胶止水带的转角半径不应小于200mm，转角半径应随止水带的宽度增大而相应加大。

（2）安设于结构内侧的可卸式止水带施工时所需配件应一次配齐；转角处应做成45°折角，并应增加紧固件的数量。

（3）变形缝与施工缝均用外贴式止水带（中埋式）时，其相交部位宜采用十字配件。变形缝用外贴式止水带的转角部位宜采用直角配件。见图10-13。

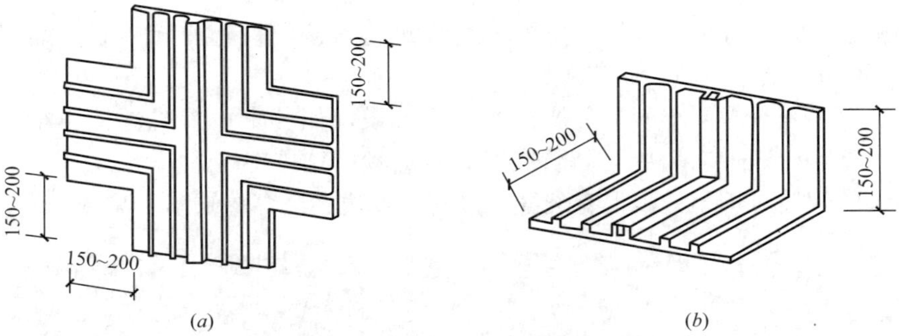

图10-13 止水带十字配件及直角配件大样

（*a*）外贴式止水带在施工缝与变形缝相交处的十字配件；（*b*）外贴式止水带在转角处的直角配件

（4）密封材料嵌填施工控制要点

1）缝内两侧基面应平整干净、干燥，并应刷涂与密封材料相容的基层处理剂；

2）嵌缝底部应设置背衬材料；

3）嵌填应密实连续、饱满，并应粘结牢固。

（5）在缝表面粘贴卷材或涂刷涂料前，应在缝上设置隔离层。卷材防水层、涂料防水层的施工应符合本章第3.2和3.3节的要求。

3.6.3 后浇带施工控制要点

（1）后浇带补偿收缩混凝土的配合比除应符合设计及施工规范要求。

（2）后浇带混凝土施工前，后浇带部位和外贴式止水带应防止落入杂物和损伤外贴止水带。

（3）后浇带两侧的接缝处理要求：

1）水平施工缝浇筑混凝土前，应将其表面浮浆和杂物清除，然后铺设净浆或涂刷混凝土界面处理剂、水泥基渗透结晶型防水涂料等材料，再铺30～50mm厚的1：1水泥砂浆，并应及时浇筑混凝土；

2）垂直施工缝浇筑混凝土前应将其表面清理干净，再涂刷混凝土界面处理剂或水泥基渗透结晶型防水涂料，并应及时浇筑混凝土。

（4）采用膨胀剂拌制补偿收缩混凝土时，应按配合比准确计量。

（5）后浇带混凝土应一次浇筑，不得留设施工缝；混凝土浇筑后应及时养护，养护时间不得少于28d。

3.6.4 穿墙管防水施工控制要点

(1) 金属止水环应与主管或套管满焊密实，采用套管式穿墙防水构造时，翼环与套管应满焊密实，并应在施工前将套管内表面清理干净。

(2) 相邻穿墙管间的间距应大于 300mm。

(3) 采用遇水膨胀止水圈的穿墙管，管径宜小于 50mm，止水圈应采用胶粘剂满粘固定于管上，并应涂缓胀剂或采用缓胀型遇水膨胀止水圈。

(4) 穿墙管线较多时，宜相对集中，并应采用穿墙盒方法。穿墙盒的封口钢板应与墙上的预埋角钢焊严，并应从钢板上的预留浇筑孔注入柔性密封材料或细石混凝土。

(5) 当工程有防护要求时，穿墙管除应采取防水措施外，尚应采取满足防护要求的措施。

(6) 穿墙管伸出外墙的部位，应采取防止回填时将管体损坏的措施。

3.6.5 预留通道接头防水施工控制要点

(1) 中埋式止水带、遇水膨胀橡胶条（胶）、预埋注浆管、密封材料、可卸式止水带的施工应符合本章 3.4.1 的有关规定。

(2) 预留通道先施工部位的混凝土、中埋式止水带和防水相关的预埋件等应及时保护，并应确保端部表面混凝土和中埋式止水带清洁，埋设件不得锈蚀。

(3) 接头混凝土施工前应将先浇混凝土端部表面凿毛，露出钢筋或预埋的钢筋接驳器钢板，与待浇混凝土部位的钢筋焊接或连接好后再行浇筑。

(4) 当先浇混凝土中未预埋可卸式止水带的预埋螺栓时，可选用金属或尼龙的膨胀螺栓固定可卸式止水带。采用金属膨胀螺栓时，可选用不锈钢材料或用金属涂膜、环氧涂料等涂层进行防锈处理。

3.6.6 桩头防水施工控制要点

(1) 应按设计要求将桩顶剔凿至混凝土密实处，并应清洗干净。

(2) 破桩后如发现渗漏水，应及时采取堵漏措施。

(3) 涂刷水泥基渗透结晶型防水涂料时，应连续、均匀，不得少涂或漏涂，并应及时进行养护。

(4) 采用其他防水材料时，基面应符合施工要求。

(5) 应对遇水膨胀止水条（胶）进行保护。

4 质量检验标准

4.1 基本要求

(1) 防水施工材料及其配套材料必须符合设计及规范要求，进场材料必须有出厂合格证，质量检验报告，进场后抽样复验报告各项性能符合设计及规范要求，方可投入使用。

(2) 基层应坚实，表面应平整，清洁，不得有空鼓、松动、起砂或脱皮现象。基层阴角应做圆弧或折角，并应符合所用材料的施工要求。

(3) 卷材防水层分项工程检验批的抽样检验数量，应按铺贴面积每 100m^2 抽查 1 处，每处 10m^2，且不得少于 3 处。

（4）涂料防水层分项工程检验批的抽样检验数量，应按涂料面积每 $100m^2$ 抽查 1 处，每处 $10m^2$，且不得少于 3 处。

4.2 实测项目

（1）防水混凝土配料应按配合比准确称量，其计量允许偏差应符合表 10-2 规定：

防水混凝土配料计量允许偏差 **表 10-2**

序号	混凝土组成材料	每盘计量（%）	累计计量（%）	检查方法
1	水泥、掺合料	±2	±1	称量
2	粗、细骨料	±3	±2	
3	水、外加剂	±2	±1	

（2）各类防水卷材的搭接宽度符合表 10-3 中要求：

防水卷材的搭接宽度 **表 10-3**

<table>
<tr><th>序号</th><th>卷材品种</th><th>搭接宽度（mm）</th><th>允许偏差（mm）</th><th>检查方法</th></tr>
<tr><td>1</td><td>弹性体改性沥青防水卷材</td><td>100</td><td rowspan="8">−10</td><td rowspan="8">观察和尺量</td></tr>
<tr><td>2</td><td>改性沥青聚乙烯胎防水卷材</td><td>100</td></tr>
<tr><td>3</td><td>自粘聚合物改性沥青防水卷材</td><td>80</td></tr>
<tr><td>4</td><td>三元乙丙橡胶防水卷材</td><td>100/60
（胶粘剂/胶粘带）</td></tr>
<tr><td rowspan="2">5</td><td rowspan="2">聚氯乙烯防水卷材</td><td>60/80
（单焊缝/双焊缝）</td></tr>
<tr><td>100（胶粘剂）</td></tr>
<tr><td>6</td><td>聚乙烯丙纶复合防水卷材</td><td>100（粘结料）</td></tr>
<tr><td>7</td><td>高分子自粘胶膜防水卷材</td><td>70/80
（自粘胶/胶粘带）</td></tr>
</table>

（3）采用外防外贴法铺贴卷材防水层时，立面卷材接茬的搭接宽度，高聚物改性沥青类卷材应为 150mm，合成高分子类卷材应为 100mm，且上层卷材应盖过下层卷材。

检验方法：观察和尺量检查。

（4）涂料防水层的平均厚度应符合设计要求，最小厚度不得低于设计厚度的 90%。

检验方法：用针测法检查。

（5）涂料防水层在转角处、变形缝、施工缝、穿墙管等部位做法必须符合设计要求。

检验方法：观察检查和检查隐蔽工程验收记录。

第十一章　盾构始发接收施工工艺标准

1　工艺概述

盾构法施工是以盾构机为隧道掘进设备，以盾构机的盾壳作支护，用前端刀盘切削土体，由千斤顶顶推盾构机前进，在盾构机尾部拼装预制好的管片作衬砌，从而形成隧道的施工方法。盾构法施工适用于各类软土地层和软岩地层的地下隧道掘进，尤其适用于城市地铁、水底隧道、排水污水隧道、引水隧道、公用管线隧道。盾构机的类型有多种，目前在地铁区间隧道建设中以土压平衡式盾构应用最为广泛。土压平衡盾构工艺原理是利用安装在盾构最前面的全断面切削刀盘，将正面土体切削下来的土进入刀盘后面的密封舱内，使舱内具有适当压力与开挖面水土压力平衡，以减少盾构推进对地层土体的扰动，从而控制地表沉降或隆起，在出土时由安装在密封舱下部的螺旋运输机向排土口连续的将土渣排出。

地铁盾构法隧道施工技术难度大、施工风险高、质量要求高、不可预测因素多。因此，地铁施工相关人员应熟悉和掌握盾构法隧道施工控制要点，在工作中才能真正做到有效地对施工质量进行监控。

2　工序流程

2.1　始发工序流程

盾构始发是指利用反力架和负环管片，将始发基座上的盾构，由始发井推入地层，开始沿设计路线掘进的一系列作业，主要内容包括：始发前竖井端头的地层加固、安装盾构始发基座、盾构组装及试运转、安装反力架、凿除洞门临时墙和围护结构、安装洞门密封、盾构姿态复核、拼装负环管片、盾构贯入作业面建立土压和试掘进等。盾构始发流程见图 11-1。

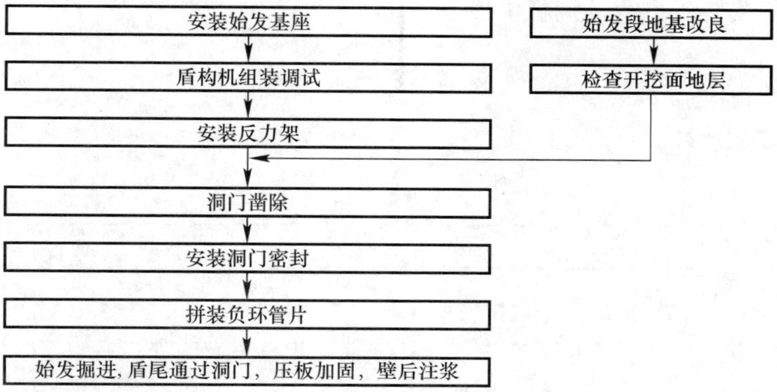

图 11-1　盾构始发流程

2.2 接收工序流程

盾构接收是指盾构沿设计线路，在区间隧道贯通前100m至车站的整个施工过程，主要内容包括：地层加固、洞门凿除、安装接收基座、洞门密封装置安装、到达段掘进、盾构接收等。盾构接收流程见图11-2。

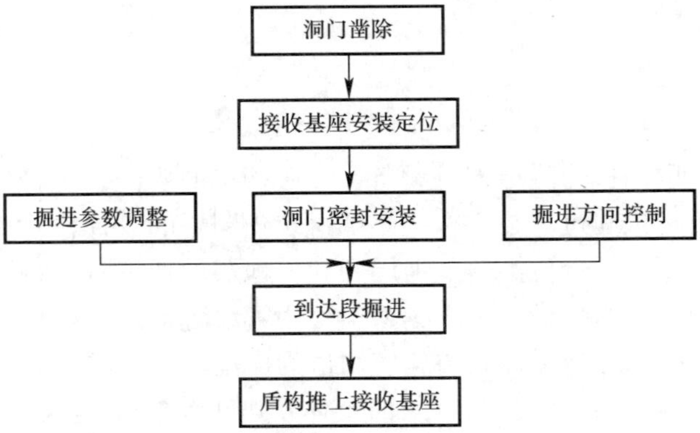

图11-2 盾构接收流程

3 施工工艺及控制要点

3.1 施工准备

3.1.1 技术准备

（1）在施工前依据工程特点，工程地质和水文地质条件、隧道结构、工程环境条件及环境保护等级、盾构类型与性能等编制施工组织设计，并应经审批作为施工依据。

（2）应对盾构主控操作人员、管片拼装操作人员、电气与机械保养维修人员进行技术培训。

（3）施工前，应建立工程测量控制系统和完成掘进前的联系测量工作，同时应根据施工组织设计和地面建（构）筑物保护专项方案等预先布设地面监测网点。

（4）办理相关施工手续及资料申报工作。

3.1.2 资源准备

（1）人员配备

施工劳动力配置计划见表11-1。

劳动力配备计划 **表11-1**

序号	班组	岗位	每班需求人数
1	领导组	盾构经理	1
2		盾构总工	1
3		盾构生产经理	1
4		机电经理	1

续表

序号	班组	岗位	每班需求人数
5	管理组	调度	1
6		技术员	1
7		盾构司机	2
8		土木工程师	2
9		值班工程师	1
10		盾构机跟机机电设备值班工程师	2
11		地面机电设备值班工程师	1
12	管理人员需求总计		14
13	掘进班组	掘进班班长	2
14		管片拼装工	2
15		掘进班	12
16		调车员（一台盾构需要 2 列机车编组需要 2 个调车员）	2
17		电瓶车司机（一台盾构需要 2 列机车编组需要 2 个电瓶车司机）	2
18	维保组	班长	1
19		盾构机跟机电工	2
20		盾构机跟机液压工	2
21		地面常规设备维保工	2
22		地面常规设备电工	1
23	综合组	综合班班长	1
24		龙门吊司机	2
25		搅拌站站长	1
26		电焊工	2
27		拌浆工	2
28		司索工	2
29		充电工	1
30		装载机司机（兼叉车司机）	1
31		杂工	4
32	工人需求总计		44
33	全部需求总计		58

（2）盾构机械设备配备

盾构机械配置计划见表 11-2。

盾构机械配置计划 **表 11-2**

序号	设备名称	规格型号	单位	数量	用途	备注
1	盾构机	土压平衡盾构机	台	1	盾构区间掘进	
2	龙门吊	16t	台	1	材料垂直运输	
3	龙门吊	45t	台	1	渣土垂直运输	
4	变频机车	牵引力 45t	台	2	水平运输	
5	充电机	与电瓶车配套	个	6	电瓶充电	
6	蓄电池组	与电瓶车配套	块	12	电瓶车动力电源	

续表

序号	设备名称	规格型号	单位	数量	用途	备注
7	出土渣车	容量 18 方	套	10	渣土运输	
8	砂浆运输车	容量 8 方	个	2	砂浆运输	
9	砂浆中转站	容量 8 方	个	1	砂浆中转	
10	管片车	15t	个	4	管片运输	
11	立式多级泵	80GDL50	台	1	盾构机外循环水	
12	冷却水塔	DBNL3-80	套	1	外水冷却	
13	轴流式通风机	2×55kW	台	1	洞内通风	
14	搅拌站	HZS35	套	1	同步注浆 砂浆制作	
15	叉车	10t	个	1	地面材料倒运	
16	液压手动叉车	2t	个	1	中板周转料倒运	
17	装载机	LG816	辆	1	搅拌站砂石上料	
18	双液注浆泵	KBY-50/70	台	1	二次注浆	
19	高压清洗机	最大工作压力 500BAR	台	1	盾构同步注浆管疏通等	进口
20	始发台	按图纸加工件	套	1	盾构始发	
21	反力架	按图纸加工件	套	1	盾构始发	
22	污水泵	15kW	台	2	始发井污水外排地面	

（3）材料配置

盾构材料配置见表 11-3。

盾构材料配置计划 **表 11-3**

序号	材料名称	规格	单位	数量	备注
1	液压油	40	桶	20	
2	齿轮油	主驱动 320＃/6 桶，减速箱 220＃/4 桶	桶	5	
3	EP2	250kg	桶	1	
4	HBW	250kg	桶	1	
5	盾尾油脂	调试用	桶	6	
6	蒸馏水	35L	桶	40	
7	方木	卸车垫设备	根	80	
8	钢板	12mm 或 10mm	块	5	皮带机移位用
9	H 型钢	200mm 和 40mm		50m	
10	电焊机	直流 500 型	台	1	
11	电动空压机	$3m^3$	台	1	
12	氧气乙炔割具		套	1	
13	水管	始发用	m	20	软管
14	钢丝绳	负环管片拉紧用	m	150	

3.1.3 现场准备

（1）合理组织交通运输，满足盾构及其后配套设备进场、组装、吊运下井、施工材料供应、始发掘进、渣土存放、渣土运输的要求。并与施工现场的布置、盾构正常段施工现场布置结合起来。

（2）对施工总平面统一规划、综合考虑、合理布置，施工现场设龙门吊、浆液站、冷却塔、管片存放区、渣土池、加工区、库房、盾构及其后配套设备存放组装区及办公区等。

（3）做好施工现场临水、临电、消防布置。

3.2 盾构始发阶段

3.2.1 端头土体加固

（1）工艺流程

为了确保盾构始发施工的安全和更好地保护附近的地下管线和建（构）筑物，盾构始发前需对始发区域洞口土体进行加固。土体加固的方法较多（如水泥搅拌桩加固、旋喷桩加固等），但无论采用何种加固方法，对土体加固的效果检验始终应作为重点控制的内容。在确保加固效果满足设计要求前提下，才能进行盾构始发。下以旋喷桩为例简述其工艺流程及控制要点，其他加固方法参照车站围护结构施工。旋喷桩施工工艺流程如图 11-3。

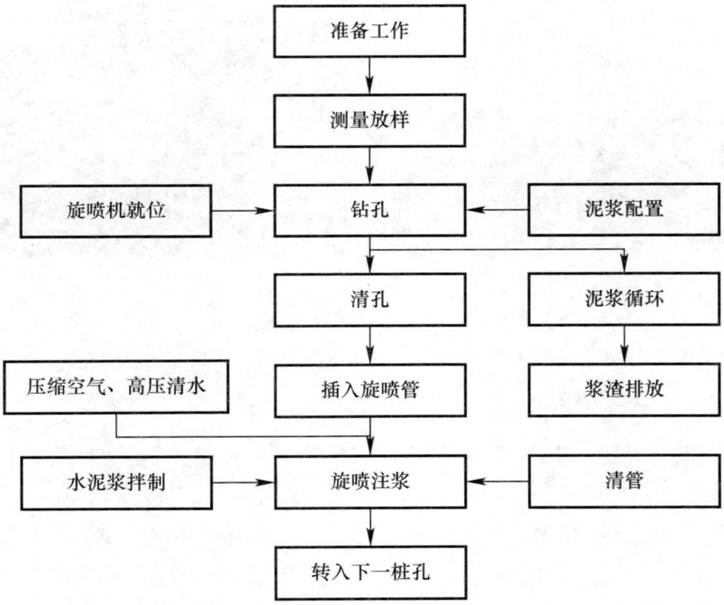

图 11-3 旋喷桩施工工艺流程

（2）施工控制要点

1）施工前对施工区域地下障碍物进行探测并处理。

2）正式施工前进行试桩确定具体施工参数，施工时一般采用跳孔施工。

3）桩位控制、桩长控制、垂直度控制。

4）钻机转速、沉钻速度、提钻速度及旋转速度等。

5）水泥投放量、浆液水灰比（宜用比重法控制）、浆液泵送时间、搅拌下沉及提升时间控制。

6）喷射过程中，冒浆量控制在 10%～25%之间。

7）喷射注浆作业后，应及时用水泥浆进行补灌，并要预防其他钻孔排出的泥土或杂物进入。

8）高压喷射注浆完毕后，应迅速拔出喷射管。施工中做好泥浆处理，及时将泥浆清理。

(*a*) (*b*) (*c*) (*d*)

图 11-4　旋喷桩工艺流程

（*a*）测量放线；（*b*）旋喷桩喷浆作业；（*c*）旋喷桩后配套空压机配置；（*d*）渣土清理外运

（3）质量控制要点

1）施工前检查水泥、外掺剂等的质量，桩位，压力表，流量表的精度和灵敏度，高压喷射设备的性能。

2）终孔深度大于设计开喷深度 0.5～1.0m。开孔口径不大于喷射管外径 100mm，终孔口径应大于喷射管外径 20mm。孔斜率不大于 0.5%，桩体直径偏差≤50mm。

3）水泥土强度符合设计要求。

4）通过对始发加固范围内不同深度土体采用钻芯取样检测验证加固土体的强度是否满足设计要求。

5）通过打探孔方式进行观察检验加固土体的均匀性。

3.2.2　盾构始发基座安装

（1）工艺流程

盾构始发前需将盾构机准确的搁置在符合设计轴线的始发基座上，待所有准备工作就绪后，沿设计轴线向地层内掘进施工。因此，盾构始发前始发基座定位的准确与否，直接影响到盾构机始发姿态好坏。始发基座安装作业内容包括：施工准备、测量定位、始发基座拼装、复测及位置调整、始发基座固定及加固。始发基座安装流程如图 11-6。

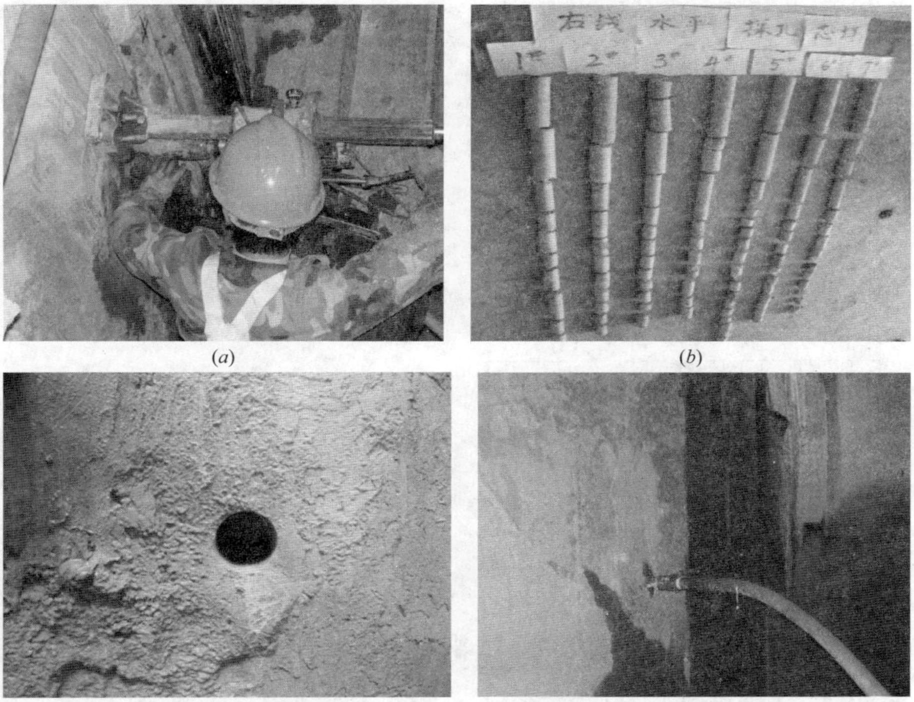

(*a*)　　(*b*)　　(*c*)　　(*d*)

图 11-5　洞门水平探孔

（*a*）洞门水平探孔；（*b*）水平探孔芯样；（*c*）水平探孔效果；（*d*）水平探孔注浆

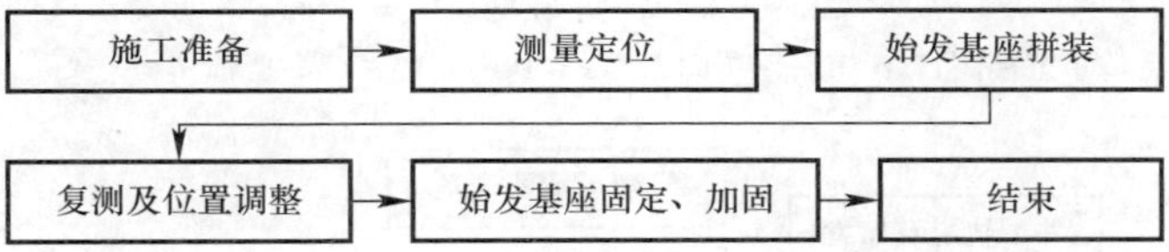

图 11-6　盾构始发基座安装流程

（2）施工控制要点

1）施工准备：始发台组装场地的平整度、始发基座各部件数量及尺寸的校核、始发基座各部件维修。

2）测量定位：水平位置、高程与洞门圈的位置关系。

3）始发基座拼装：拼装面的平整度、螺栓紧固。

4）复测及位置调整：千斤顶顶推速度、高程复测。

5）始发基座固定、加固：固定、加固材料的规格尺寸、焊接面的检查。见图 11-6。

（3）质量控制要点

1）基座出厂应提供焊缝检测合格报告。

2）基座安装轴线水平偏差控制在+5mm，标高偏差控制在－10～0mm。

3.2.3　盾构机及后配套设配下井组装调试及验收

（1）工艺流程

盾构法隧道施工主要依靠盾构掘进机及配套设备完成掘进任务，由于受工作井内空间限制，需将盾构机及后配套台车分节吊装运至井下，并在井下组装、调试和试运转。盾构机下井组调试施工顺序为：电瓶车下井→台车下井→盾构机吊装下井（盾构中体→盾构前体→刀盘→盾尾）→盾构机组装调试。盾构机下井组装调试流程如图 11-8。

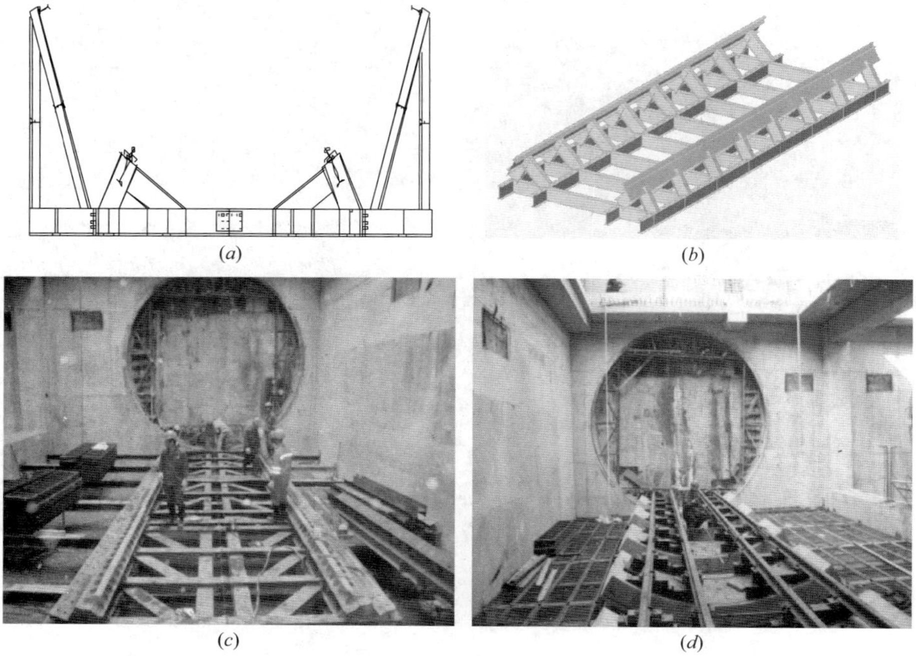

图 11-7　盾构始发基座安装

(a) 基座正视图；(b) 基座侧视图；(c) 基座安装；(d) 临时后配套轨道安装

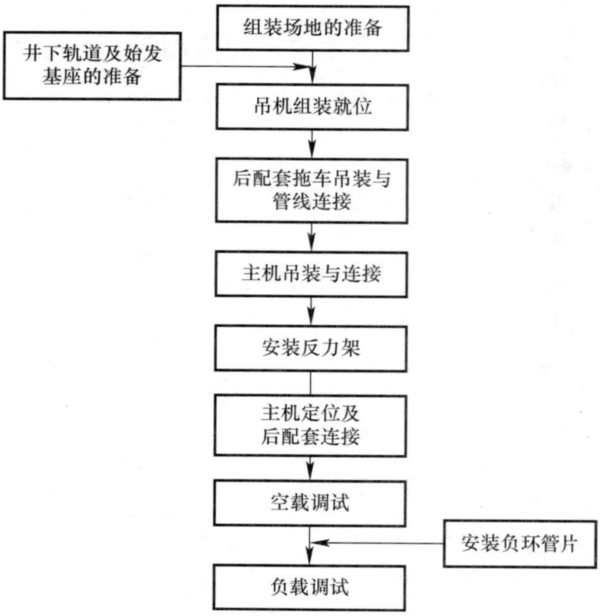

图 11-8　盾构机下井组装调试流程

(2) 施工控制要点

1) 盾构组装前必须制定详细的组装方案与计划，同时组织有经验的作业人员组成组装班组，并在组装施工前对组装人员进行技术和安全培训。

2) 盾构的运输、吊装必须由具有资历的专业队伍进行。

3) 应根据汽车吊或履带吊机对地基承载力的要求，对其工作区域进行处理，如浇筑钢筋混凝土路面、铺设钢板等，防止地层不均匀沉陷。

4) 盾构主机吊装前必须对始发基座进行准确定位。

5) 大件吊装时一般以 90t 汽车吊辅助翻转。

6) 组装前对所使用设备、工具进行安全检查，以保证组装过程的安全顺利进行。每班作业前按起重作业安全操作规程进行技术交底，严格按有关规定执行。

7) 由专人负责大件运输和现场吊装、组装的秩序维护，确保组装安全。

8) 组装前必须熟知所组装部件的结构、连接方式及技术要求。

9) 组装工作必须本着由“后向前、先下后上、先机械后液压、电气”的原则。见图 11-8。

(3) 质量控制要点

1) 大件组装时应对盾构始发井端头墙进行严密的观测，掌握其变形与受力状态，保证始发井结构安全。

图 11-9 盾构机下井组装调试流程（一）

前盾就位

中盾与前盾连接

螺旋输送机安装

刀盘安装

后配套台车连接完成

单、双轨梁连接完成

盾构机组装完成

盾构机验收

图 11-9　盾构机下井组装调试流程（二）

2）对盾构所有部件的起吊，必须保证安全、平稳、可靠。

3）机械部件组装前需要弄清其结构及安装尺寸的关系、螺栓连接紧固的具体要求等，同时自始至终保持清洁。

4）组装前必须检查泵、阀等液压件的封堵是否可靠，如有情况，必须进行现场清洗；管件在组装前如果没有充满油液，也必须进行严格清洗。

5）液压管线的连接必须保证清洁，禁止使用棉纱等易脱落线头的物品擦拭。

3.2.4 盾尾支撑系统安装

（1）工艺流程

盾构前进的动力是通过千斤顶来提供，而盾构始发时千斤顶顶力是作用在盾尾支撑系统之上。一般盾尾支撑体系是由钢反力架、钢支撑、临时衬砌（负环管片）等组成。反力架安装作业内容包括：施工准备、测量定位、预埋件安装、反力架底部U形梁下井、反力架剩余部件地面拼装、地面部件下井与底部U形梁连接、螺栓紧固、复测及位置调整、反力架固定与加固。反力架安装流程如图11-10。

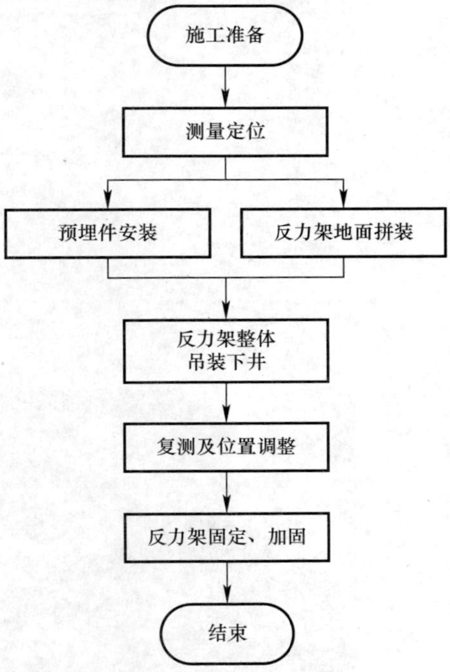

图11-10 反力架安装流程

（2）施工控制要点

1）施工准备：新购反力架进场前应在厂内进行检测并试拼装合格，旧反力架使用前应对其构件数量、尺寸进行核对，对变形损坏部分进行修复。

2）测量定位：井下反力架左右立柱位置以及高程，反力架距洞门距离应考虑0环管片位置，满足设计对洞门结构的要求。

3）预埋件安装：反力架立柱支撑体系预埋件安装，其他临时支持预埋件安装。

4）反力架地面拼装：按顺序将反力架左右立柱、上U形梁进行拼接，并紧固螺栓。

5）反力架整体吊装下井：利用吊机将反力架上部吊装下井，竖立放于预定位置，初步定位，并与前期下井的下部横梁螺栓连接。

6）复测及位置调整：对反力架位置进行复测，主要复测左右立柱位置及高程，用千斤顶进行调整，采用加垫钢板方式提高高程，注意加垫钢板的平整性。

7）反力架固定、加固：根据验算确定支撑体系数量，支撑应与预埋件位置对正并连接牢固，达到技术要求的支撑和固定效果。见图11-10。

（3）质量控制要点

1）反力架出厂应提供焊缝检测合格报告。

2）反力架基准环与管片接触面的平整度误差控制在±5mm；反力架左右偏差控制在±10mm，高程偏差控制在±5mm；垂直偏差控制在±5mm。

3.2.5 洞门密封装置安装

（1）工艺流程

由于隧道洞口与盾构之间存在建筑间隙，易造成泥水流失，从而引起地面沉降及周围建筑物、管线位移，因此需安装密封装置。一般包括帘布橡胶板、圆环板、折页压板和扇形板及相应的连接螺栓和垫圈等。洞门密封安装作业内容包括：施工准备、测量定位、安装双头螺栓孔、安装帘布橡胶板、安装环形压板、安装折页压板、紧固螺栓。洞门密封装置安装流程如图 11-12。

(*a*)　(*b*)　(*c*)　(*d*)

图 11-11　反力架安装

（*a*）反力架正视图；（*b*）反力架侧视图；（*c*）反力架安装；（*d*）反力架安装加固完成

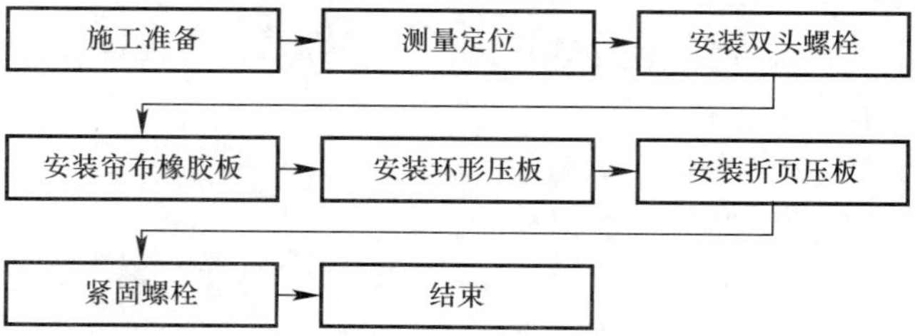

图 11-12　洞门密封装置安装流程

（2）施工控制要点

1）施工准备：施工前必须进行详细的书面技术交底。

2）测量定位：洞门预埋钢环的中心与隧道中心的位置关系，洞门预埋钢环的尺寸。

3）安装双头螺栓：对螺栓孔的清理和攻丝。

4）安装帘布橡胶板：分清始发帘布密封橡胶方向，鼓起末端朝向洞内，安装由上至下进行，注意吊装时对帘布橡胶板的保护。

5）安装环形压板：顺序为先上后下，两边对称进行。

6）安装折页压板：安装顺序与环形压板一致，安装前检查每块板是否能正常折动，折板长度是否能满足箍紧盾壳、管片的要求。

7）紧固螺栓：安装好后，对螺栓进行二次紧固。见图 11-13。

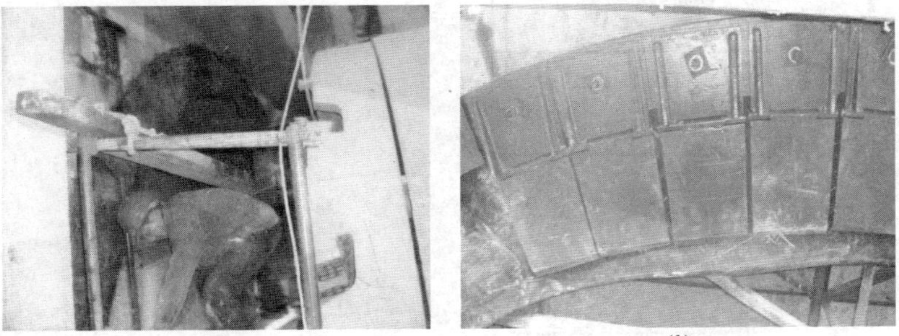

图 11-13　洞门密封装置安装

（*a*）帘布橡胶板安装；（*b*）翻板安装

（3）质量控制要点

1）密封装置安装前应对帘布橡胶的整体性、硬度、老化程度等进行检查，对圆环板的成圆螺栓孔位等进行检查，并提前把帘布橡胶的螺栓孔加工好。

2）为防止盾构机推进时，刀盘损伤帘布橡胶板，在盾构向前推进前应在帘布橡胶板外侧及边刀上涂抹润滑物。

3.2.6　洞门凿除及导轨安装

（1）工艺流程

盾构法隧道施工一般以车站主体结构两端端头井作为盾构始发井和接收井。盾构在始发前需对始发井始发洞口围护结构进行分次凿除，洞门凿除及导轨安装作业内容包括：施工准备、测量定位、脚手架搭设、水平探孔检测、凿除外层混凝土并割除钢筋、凿除内层混凝土并割除钢筋、混凝土渣清理，拆除脚手架、导轨安装。洞门凿除流程如图 11-14。

（2）施工控制要点

1）施工准备：端头加固土体进行取芯检测，发现不合格应采取相应措施。

2）测量放线：复核洞门中心坐标及高程满足盾构始发要求，水平探孔位置应均布在洞门范围内。

3）搭设脚手架：脚手架采用内外两层钢管，横向、竖向间距均为 1.5m，斜撑应在地面固定。

4）水平探孔检测：根据技术交底开孔并安装止水球阀，深度为穿透围护结构深入加固体 1m。

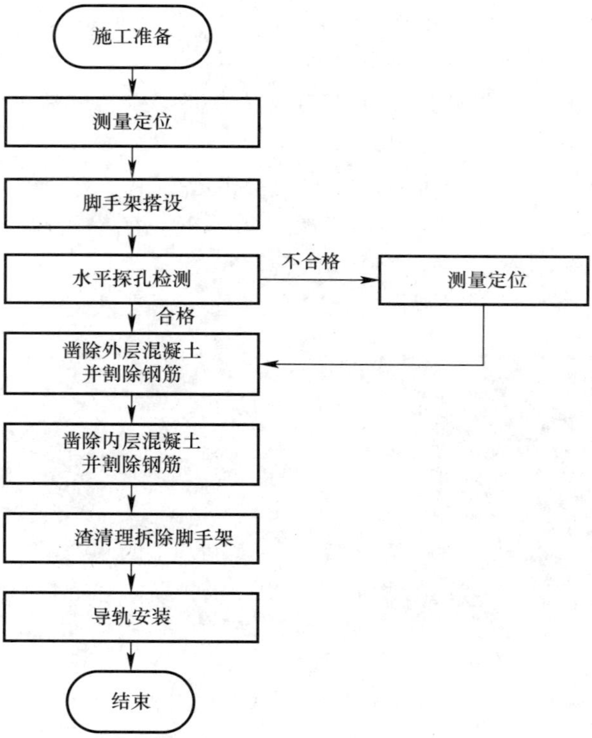

图 11-14 洞门凿除及导轨安装流程

5）凿除混凝土及钢筋割除：分阶段分层分块，从外到里、先上后下、先中间后两边进行凿除作业，注意凿除后的轮廓满足盾构始发要求，内层钢筋割除顺序为由下至上，洞门圈内不应有侵入轮廓线的钢筋。

6）导轨安装：安装位置在洞门圈内，在始发台导轨延长线上，与洞门钢环焊接，安装时应注意高程应略低于始发台上导轨高程，安装长度应避开帘布橡胶板折入洞门圈内的距离，并预留刀盘旋转空间。

水平探孔及洞门凿除见图 11-15。

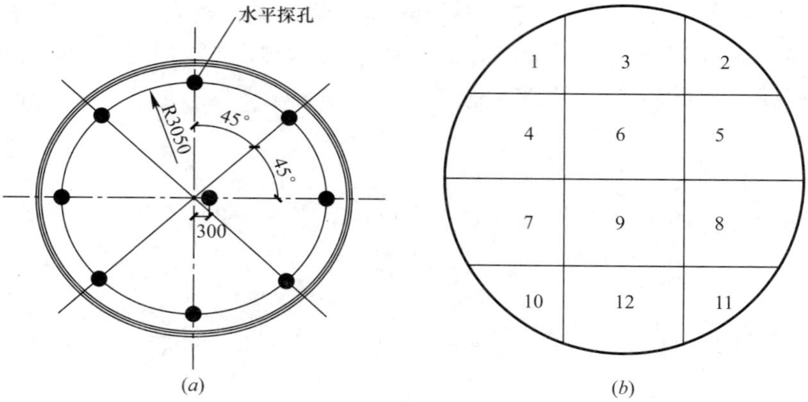

图 11-15 水平探孔及洞门凿除（一）

（*a*）水平探孔分布图；（*b*）洞门凿除分块示意图

(c)　　　　　　　　　　(d)

图 11-15　水平探孔及洞门凿除（二）

（c）洞门脚手架搭设；（d）洞门凿除

（3）质量控制要点

1）探孔均布在洞门上，中心孔应偏移 20～30cm，探孔穿透围护结构但不宜过深。

2）探孔过程中密切关注探孔若有有漏水流砂情况，应立即封堵，重新制定加固方案。

3）洞门凿除后确保洞门范围内无露头钢筋。

4）洞门凿除施工须尽快完成，避免掌子面长时间暴露。

3.2.7　始发段掘进作业

（1）工艺流程

始发段掘进作业内容包括：施工准备、盾构推进、姿态控制、掘进参数控制、管片安装、洞门密封注浆等。盾构始发段掘进流程如图 11-16。

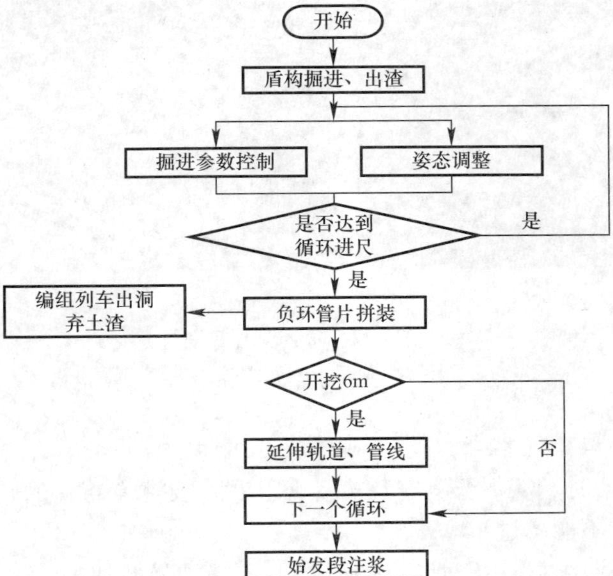

图 11-16　盾构始发段掘进流程

(2) 施工控制要点

1) 施工准备：列车编组完成，材料准备到位，机械设备正常，人员配置足够，监控测量到位。

2) 盾构掘进出渣：推进时注意观察反力系统支撑点的车站、盾构井主体结构的变化；土压平衡盾构在始发掘进段需通过管路注入膨润土或泡沫剂改良渣土。

3) 掘进参数控制

① 土仓压力：盾构刀盘接触掌子面后，根据掘进速度估算开挖量，逐步建立土仓压力至掘进设定值。

② 推进力：考虑反力架所能承受的推力，由 0 开始逐步增加建议不超过反力架设计值的 80%。

③ 刀盘转速：盾构刀盘距掌子面 20cm 时，开始转动转速由 0 开始逐步增加，建议不超过 1rpm。

④ 刀盘扭矩：始发段掘进应保持较小的扭矩，扭矩波动值不超过 1.5MPa。

4) 姿态调整：始发段掘进严禁调整掘进方向，避免盾构姿态调整造成洞门密封失效。

5) 管片拼装：负环管片采用通缝形式拼装（通用型管片采用错缝拼装），便于将来拆除。拼装好的管片及时进行螺栓连接，脱出盾尾的管片及时进行支撑，保证管片的圆整度。见图 11-17。

6) 始发段注浆：正 3 环管片安装完成后，开始进行注浆，注浆先采用同步注浆系统进行，计算好理论注浆量，尽量将管片背后空隙填充饱满，之后可通过正 1 环管片吊装孔，向管片背后补注双液浆，浆液采用水泥+水玻璃形式。

(a)

(b)

图 11-17　负环管片拼装

(a) 负环管片拼装；(b) 负环管片拼装完成

(3) 质量控制要点

1) 负环管片拼装时，从下至上安装第一环管片，要注意管片的转动角度一定要符合设计，换算位置误差不能超过 10mm。

2) 安装拱部的管片时，由于管片支撑不足，一定要及时加固。

3) 在始发阶段要注意推力、扭矩的控制，同时也要注意各部位油脂的有效使用。

4) 通过始发段施工，加强对地面变形情况的监测分析，反映盾构机出洞时以及推进时对周围环境的影响，掌握盾构推进参数及同步注浆量。

3.2.8 盾构换装作业

（1）工艺流程

盾构换装作业内容包括：反力架拆除、负环管片拆除、始发基座拆除、轨道重新铺设等。盾构换装作业流程如图 11-18。

（2）施工控制要点

1）施工准备：盾构后配套完全进洞。

2）反力架拆除：先拆除反力架支撑，再将反力架整体吊运至地面进行拆除。

3）洞门注浆：对洞门圈范围内的管片进行二次注浆，保证拆除后洞门圈达到不漏水的目的；必要时可以补充压注化学封水材料。

4）负环管片拆除：拆除的顺序由反力架向洞门方向进行，环向拆除顺序为先上部三块同时拆除、左右对称逐块拆除。见图 11-19。

5）始发基座拆除：先拆除始发台支撑及管片支撑架，再将剩余部分整体吊至地面。

6）轨道重新铺设：车站或盾构井底板清理干净后，方可进行重新铺轨作业，在洞口位置设置道岔、铺双轨。见图 11-20。

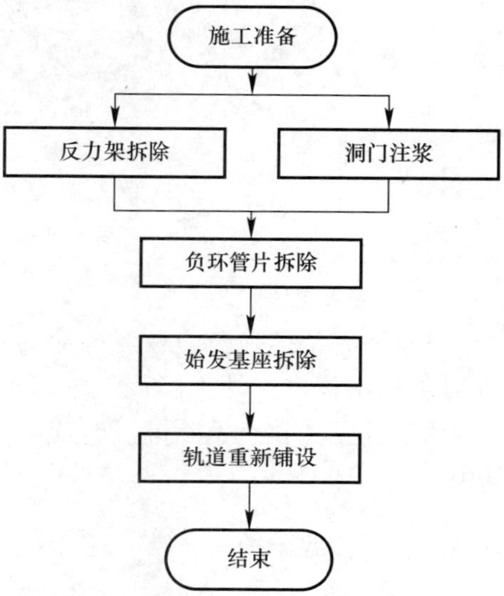

图 11-18　盾构换装作业流程

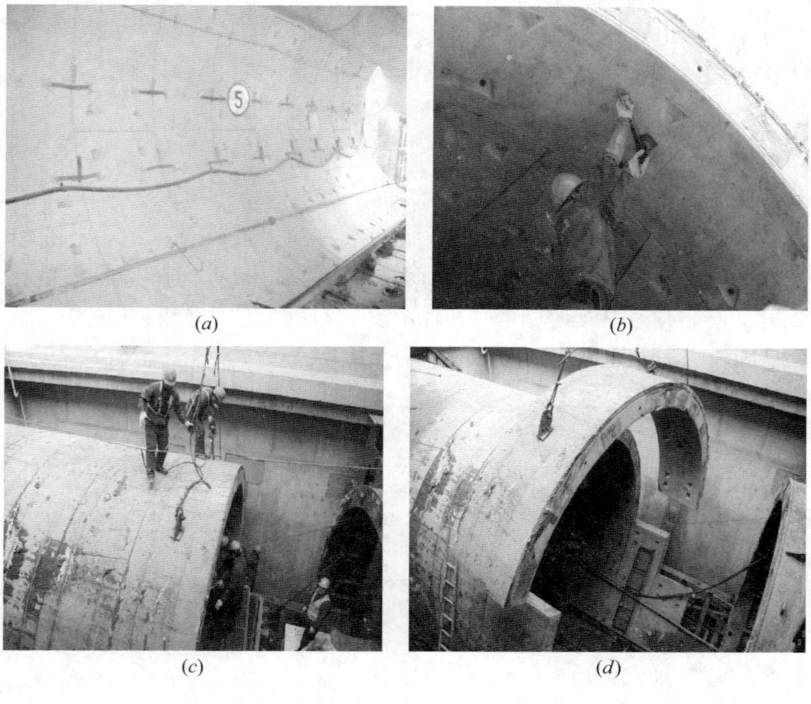

(*a*)　(*b*)　(*c*)　(*d*)

图 11-19　负环管片拆除

（*a*）始发 15 环管片加固；（*b*）负环管片螺栓拆卸；（*c*）负环管片吊具安装；（*d*）负环管片拆除起吊

(*a*)　　　　　　　　　　　　　　　(*b*)

图 11-20　反力架拆除及道岔安装

(*a*) 反力架拆除；(*b*) 道岔安装

(3) 质量控制要点

1) 反力架拆除时应注意拆除临时安装在车站、盾构井主体结构上的钢板、膨胀螺栓，并对主体结构进行外观修补。

2) 始发井轨道重新铺设时应与车站内轨道标高一致，洞内外轨道高差较大时，可在洞内变坡。

3.3　盾构接收阶段

盾构接收阶段掘进是盾构法隧道施工最后一个关键环节。盾构能否顺利接收关系到整个隧道掘进施工的成败。在盾构接收前后应做好充分的盾构接收的准备工作，确保盾构以良好的姿态接收，就位在盾构接收基座上。

3.3.1　盾构接收土体加固

盾构接收区域土体加固一般与始发区域土体加固是同时进行，对盾构接收土体加固效果的检验可参照本章“3.2.1 端头土体加固”相关内容。

3.3.2　盾构接收基座安装

(1) 工艺流程

盾构接收基座用于接收后的盾构机，在盾构接收前仍需复核接收井洞门中心位置和接收基座平面、高程位置（一般以低于洞圈面为原则），确保盾构机接收后能平稳、安全推上基座。接收基座安装作业内容包括：施工准备、测量定位、接收基座拼装、复测及位置调整、接收基座固定及加固，接收基座安装流程如图 11-21。

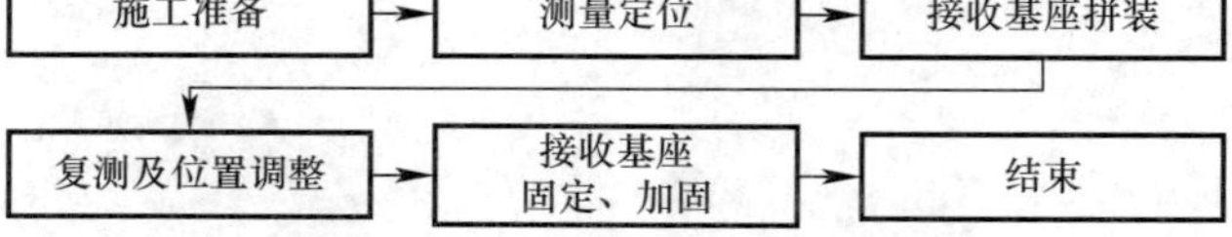

图 11-21　盾构接收基座安装流程

(2) 施工控制要点

接收基座多为始发基座改造而成，与始发基座区别在于两侧无需安装管片支架，其标高（即盾构中心）比盾构到达时实际高程低 15～20mm，其作业控制要点参照本章“3.2.2 盾构始发基座安装”相关内容。

（3）质量控制要点

1）基座出厂应提供焊缝检测合格报告。

2）基座安装轴线水平偏差控制在+5mm，标高偏差控制在−10～0mm。

3.3.3 洞门密封装置安装

（1）工艺流程

洞门密封装置安装作业内容包括：施工准备、测量定位、安装双头螺栓孔、安装帘布橡胶板、安装环形压板、安装折页压板、紧固螺栓、穿钢丝绳。洞门密封装置安装流程如图11-22。

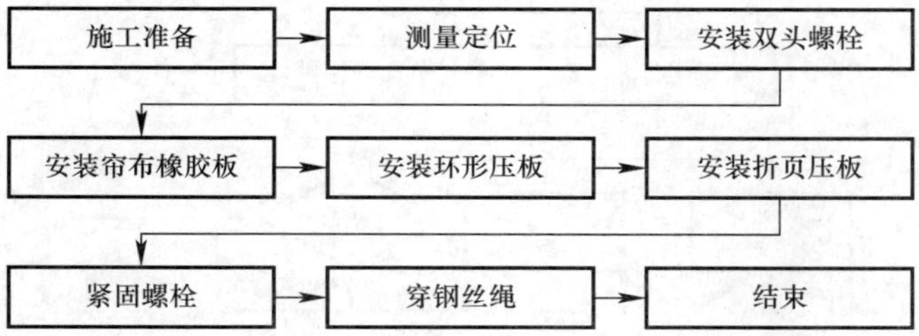

图11-22 洞门密封装置安装流程

（2）施工控制要点

接收洞门密封装置安装作业与始发洞门相比，不同点在于：

1）接收洞门帘布橡胶板内棱圈朝向洞内，使帘布橡胶板平面与盾壳接触紧密。

2）接收洞门密封装置中每个折页压板活动端均焊接有钢圈，钢丝绳从中穿过，将所有折页压板整体连接，其目的为收缩钢丝绳，使其将折页压板向盾壳方向移动，从而箍紧盾壳，达到注浆密封的目的。

3）接收洞门密封装置安装作业其他内容参照本章“3.2.5 洞门密封装置安装作业”相关内容。

3.3.4 洞门凿除及导轨安装

盾构接收前需对接收井内围护结构背水面钢筋进行割除及混凝土凿除，通过打探孔实际验证盾构接收区域土体加固的效果。在洞门围护结构凿除后同样需对其后土体自立性、渗漏等情况进行观察，判断接收区域土体的实际加固效果是否满足盾构安全接收的要求。接收洞门凿除及导轨安装作业内容与始发洞门基本一致，其施工流程及控制要点等参照本章“3.2.6 洞门凿除及导轨安装”相关内容。

3.3.5 到达段掘进作业

（1）工艺流程

盾构到达段掘进作业内容包括：施工准备、盾构空推、管片安装、同步注浆等。盾构到达段掘进作业流程如图11-23。

（2）施工控制要点

1）施工准备：施工前必须进行详细的书面技术交底。

2）盾构空推：由于前方没有阻力，因此空推时应尽量保持较小推力，推力由0逐步增大，推进速度不大于10mm/min，底部油缸推力应大于其他油缸，根据洞门情况调整掘进参数。

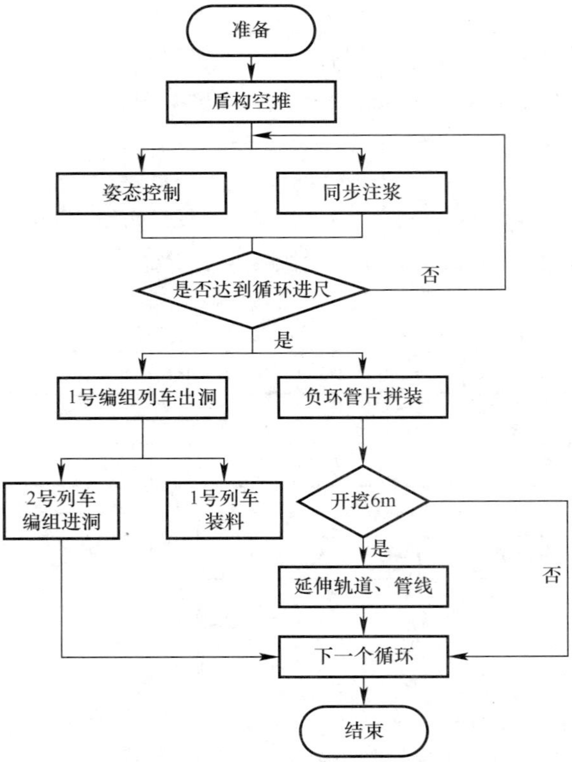

图 11-23　盾构达到段掘进作业流程

3）姿态控制：由于盾构距离洞口距离较短，应保持姿态掘进，水平姿态可略微向 0 方向调整，竖直姿态应保持在 10～15mm，出洞前还应进行人工复测，保证盾构出洞坡度。

4）同步注浆及二次注浆：盾构刀盘进入围护结构至帘布橡胶板箍紧前体前无需注浆，待帘布橡胶板箍紧前体后补注已推进距离所需的浆液，待其凝固后，重新开始盾构推进，此时可同步注浆。完成后对洞门圈周围管片进行二次注浆。

5）管片安装：为保证近洞口 10～15 环管片的稳定，在每装一环管片都应将该环管片四处同线的纵向螺栓处采用 100 的“耳朵”＋槽钢与上环管片进行拉紧。

3.3.6　到达段注浆作业

（1）工艺流程

到达段注浆作业主要包括同步注浆、二次补注浆。到达段注浆作业流程如图 11-24。

（2）施工控制要点

1）施工准备：施工前必须进行详细的书面技术交底。

2）注浆材料：采用硬性浆液作为同步注浆材料，对于较稳定地层，凝胶时间控制在 12～30h，对于自稳性较差地层，凝胶时间控制在 5～7h，在富含水地层中，保水性要好，浆液不离析，凝胶时间控制在 5～6h，并结合地层渗透系数配置浆液。

3）注浆结束标准：注浆压力达到设计压力，注浆量达到设计量的 80％以上，注浆不足的地方进行补注浆。

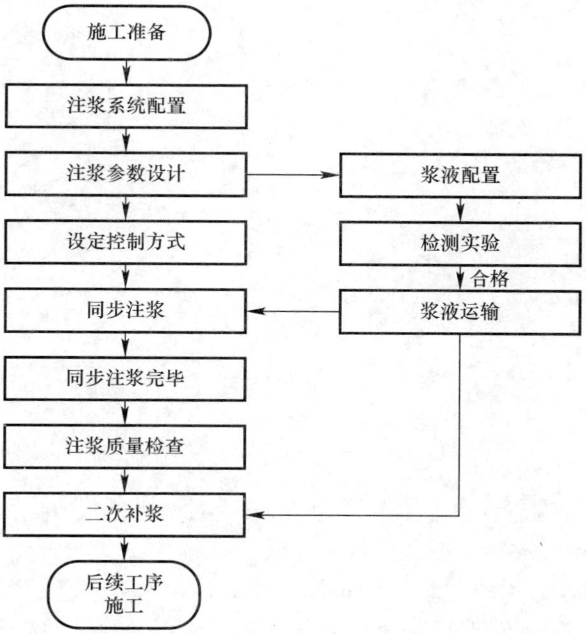

图 11-24　到达段注浆作业流程

4）砂料：砂料应是细砂，不得有杂物和大粒径石子。

5）浆液搅拌：搅拌要充分，拌和要连续不能间断。

6）二次补浆速度：二次补浆时浆液注入速度应缓慢，均匀，以注浆压力控制。

7）二次补浆顺序：从上到下，隔环注浆顺序。

8）二次补浆材料：浆液采用纯水泥浆，外加水玻璃。

3.3.7　洞门圈管片拆除作业

（1）工艺流程

洞门圈管片拆除作业内容包括：搭设施工平台、凿穿管片吊装孔、钢丝绳固定、管片拆除吊离。洞门圈管片拆除作业流程如图 11-25。

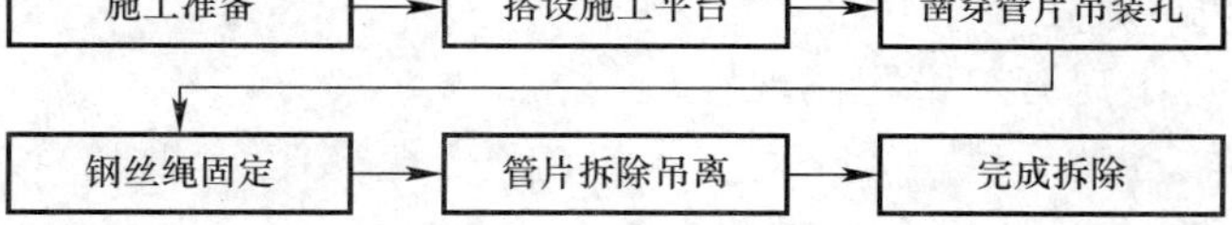

图 11-25　洞门圈管片拆除流程

（2）施工控制要点

1）施工准备：施工前必须进行详细的书面技术交底。

2）搭设平台：脚手架搭设规格为横距 2.2m，（方便电瓶车出入），纵距、步距应满足规范要求。角部要设置斜撑。

3）钢丝绳固定：钢丝绳选用 ϕ20，将单头钢丝绳穿进吊装孔内用 20 绳扣将钢丝绳固定，一根钢丝绳上至少要固定三个绳扣，连接钢板采用 20mm 钢板制作而成，方便一端与管片螺栓连接，一端与吊耳连接。

4　质量检验标准

4.1　盾构机现场验收标准

（1）盾构壳体应符合下列规定：

① 外径符合设计要求；

② 长度符合设计要求；

③ 盾壳表面平整；

④ 在盾构推进千斤顶活动范围内，盾尾内表面平整，无突出焊缝，盾尾椭圆度在允许范围内。

（2）切削刀盘应符合下列规定：

① 连接用的高强度螺栓应按盾构制造厂家的设计要求配置，使用扭力扳手检查达到设计扭矩值，采用焊接形式时应符合设计要求；

② 切削刀盘空载运行各档正向、反向各 15min，各减速机及传运部分无异常响声；

③ 集中润滑系统应进行流量和压力的测试，各润滑部件的受油情况必须达到设计要求；

④ 刀具装配应牢固，不得出现松动，刀具硬质合金焊接可靠紧固，且不得有裂纹。

（3）拼装机应符合下列规定：

① 空载测试时，各部件的行程、回转角度、提升距离、平移距离、调节距离应符合设计要求，各系统的工作压力必须满足设计要求；

② 负载测试时，拼装机回转、平移、提升、调节等动作运行平稳，回转运动停止可靠，各滚轮、挡轮安装定位准确、安全可靠，各系统的工作压力正常。

（4）螺旋输送机应符合下列规定：

① 应在掘进过程中进行验收，驱动部分负载运行平稳，不应有卡死、异常响声，液压工作压力应小于设计值；

② 手动调节比例阀时，螺旋输送机的转速应有相应的变化；

③ 螺旋输送机伸缩油缸、前后仓门的相关传感器灵敏度应符合设计要求。

（5）皮带运输机应满足下列要求：

① 空载测试时，不得有皮带跑偏现象；

② 负载测试时，运转平稳，无振动和异常响声；全部托锟和滚筒均运转灵活。

（6）泥水输送系统各泵的压力、流量应符合设计要求，电气系统操作灵敏、可靠、安全。

（7）同步注浆系统应符合下列规定：

① 搅拌机安装完毕；

② 系统管路布置合理。

（8）集中润滑系统应符合下列规定：

① 系统管路布置合理；

② 各润滑部位无油脂溢出；

③ 各循环开关动作次数达到设计值。

(9) 液压系统应符合下列规定：

① 系统管路配管布置合理；

② 系统的泵组工作声音正常，无异常震动；

③ 各系统的调定压力符合设计要求；

④ 各系统空载压力正常；

⑤ 所有系统工作的卸油压力正常；

⑥ 各传感器、压力开关、压力表等工作正常；

⑦ 对系统经耐压试验，无泄漏；

⑧ 系统处于工作状态时，油箱温度正常。

(10) 铰接装置应符合下列规定：

① 铰接液压缸配管线路、阀组等布置合理，状态良好；

② 铰接液压缸的伸缩动作状况、动作控制和油缸行程良好；

③ 铰接液压缸工作压力符合设计要求；

④ 密封装置集中润滑工作正常，密封圈充满油脂。

(11) 渣土改良系统应符合下列规定：

① 泡沫泵性能应符合设计要求，管路布置连接正确；

② 积压式输送泵性能符合设计要求，管路布置连接正确。

(12) 盾尾密封系统应符合下列规定：

① 密封刷的安装质量符合要求；

② 密封油脂注入泵性能应符合设计要求，运转状况正常。

第十二章　盾构掘进与管片施工工艺标准

1　工艺概述

盾构掘进施工划分为始发、掘进和接收三个阶段，盾构经过前段的试掘进后，就转入正试掘进施工阶段，一个完整的掘进循环主要内容包括：盾构掘进并出土、浆液输送和同步注浆、管片输送及拼装就位。盾构掘进与管片拼装是盾构法施工的核心，对成型隧道有着至关重要的影响。

2　工序流程

土压平衡盾构掘进施工工序流程见图 12-1。

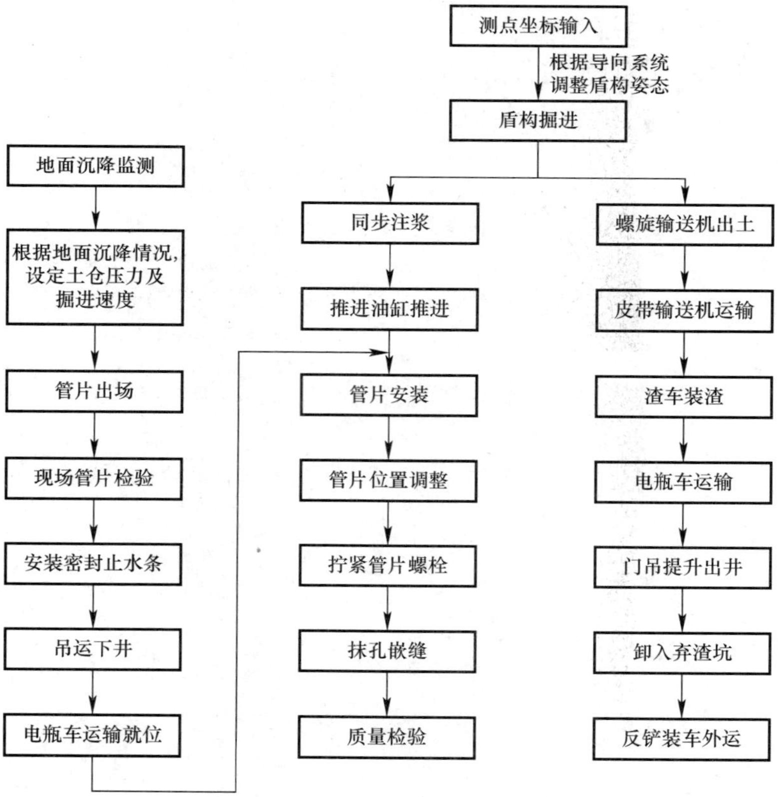

图 12-1　土压平衡盾构掘进施工工序流程

3　施工工艺及控制要点

3.1　施工准备

3.1.1　技术准备

（1）测量准备

盾构掘进施工前必须建立施工测量和监控测量系统；记录各工作井井位里程及坐标；记录洞门钢圈制作精度和安装后的标高、坐标；进行盾构基座、负环管片和反力架等设施及定向测量数据的检查验收。

（2）试验准备

盾构掘进施工所采用的管片拼装连接螺栓紧固件、防水密封条等材料应有产品合格证书和性能检验报告，材料的品种、规格、性能等应符合现行国家产品标准和设计要求。注浆材料应检测合格，满足设计规范要求，管片外观检查及功能性试验（抗弯、抗拔、抗渗和三环拼装试验）符合规范要求，强度和抗渗试验符合设计和规范要求。材料进场后项目上安排专人负责检查和验收，对检验合格的材料设备应编号登记，杜绝不合格材料设备在工程中使用，以确保盾构施工材料的质量。见图 12-2。

(*a*)　　(*b*)

图 12-2　管片试验检测

（*a*）管片功能性试验；（*b*）三环拼装试验

（3）方案及图纸准备

1）图纸审核与现场核对

组织技术、测量、商务人员对设计图纸进行审核，查看图纸与现场实际是否相符；工程量是否准确；图纸标注尺寸是否清楚；前后是否相符以及有无缺漏等。

2）施工方案

① 编制施工组织设计，并经审批。特殊地段的施工必须编制专项施工方案，有需要专家论证的，按程序组织专家论证及报批手续。

② 编制隧道安全专项施工方案并经审批后方可施工。

③ 必须进行施工前的技术培训与技术交底。

④ 准备盾构掘进施工的各类报表。

3.1.2 资源准备

以下资源配备均以一条隧道一条线为标准。

（1）人员准备

盾构掘进施工劳动力配置见表 12-1。

盾构掘进施工人员配置 **表 12-1**

序号	班组	岗位	每班需求人数
1	领导组	盾构经理	1
2		盾构总工	1
3		盾构生产经理	1
4		机电经理	1
5	管理组	安全员	1
6		技术员	1
7		盾构司机	2
8		土木工程师	2
9		值班工程师	1
10		盾构机跟机机电设备值班工程师	2
11		地面机电设备值班工程师	1
12	管理人员需求总计		14
13	掘进班组	掘进班班长	2
14		管片拼装工	2
15		掘进班	12
16		调车员（一台盾构需要 2 列机车编组需要 2 个调车员）	2
17		电瓶车司机（一台盾构需要 2 列机车编组需要 2 个电瓶车司机）	2
18	维保组	班长	1
19		盾构机跟机电工	2
20		盾构机跟机液压工	2
21		地面常规设备维保工	2
22		地面常规设备电工	1
23	综合组	综合班班长	1
24		龙门吊司机	2
25		搅拌站站长	1
26		电焊工	2
27		拌浆工	2
28		司索工	2
29		充电工	1
30		装载机司机（兼叉车司机）	1
31		杂工	4
32	工人需求总计		44
33	全部需求总计		58

（2）材料准备

1）盾构掘进工程涉及的主要材料有：管片、管片连接螺栓紧固件、防水材料、注浆材料、盾尾油脂、EP2、HBW 等材料，均应按设计规范要求选用，其质量应符合相应产品标准。

2）材料进场前严格进行检查验收和取样送检，试验合格经监理工程师认可后方可进料；杜绝不合格材料进入现场。

（3）机械准备

盾构掘进施工机械配置见表 12-2。

盾构掘进施工机械配置 **表 12-2**

编号	设备名称	规格型号	单位	数量	用途	备注
1	盾构机	土压平衡盾构机	台	1	盾构区间掘进	
2	龙门吊	16t	台	1	材料垂直运输	
3	龙门吊	45t	台	1	渣土垂直运输	
4	变频机车	牵引力 45t	台	2	水平运输	
5	充电机	与电瓶车配套	个	6	电瓶充电	
6	蓄电池组	与电瓶车配套	块	12	电瓶车动力电源	
7	出土渣车	容量 18 方	套	10	渣土运输	
8	砂浆运输车	容量 8 方	个	2	砂浆运输	
9	砂浆中转站	容量 8 方	个	1	砂浆中转	
10	管片车	15t	个	4	管片运输	
11	立式多级泵	80GDL50	台	1	盾构机外循环水	
12	冷却水塔	DBNL3-80	套	1	外水冷却	
13	轴流式通风机	2×55kW	台	1	洞内通风	
14	搅拌站	HZS35	套	1	同步注浆砂浆制作	
15	叉车	10t	个	1	地面材料倒运	
16	液压手动叉车	2t	个	1	中板周转料倒运	
17	装载机	LG816	辆	1	搅拌站砂石上料	
18	双液注浆泵	KBY-50/70	台	1	二次注浆	
19	高压清洗机	最大工作压力 500BAR	台	1	盾构同步注浆管疏通等	进口
20	始发台	按图纸加工件	套	1	盾构始发	
21	反力架	按图纸加工件	套	1	盾构始发	
22	污水泵	15kW	台	2	始发井污水外排地面	

3.1.3 现场准备

（1）管片进场：管片除进行出场质量控制外，还需由专人进行进场管片质量验收。

（2）防水材料粘贴：由管片供应组人员进行衬垫、止水条粘贴。见图 12-3。

（3）安装区清理：清理管片安装区及盾尾内的水及渣土等。

（4）掘进前进行盾尾间隙的量测。

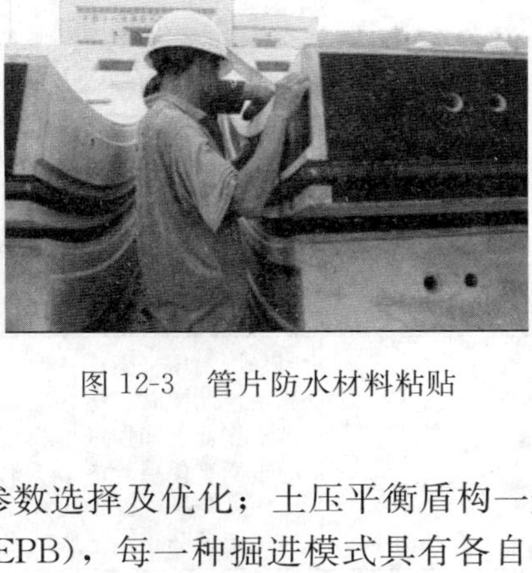

图 12-3 管片防水材料粘贴

3.2 盾构掘进

盾构掘进作业内容包括：掘进模式的选择、掘进参数选择及优化；土压平衡盾构一般有三种模式，即敞开式、半敞开式和土压平衡模式（EPB），每一种掘进模式具有各自的特点和适用条件。

3.2.1 工艺流程

盾构掘进控制流程如图 12-4。

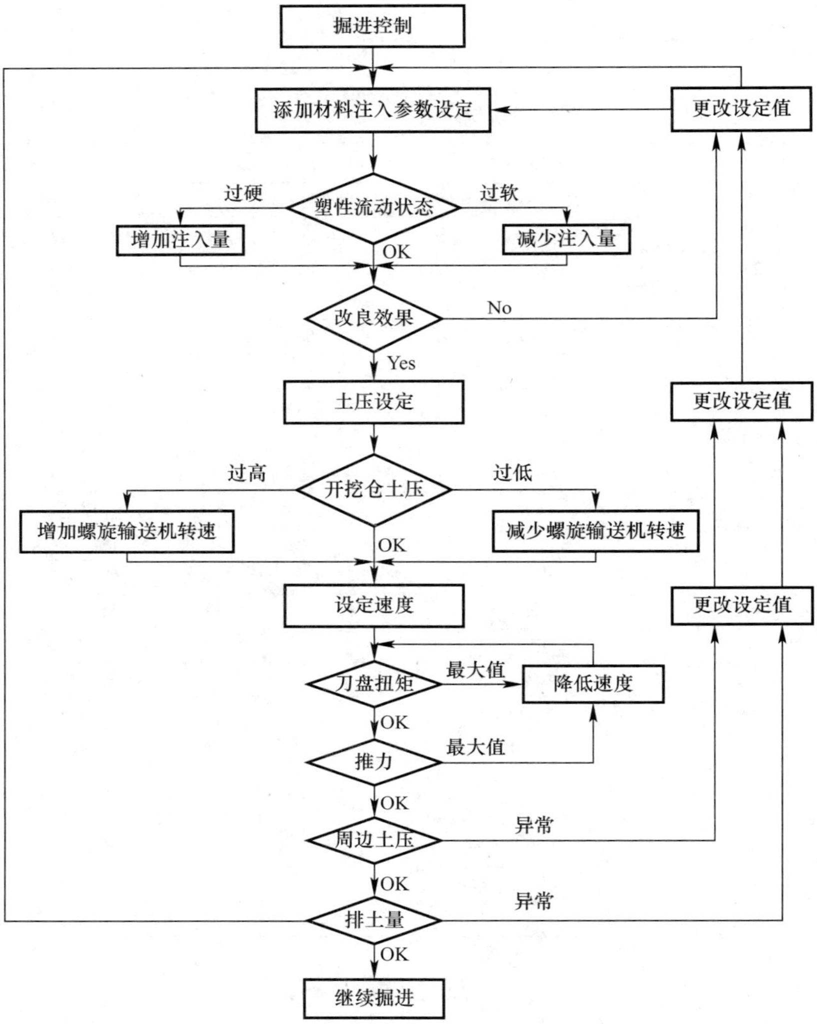

图 12-4 盾构掘进控制流程

3.2.2 施工控制要点

（1）盾构掘进作业控制要点见表 12-3。

盾构掘进作业控制要点 **表 12-3**

序号	作业项目		控制要点	备注
1	掘进模式选择	土压平衡模式	当采用土压平衡模式时，刀具切削下来的渣土充满土舱，与此同时，螺旋输送机进行与盾构推进量相应的排土作业，在掘进过程中始终维持开挖土量与排土量的平衡来保持舱内渣土的土压力并利用土舱内渣土的土压力与掌子面的土压和水压平衡，维持掌子面的土体稳定并防止地下水涌出	适应用于掌子面不能自稳、土体压力较大或地下水丰富且地下水压力大于 0.2MPa。隧道全断面或上部处于不稳定地层和强风化地层中或处于断裂构造带中以及可能有较大涌水时

续表

序号	作业项目		控制要点	备注
2	掘进模式选择	半敞开模式	采用半敞开式掘进时，刀盘后的土舱内下半部分是岩渣，上半部分是压缩空气，空气压力与掌子面的土压和地下水的压力保持平衡，以防止掌子面的坍塌或地下水的涌出。 半敞开式掘进的切削硬岩的能力远远好于土压平衡模式掘进	适应用于掌子面能够在长时间自稳但地下水较丰富，地下水压力在0.1～0.2MPa之间的情况下。硬岩地段或局部处于强风化或一部分处于全风化岩层、软岩地层。特别是当硬岩存在，在下水压力小于0.2MPa时
3		敞开模式	敞开式掘进模式是在非土压平衡的状态下掘进，土舱内的空气压力为常压，不需要在开挖舱内建立土压或气压平衡以支撑工作面的土体压力和水压力。这种掘进模式具有较强的切削和破碎硬岩的能力，岩渣通过刀盘上的卸渣口进入刀盘后的土舱内，并在土舱的底部聚集，然后通过伸入土舱底部的螺旋输送机传送出去	适应用于掌子面能够在长时间自稳且地下水少的地质条件下
4	掘进参数调整及优化	推进速度	根据岩层硬度、推力、刀具的磨损状况和刀盘转速等，确定合理的贯入量和掘进速度	无论是在硬土地层中，还是在软土地层中，盾构推进速度与总推力之间近似线形关系，刀盘扭矩与推进速度之间近似呈指数形式增加
5		扭矩	宜在低扭矩情况下推进	
6		推力	根据盾构的特性、岩层硬度、推进速度、刀具磨损、泥水土压力或土压力大小设定、各类摩擦力情况确定合理的推力，但最终作用在每把滚刀上的力不能超过刀具所规定的正面压力和侧面推力。防止刀具和设备过载损坏	
7		刀盘转速	选根据岩层硬度、推力、刀具的磨损状况、贯入度和掘进速度等，确定合理的刀盘速度，硬岩段掘进刀盘转速一般采用较高转速	① 选择掘进土压力时主要考虑地层土压力、地下水压力（孔隙水压力），并考虑预备压力； ② 土仓内的土压力可以维持刀盘前方的围岩稳定，不至于因土压偏低造成土体坍塌、地下水流失； ③ 为了降低掘进扭矩、推力，提高掘进速度，减少土体对刀具的磨损，土仓内的土压力应尽可能的低，以使掘进成本最低
8		压力设定	通过选择合理的掘进速度和排渣量，达到仓内压力的平衡，压力可通过计算和实际情况进行验证，以保证合适的水土压力	
9		掘进姿态控制	盾构姿态控制是一项系统的控制工作，涉及的内容非常多，影响的因素也较为复杂，在掘进过程中要求盾构的姿态误差控制在±30mm以内，趋势控制在±5mm以内	① 纵坡纠偏 $i=(i盾-i衬)\leqslant[i]$；i为盾构与管片相对坡度；i盾为盾构推进后实际纵坡；i衬为已成隧道管片纵坡；$[i]$为允许坡度差值。 ② 平面纠偏 $\Delta L<S\times\tan\alpha$；$\alpha$为盾构与衬砌允许的水平夹角；$S$为两腰对称的千斤顶的中心距（mm）；$\Delta L$为两腰对称千斤顶伸出长度的允许差值（mm）

（2）不同地层掘进模式、参数的选择与调整

不同地层掘进模式、参数的选择与调整要点见表12-4。

不同地层掘进模式、参数的选择与调整要点 **表 12-4**

序号	地层情况	模式、参数的选择与调整要点	备注
1	硬岩地层	① 盾构在硬岩地层掘进时，掌子面自稳性好，一般为全断面中风化或微风化岩石，不易发生坍塌，掘进时可以在半敞开或敞开模式下进行。掘进时不易引起地表沉降，所以可保持较小的土仓压力进行掘进。但要保证同步注浆作业效果。 ② 掘进中刀盘扭矩大、掘进速度明显减慢，盾构有较大滚动和震动现象以及连续响声，渣土中会有较多石块出现。 ③ 在此地层中应采用高刀盘转速、低推进速度进行掘进，掘进时要向刀盘和螺旋输送机内多加泡沫，向土仓内加适量的水，对刀盘和螺旋机进行冷却、润滑，从而降低刀具和螺旋机的磨损速度。为防止刀具的超载，不能为了提高掘进速度而盲目的加大油缸推力。 ④ 硬岩掘进时，盾构长时间高负荷运转，所以要保证冷却水足够的流量和良好的洞内通风，以冷却盾构液压系统、电气设备和降低洞内作业温度	
2	软弱地层	① 盾构在软弱地层掘进时，由于掌子面自稳性较差，需要在土仓内堆积足够的渣土，使土仓压力与掌子面压力平衡，避免在掘进时由于掌子面压力过大造成坍塌致使地表沉降，因此软弱地层采用土压平衡盾构掘进时必须在土压平衡模式下进行，采用泥水平衡盾构掘进时必须在泥水平衡模式下进行。 ② 此种地层中掘进时应向刀盘多加泡沫，多搅拌，改善渣土的流塑性，防止在刀盘形成泥饼，再有就是掘进中随时注意刀盘扭矩和掘进速度的变化，当掘进速度明显降低，而刀盘扭矩却增加时，很有可能是刀盘上形成了泥饼，应立即采取措施处理，刀盘加泡沫加水旋转搅拌洗去泥饼，在地质条件允许，可进仓用水冲洗刀盘，快速去除泥饼，或更换切刀。 ③ 软弱地层掘进时，应控制好土仓压力和每环的出渣量，防止地表下沉，掘进速度不可过快，以保证同步注浆量。掘进时下部油缸推力要比上部的大 3～5MPa，防止由于自重引起的盾构低头。控制好盾构姿态	
3	软硬不均地层	① 软硬不均地层是指盾构掘进断面的地质不均匀，掌子面的上中下左右岩石强度变化大，既有软弱地层的不稳定性，又有硬岩地层的强度，考虑到地表可能发生沉降的因素，此地质下土压盾构掘进须采用土压平衡模式。泥水盾构掘进需采用泥水平衡模式。 ② 掘进中刀盘的扭矩变化大，盾构有较大的滚动、震动现象及间断的响声，掘进方向较难控制，渣土中会有较大的石块出现。 ③ 在此地层中应采用低刀盘转速、低推进速度掘进，因为掌子面地质不均匀，掘进时刀盘各部位会受力不均，容易使部分刀具受力过大而不能转动，最终导致偏磨，还有当掘进速度过快时，刀具的贯入度也增大，容易使刀盘扭矩突然上升超过设定值而卡死，甚至造成刀圈崩裂脱落。 ④ 由于硬岩部分强度高，不易切削，为保护刀具需降低掘进速度，长时间的掘进对软弱地层部分的稳定性很不利，因此需保持土仓、泥水仓较高的压力	
4	含砂富水地层	① 此地层自稳性差，含大量砂粒、砾石，遇水容易坍塌。应采用土压或泥水平衡模式掘进。 ② 土压盾构掘进过程中向土仓内及刀盘面板注入泡沫、膨润土等添加材料，改善渣土性能，提高渣土的流动性和可塑性，防止涌水流砂和发生喷涌现象，并利于螺旋输送机排渣，每环掘进结束前要保证土仓内的渣土量，保证土仓压力值，减少地下水渗入，让下一环开始掘进时不会土仓内水太多而发生喷涌。泥水盾构应注意泥浆比重的调整。 ③ 掘进中要严格控制出渣量，要加大盾尾油脂的注入量和调整好盾构姿态（盾尾间隙），防止水带砂土从盾尾或铰接密封处进入隧道	
5	硬岩破碎地层	① 此地层岩石强度较大，但整体结构性差，岩层节理裂隙发育，透水能力强，土压盾构宜采用半敞开模式进行掘进。 ② 掘进时刀盘扭矩变化大，有较大的振动和响声，对刀具的损伤较大，可能出现刀圈的崩损和脱落。 ③ 掘进中要适当降低刀盘转速和掘进速度，防止刀具因超载而损坏，多加泡沫改善渣土性状，减小刀具磨损，提高渣土的流塑性，加强盾尾密封油脂的注入，确保盾尾密封效果。加强铰接处的密封检查，及时调节密封压块螺栓，保证其密封效果，随时观察出渣口渣土的情况，在地质条件允许的情况下，适当增加检查刀具的频率	

续表

序号	地层情况	模式、参数的选择与调整要点	备注
6	过江河地段	① 此地层掘进除受隧道洞身地层影响外，还存在着隧道外围高土压、高水压的影响。土压盾构应采用土压平衡模式掘进。泥水盾构宜采用泥水平衡模式掘进。 ② 过江河前，要对设备进行全面的检查和保养，保证设备的完好，特别是盾尾密封、铰接密封、刀具的完好。 ③ 掘进时要尽量降低对地层的扰动，防止土仓与江（河）水的直接连通，加泡沫或高分子聚合物增加对地层的止水性，加强盾尾油脂的注入，确保盾尾密封效果，调整同步注浆配合比，缩短浆液凝固时间，提高浆液的凝固速度	

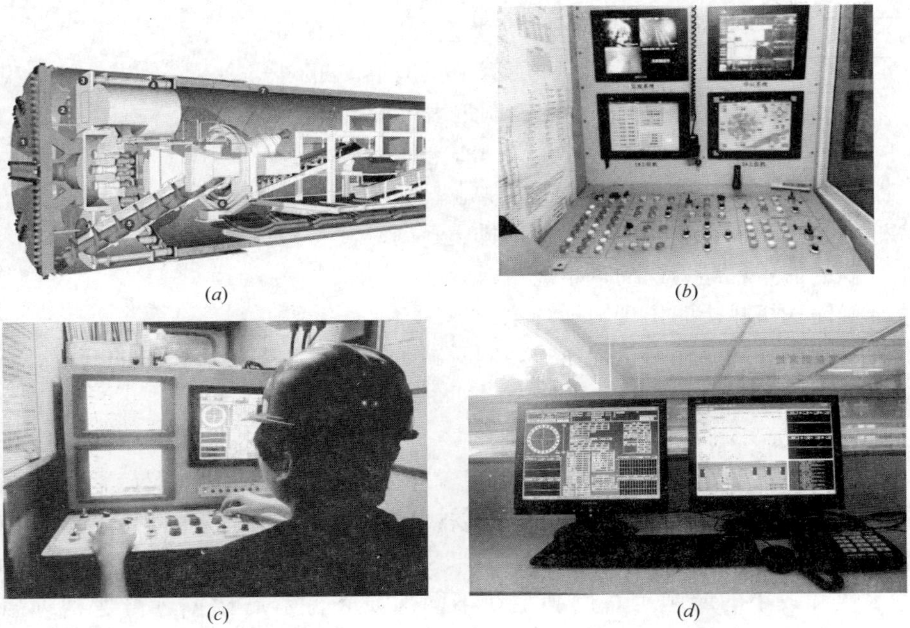

(*a*) (*b*) (*c*) (*d*)

图 12-5　盾构机掘进流程

(*a*) 土压平衡盾构机效果图；(*b*) 盾构掘进参数控制；(*c*) 盾构掘进；(*d*) 盾构施工远程监控系统

3.2.3　质量控制要点

(1) 掘进参数的设定：盾构机掘进参数根据地质条件和地表建筑物实行动态设定和优化，施工后地表最大沉降量在设计和规范要求范围之内。

(2) 在盾构试掘进阶段调整、确定掘进参数；盾构轴线偏离隧道轴线不大于 50mm；盾构本体滚动角不大于 3°；严格控制推进行程油缸行程，行程差一般在 0～50mm 之间；特殊地段（上软下硬地层、小曲率段）盾构掘进参数应及时调整，使盾构姿态偏差在控制范围内。

3.3　渣土改良与管理

3.3.1　工艺流程

渣土改良与管理作业内容包括：施工准备、渣土改良、螺旋输送机和皮带机出渣、渣土水平和垂直运输、渣土外运。渣土改良与管理作业流程如图 12-6。

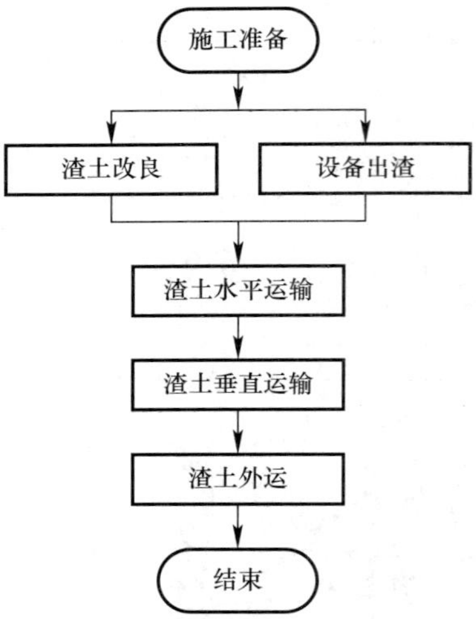

图 12-6　渣土改良与管理流程

3.3.2　施工控制要点

（1）设备出渣：出渣中尽量减少和避免喷渣，计算设计理论每环出渣量，根据不同地层，乘以相应的堆积密度松散系数，得出理论出渣量，在掘进过程中控制出渣量。

理论出渣量计算公式：$\rho\pi D^2L/4$；

ρ—堆积密度松散系数，取值范围根据试验测定；D—盾构机外径；L—单环管片长度。

（2）渣土改良：

1）渣土改良的目的

使渣土具有良好的土压平衡效果，利于稳定开挖面，控制地表沉降；

提高渣土的不透水性，使渣土具有较好的止水性，从而控制地下水流失；

提高渣土的流动性，利于螺旋输送机排土；

防止开挖的渣土粘结刀盘而产生泥饼；

防止螺旋输送机排土时出现喷涌现象；

降低刀盘扭矩和螺旋输送机的扭矩，同时减少对刀具和螺旋输送机的磨损，从而提高盾构机的掘进效率。

2）改良的方法与添加剂

渣土改良就是通过盾构机配置的专用装置向刀盘面、土仓内或螺旋输送机内注入泡沫或膨润土，利用刀盘的旋转搅拌、土仓搅拌装置搅拌或螺旋输送机旋转搅拌使添加剂与土渣混合，其主要目的就是要使盾构切削下来的渣土具有好的流塑性、合适的稠度、较低的透水性和较小的摩阻力，以满足在不同地质条件下盾构掘进可达到理想的工作状况。

3）渣土改良的主要技术措施

在含水地层采用土压平衡模式掘进时，拟向刀盘面、土仓内和螺旋输送机内注入泡沫，并增加对螺旋输送机内注入的泡沫量，以利于螺旋输送机形成土塞效应，防止喷涌。在黏性土地层中掘进时，拟采取向刀盘面和土仓内注入泡沫改良渣土。在黏性土内添加泡沫，增加了渣土的流动性，减少摩擦力，利于渣土的排出，减少泥土的堵塞。

（3）渣土水平运输：电瓶车严禁超速行驶，停车须在两端安装阻车器。

（4）渣土垂直运输：门式起重机作业时须做到机车调车员、起重装卸机械操作工由司索工统一指挥。门式起重机应对每车渣土进行称重并记录。

（5）渣土外运：渣场容量有限，须将渣土由挖机装至出渣车辆，做到安全、及时、高效、环保、统一管理，满足生产需要。见图 12-7。

3.3.3　质量控制要点

（1）改良后渣土具有较好的流塑性、合适的稠度、低透水性和较小摩阻力。

（2）渣土改良后螺旋输送机排土时不应出现喷涌、刀盘泥饼现象。

(*a*)　　　　　　　　　　　　(*b*)

图 12-7　渣土改良

（*a*）出渣口土体改良；（*b*）渣土改良效果

3.4　管片安装

3.4.1　工艺流程

管片安装施工内容包括：管片进场、防水材料粘贴、管片运输、管片拼装、管片缺陷处理等。管片安装流程如图 12-8。

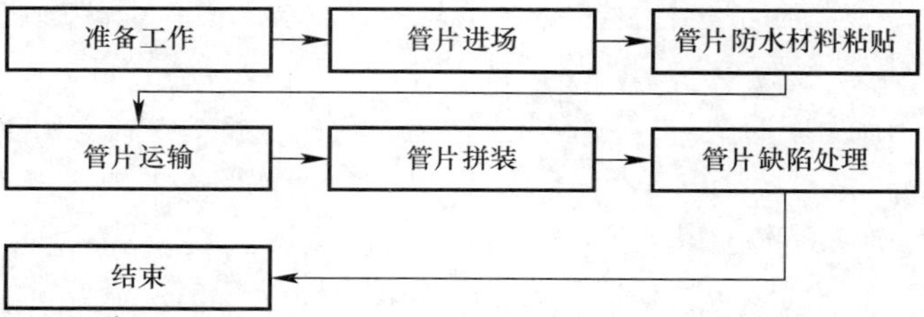

图 12-8　管片安装流程

3.4.2　施工控制要点

（1）管片进场

作业内容包括：施工准备、管片出厂前检查、管片装车运输、管片进场检查、管片卸车存放等。

1）出场检查：管片型号正确，养护周期达到标准，管片不应有露筋、孔洞、疏松、夹渣、有害裂缝、缺棱掉角、飞边等缺陷，麻面面积不得大于管片面积的 5%。

2）管片装车运输：管片与平板车之间及管片与管片之间要有柔性垫条，垫条摆放的位置应均匀，厚度要一致，垫条上下成一直线。采用吊机进行管片装车。管片弯弧向上堆放整齐，管片的叠放不能超过四块。标准块一摞，按 A2、A1、A3 的顺序自上而下排列，邻接块与封顶块一摞，按 K、B1、B2 的顺序自上而下排列。管片装好车以后，要捆绑保险带，以免管片在运输的过程中移位、倾斜。运输过程应平稳。

3）管片进场检查：在管片的内弧面角部须喷涂标记，标记内容应包括：管片型号、模具编号、生产日期、生产厂家、合格状态，每一片管片应独立编号。进场管片型号正确，龄期满足规范要求，管片不能有缺角、气泡、裂纹，螺栓孔及注浆孔内无杂物，不符合要求的杜绝卸车，做好标记返厂处理。

4）管片卸车存放：由门式起重机进行管片卸车，用两条吊带按一摞一次起吊，管片在到场后的水平运输用叉车完成，管片现场的堆放要求同一环管片的两摞要相邻存放，间距不小于1.0m。不同型号的管片分区存放，并用帆布遮盖。见图12-9。

(*a*)　　(*b*)

图12-9　管片进场流程

（*a*）管片进场检查；（*b*）管片卸车堆放

（2）管片防水材料粘贴

作业内容包括：施工准备、管片检查及清理、止水条粘贴、传力衬垫粘贴、管片角部自黏性橡胶薄片粘贴。

1）施工准备：确认管片型号，按照技术要求准备止水条、衬垫、自黏性橡胶板及粘贴所用刷子和胶水等。

2）管片检查及清理：管片为完整一环；无明显破损、裂纹等；管片螺栓孔是否存在杂物；吊装孔可以正常安装吊装螺栓；将管片环纵接触面及预留粘贴止水条的沟槽清理干净。将管片螺栓孔和吊装孔进行清理，确保正常使用。管片环纵接触面有水存在时，在自然条件下风干，或者采用风机进行烘干。

3）止水条粘贴：用刷子在管片环纵接触面、预留粘贴止水条的沟槽及止水条上涂抹粘贴剂；涂完粘贴剂后晾置一段时间（一般10～15min，随气温、湿度而异），待手指接触不粘时，再将加工好的框形止水条套入密封沟槽内；将止水条套入管片预留沟槽中时，统一将止水条的外边缘与管片预留沟槽的外弧边靠紧，套入止水条时先将角部固定好，再向角部两边推压。止水条待凸肋的环边安装在管片背千斤顶侧。施工现场管片堆放区应有防雨淋设施；粘贴止水条时应对其涂缓膨剂。

4）传力衬垫粘贴：以类似的方法粘贴环纵缝衬垫，环缝的软木衬垫粘贴在管片背千斤顶侧环面，粘贴衬垫时应注意预留螺栓孔。见图12-10。

5）管片角部自黏性橡胶薄片粘贴：按设计在管片角部粘贴自黏性橡胶薄片，加强角部防水。

（3）管片运输

施工准备、管片选型、管片螺栓、垫圈、连接螺栓弹性密封圈准备、管片下井前检查、管片下吊及管片洞内运输作业。

1）施工准备：管片螺栓、垫圈及螺栓孔密封圈要严格按照要求准备，保证数量准确，质量完好。

(*a*) (*b*)

图 12-10 管片止水条及传力衬垫粘贴

（*a*）管片止水条粘贴；（*b*）传力衬垫粘贴

2）管片选型：指令由当班的值班工程师（土木）下达。管片选型时遵循以下原则：满足隧道线型为前提，重点考虑管片安装后盾尾间隙满足下一掘进循环限值，确保有足够的盾尾间隙，以防盾尾直接接触管片，也就是管片选型在满足隧道线形的基础上，要适应盾尾的原则。其次管片选型时要避免产生较大的推进油缸行程差，一般情况下要求推进油缸的油缸行程差不大于 50mm。

3）管片运输前检查：检查管片型号是否正确，管片有无明显外观缺陷，管片止水条和衬垫等是否完整，管片螺栓、垫圈及螺栓孔密封圈数量是否正确。

4）管片垂直运输：管片采用门式起重机下井，采用双吊带起吊，吊带绑扎位置正确，慢速下吊，管片下井时注意安全，下方避免站人。管片块与块之间采取放置两块 10cm×10cm 方木，保证管片放置稳固，防止管片发生碰撞造成边角等的损坏，避免管片发生相对位移。

5）管片水平运输：隧道管片运输采用专用管片运输车，在管片运输过程中，必须采取必要的缓冲措施并保证管片放置稳固，防止管片边角等的损坏。见图 12-11。

(*a*) (*b*)

图 12-11 管片运输

（*a*）管片垂直运输；（*b*）管片水平运输

（4）管片拼装

作业内容包括：施工准备、管片吊机卸车和倒运、管片安装区清理、管片安装与螺栓连接、管片螺栓二次紧固和管片拼装质量检查。见图 12-12。

(*a*)　(*b*)　(*c*)　(*d*)

图 12-12　管片拼装流程

（*a*）管片吊运；（*b*）管片拼装；（*c*）管片螺栓紧固；（*d*）管片螺栓复紧

1）施工准备：拼装人员必须熟悉管片排列位置、拼装顺序，施工过程中施工人员依据上一环管片位置、盾构姿态、盾尾间隙等准备、运输、安装管片。

2）管片吊机卸车及倒运：管片由管片吊机吊起，按右旋方向旋转后放至输送小车上，由管片运输小车前移、顶升、后退、下放、再前移循环动作供应到位，管片放好后应使粘贴有软木衬垫的一侧朝向盾构掘进的反方向。

3）管片安装区清理：在盾构掘进完成后，管片安装前对管片安装区进行清理，清除如污泥、污水，保证安装区及管片相接面的清洁，确保管片底无异物。

4）管片安装与螺栓连接：管片拼装应按拼装工艺要求逐块进行。管片安装必须从隧道底部开始，然后依次安装相邻块，最后安装封顶块；安装管片时只收缩对应位置的油缸，注意保持油缸回收时活塞杆清洁；操作管片安装机的抓取器，旋紧吊装螺栓抓取管片；管片安装机沿滑道运行到管片所需要安装的位置；管片安装机的旋转紧绕盾构的中心线左或右旋转，伸缩升降油缸把管片放到准确的位置；进行管片螺栓连接后，推进油缸顶紧管片，安装机释放管片，紧固管片连接螺栓；封顶块安装前，应对止水条进行润滑处理，安装时先径向插入 2/3，调整位置后缓慢纵向顶推。拼装管片时应防止管片及防水密封条的损坏。在管片拼装过程中，应严格控制盾构千斤顶的压力和伸缩量，使盾构位置保持不变。

5）管片螺栓二次紧固：管片脱出盾尾后，会发生部分螺栓松动的现象，及时进行螺栓的二次紧固，防止管片失圆和错台发生。

6）管片检查：对已拼装成环的管片环作椭圆度的抽查，确保拼装精度。检查管片脱出盾尾后是否有破损现象，记录管片错台情况，并进行原因分析。管片连接螺栓紧固质量应符合设计要求。

（5）管片缺陷处理

作业内容包括：施工准备、管片清理、管片堵漏、管片修补、质量检查、管片外观清理。

1）管片清理：用钢丝刷对管片修补处表面进行清理，崩角和破损处应将残余混凝土清理干净；在进行修补前必须保证破损表面干燥。

2）管片缺陷检查：当隧道衬砌表面出现缺棱掉角、混凝土剥落大于0.2mm宽的裂缝或贯穿性裂缝时必须进行修补。在施工阶段应调查和记录隧道渗漏水和衬砌环变形等状态，当隧道渗漏水不能满足设计规定要求时，必须根据具体情况查找和分析渗漏水原因，并采取措施进行封堵、引排等措施进行治理。

3）管片缺陷修补：

① 渗漏水：堵漏注浆时，注浆压力不应大于管片的设计荷载压力。

② 裂缝：管片的细小裂缝用胶水搅拌水泥填平，所有填补料应和裂缝表面紧密结合，并且结合完好；对于深度＞2mm、宽度＞3mm的裂缝，要进行二次填补，操作时待第一次填补的材料干缩后，再进行第二次填补。贯通裂缝要进行注浆修补。

③ 崩角：修补时必须分层进行，一次填补厚度不得超过40mm，逐层填补后进行抹平、修边；当崩角较大时，刚修补的砂浆要脱落或变形，需在填补砂浆前立靠模。

④ 破损：破损较大时应制拌细石混凝土进行修补，顶部有较大破损处如需修补还应焊接钢筋网。

4）修复后质量检查：管片修补时，修补材料的抗拉强度不应低于1.2MPa，抗压强度不应低于管片强度。隧道缺陷处理应遵循“彻底根治不留后患”的原则。

5）管片外观处理：清除注浆、修补造成的管片污染，对修补面进行打磨，为保持修补处的颜色与管片表面颜色一致，需调和与管片颜色相近的水泥浆对修补处进行抹面修整。

3.4.3 质量控制要点

（1）管片拼装应严格按拼装设计要求进行，管片不得有内外贯穿裂缝和宽度大于0.2mm的裂缝及混凝土剥落现象。

（2）管片防水密封质量应符合设计要求，不得缺损，粘贴应牢固、平整，防水垫圈不得遗漏。

（3）螺栓质量及拧紧度必须符合设计要求。

（4）管片拼装过程中应对隧道轴线和高程进行控制，轴线允许偏差：高程偏差±50mm，平面偏差±50mm。

（5）施工中管片拼装允许偏差应符合相关规范要求。

（6）粘贴管片防水密封条前应将管片密封条槽清理干净，粘贴后的防水密封条应牢固、平整、严密、位置正确，不得有起鼓、超长和缺口。管片防水密封条粘贴完毕并达到粘贴时间要求后方可拼装。管片拼装前应对粘贴的密封条进行检查，拼装时不得损坏密封条。

（7）螺栓孔密封胶圈应按设计要求安装，不得遗漏，且不宜外漏。

（8）管片嵌缝防水应符合设计要求。当无设计要求时，应符合现行国家标准《地下工程防水技术规范》GB 50108—2008 第 8.1.8 条的规定。

3.5 壁后注浆

3.5.1 工艺流程

管片壁后注浆按与盾构推进的时间和注浆目的的不同，可分为同步注浆、二次补强注浆和堵水注浆。同步注浆与盾构掘进同时进行，通过盾构机同步注浆系统及盾尾注浆管，在盾构向前推进、盾尾空隙形成的同时进行，使浆液在盾尾空隙形成的瞬间及时起到填充作用，支撑周围岩体，控制地表的沉降。二次注浆是在盾构机穿越后，发现同步注浆存在不足地方时进行。二次注浆使用专用泥浆泵，注浆前凿穿管片注浆孔的外侧保护层，安装专用注浆接头，注入水泥—水玻璃双液浆。壁后注浆工艺流程如图 12-13 所示。

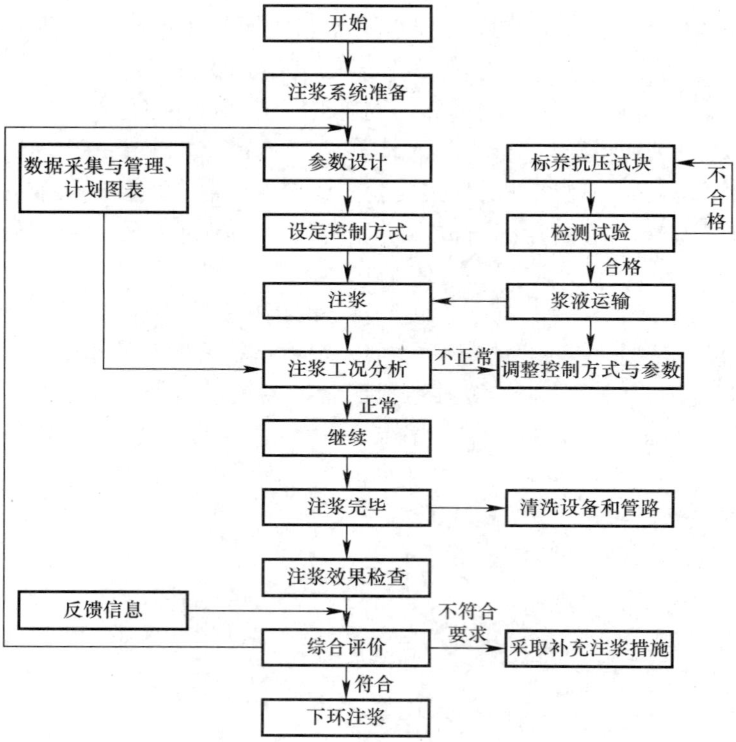

图 12-13　壁后注浆工艺流程

3.5.2 施工控制要点

(1) 应根据注浆要求进行注浆材料的实验和选择。可按地质条件、隧道条件和工程环境合理选用单液或双液注浆材料。

(2) 壁后注浆材料应满足强度、流动性、可填充性、时间、收缩率、环保等要求。

(3) 应按注浆施工要求准备拌浆、贮浆、注浆设备，并应进行试运转。

(4) 注浆作业时，应观察注浆压力及流量变化，严格控制注浆参数。

(5) 注浆过程中，若注浆压力变化不大但注浆量突然增大时，必须先停止注浆，待分析原因并采取有效对策后方可继续施工。

(6) 注浆过程采用注浆压力和注浆量双指标控制，注浆压力取 1.1～1.2 倍静止水压力，最大不超过 0.35MPa，注浆量达到设计值的 85%以上时，认为达到注浆质量要求。

(7) 注浆时间及速度控制：根据盾构推进速度以每环达到总注浆量而均匀注入，从盾构推进进行注浆开始推进完毕注浆结束，具体注浆速度应根据现场实际掘进速度计算而确定。

(8) 每环掘进前确认注浆系统处于正常且浆液储量足够，保证注浆作业连续不中断，注浆作业后应及时清洗注浆设备和管路。

(9) 长时间停机时，必须用膨润土浆液填充注浆管路防止管路堵塞。

同步注浆见图 12-14，二次注浆标准流程见图 12-15。

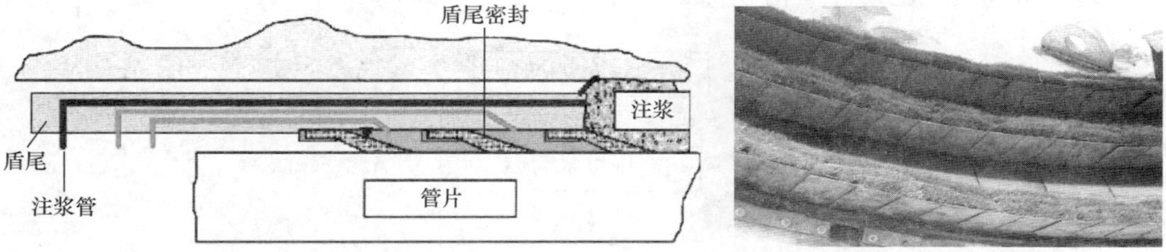

(a) (b)

图 12-14　同步注浆

(a) 同步注浆示意图；(b) 同步注浆管

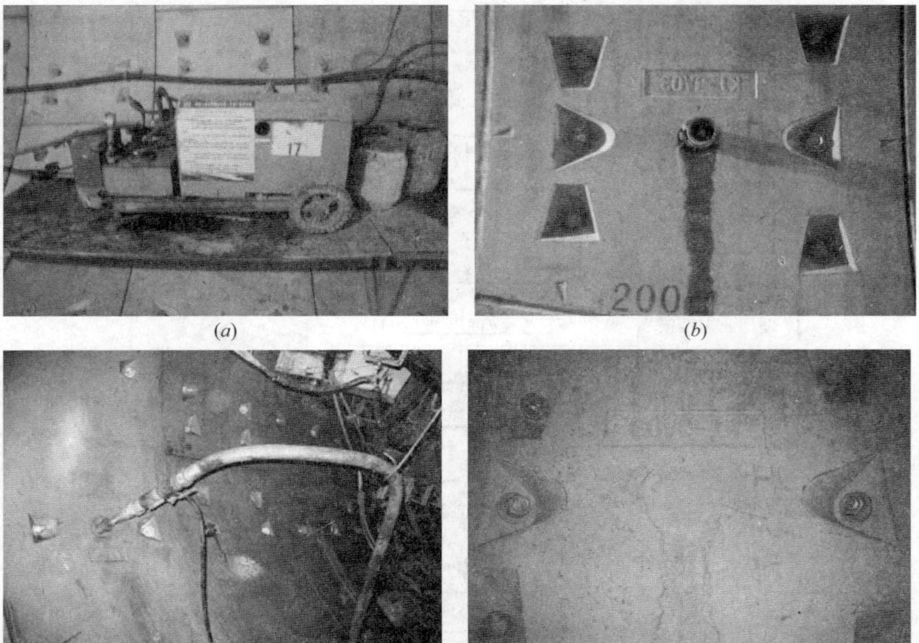

(a) (b) (c) (d)

图 12-15　二次注浆标准流程

(a) 二次注浆设备；(b) 安装注浆球阀；(c) 二次注浆施工；(d) 二次注浆封孔

3.5.3 质量控制要点

（1）浆液配合比：浆凝胶时间、固结体强度、浆液结实率、稠度和稳定性指标符合设计要求，必要时根据试验加入外加剂。

（2）同步注浆浆液初凝时间为 6～8h，固结体 24h 强度不低于 0.2MPa，28d 强度不低于 0.5MPa；稠度为 8～12cm，倾析率不大于 5%。

（3）注浆完成后，管片无开裂、无渗漏、地面沉降达到稳定状态。

3.6 盾构施工测量作业

3.6.1 工艺流程

盾构施工测量主要内容包括地面控制测量、联系测量、地下控制测量、掘进施工测量、贯通测量和竣工测量。盾构施工测量工艺流程如图 12-16。

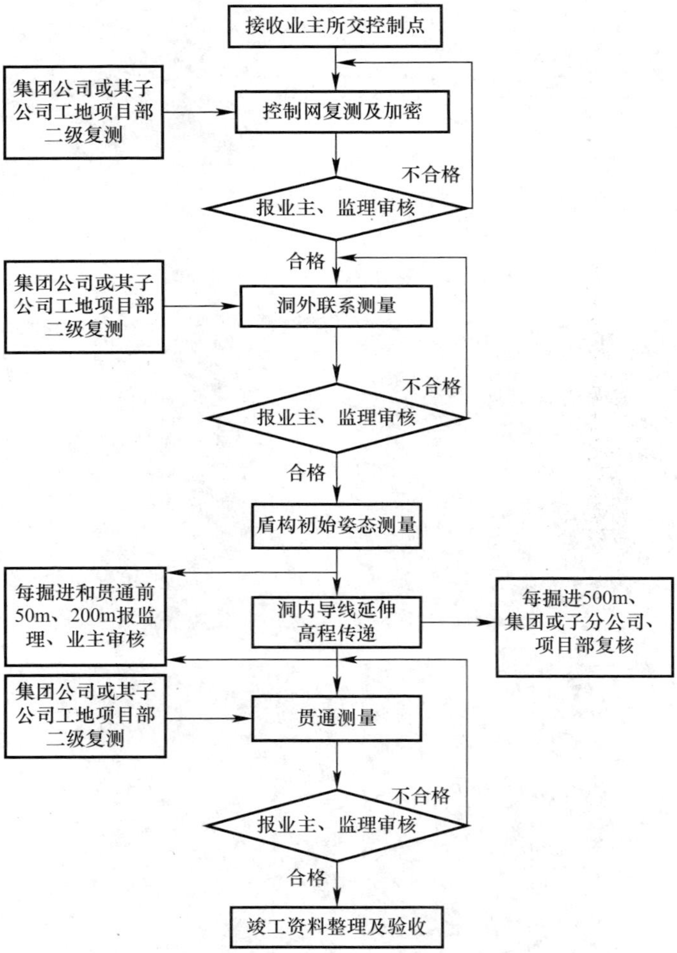

图 12-16 测量作业工艺流程

3.6.2 施工控制要点

测量作业控制要点见表 12-5、表 12-6 所示：

控制测量作业控制要点 **表 12-5**

序号	作业项目	控制要点	备注
1	测量和量测方案编制	测量方案包括：概况、引用规范标准、作业方法和流程、技术要求、精度指标、质量控制、成果类型、人员、仪器、软件等内容。 量测方案包括：概况、监测目的、点位布设、监测项目和频率、监测方法、精度要求、控制标准、数据处理、计算公式和统计检验方法、信息反馈、质量控制、人员、仪器等内容	项目部编制，作为施工组织设计的一部分报上级部门审核
2	洞外控制测量	接桩后，结合测量设计方案，采用GPS、导线、精密水准、光点三角高程或综合测量方法进行控制点复测和加密工作，完成隧道的洞外控制测量	集团或子公司测量队在项目部测量组配合下完成
3	联系测量	对于从盾构井或竖井始发的盾构工地，在洞内掘进长度满足测量设计的桩点埋设条件时，进行高精度的联系测量。在此之前，项目部测量组负责进行低精度的联系测量工作，以满足较短距离内盾构的掘进	联系测量次数不少于3次
4	洞内控制测量	洞内控制测量工作应随着掌子面的不断向前延伸，反复多次进行	复测频率参照《城市轨道交通工程测量规范》GB 50308—2008
5	贯通测量及调整	以经贯通误差调整后的控制点为准，进行线路、轨道/路面的放样及竣工测量工作	集团或子公司测量队在项目部测量组配合下完成

施工测量作业控制要点 **表 12-6**

序号	作业项目	控制要点	备注
1	盾构组装前测量	组装场地、始发台、反力架的测量	
2	盾构初始姿态测量	盾构组装好后人工测量盾构姿态和导向系统的初始安装参数	
3	导向系统内业准备	导向系统软硬件的完好性检查，导向系统测量基本设置、限差、密码、历史记录等参数设置，隧道设计轴线（DTA）和托架坐标高程的测量、计算、复核及输入	
4	搬站测量	随着盾构的掘进，导向系统定期前移安装，测量全站仪和后视棱镜托架坐标高程。要求搬站过程中盾构不能盲推，注意对比搬站前后盾构姿态数据的较差	
5	托架导线检查	导线测量托架坐标高程，及时发现导向系统托架的可能产生的变形位移；全站仪坐标最多在托架上连续传递两次，超过两次后即应该立即用导线从洞内控制点上对托架坐标高程进行检查	
6	导向系统使用维护	掘进过程中，值班工程师对导向系统各部件进行定期巡查，更换全站仪电池，清除激光靶（马达棱镜）表面的灰尘、水汽、油污等，导向系统电缆线及时收放，维持测量窗口畅通，排除导向系统简单故障，维持系统正常运行，注意系统异常情况，及时通知测量组搬站。测量组检查电缆和接插口，系统部件使用状态检查，全站仪及激光的定期检验和校正，仪器气泡及时整平并重新后视	
7	人工测量盾构姿态	激光靶/马达棱镜支架变形、导向系统故障、掘进偏差较大、隧道贯通前等情况下，都需人工测量盾构姿态，并与导向系统测量结果对比	
8	量测	地表建（构）筑物、地下管线的沉降和变形量测，隧道内管片的水平和竖直姿态测量及姿态变化测量，直至变形稳定	
9	洞门测量	对盾构进出洞洞门进行测量复核	
10	盾构到达测量	埋设、测量永久线路中线点和洞内轨道控制网（CPⅢ）；隧道断面、管片中线高程偏差、管片的实际直径、椭圆度测量	

3.6.3 质量控制要点

测量作业控制要点见表 12-7 所示：

施工测量作业质量控制要点　　表 12-7

序号	作业项目	质量标准	备注
1	测量和量测方案编制	结合公司现有测量仪器设备，针对工地具体情况，编制合理的测量和量测方案	
2	洞外控制测量	洞外控制测量的实测精度应不低于测量方案中分配到洞外的预定精度，并尽量给联系测量和洞内控制测量留有富余量	
3	联系测量	联系测量的实测精度应不低于测量方案中分配的预定精度，并给洞内控制测量留有一定的富余量	
4	洞内控制测量	按测量方案随掘进进展多次重复进行，并取各次成果的加权平均值，互差超限时应查找原因	
5	贯通测量及调整	贯通误差的调整应保证隧道净空，且尽量避免引起线路中线的调整	
6	盾构组装前测量	满足盾构组装和始发的精度要求	
7	盾构初始姿态测量	坐标高程精度±3mm，姿态角精度±1mm/m	
8	导向系统内业准备	两人独立计算检查并相互核对无误	
9	搬站测量	盾尾姿态误差≤10mm，刀盘姿态误差≤20mm，偏航角、俯仰角和滚动角误差≤1mm/m。超限应查找原因	
10	托架导线检查	四等导线和水准精度，超限应查找原因	
11	导向系统使用维护	导向系统连续、正确地运行，并保证测量结果的精度	
12	人工测量盾构姿态	坐标高程精度±5mm，姿态角精确到±1mm/m，超限应查找原因	
13	量测	量测仪器、方法、精度和频率等要素均应满足量测方案要求，直至量测目标变形趋于稳定	
14	洞门测量	二级导线、五等水准精度，保证盾构准确进出洞	
15	竣工测量	二级导线、五等水准精度	

3.7 盾构施工运输作业

3.7.1 工艺流程

盾构施工运输作业内容包括：垂直运输作业，水平运输作业。作业流程如图 12-17，图 12-18。

3.7.2 施工控制要点

（1）垂直运输

1）施工准备：吊钩准确地停在被吊物体的上方，大小车找正。

2）挂钩：保证挂钩稳当、钢丝绳前后受力均衡。

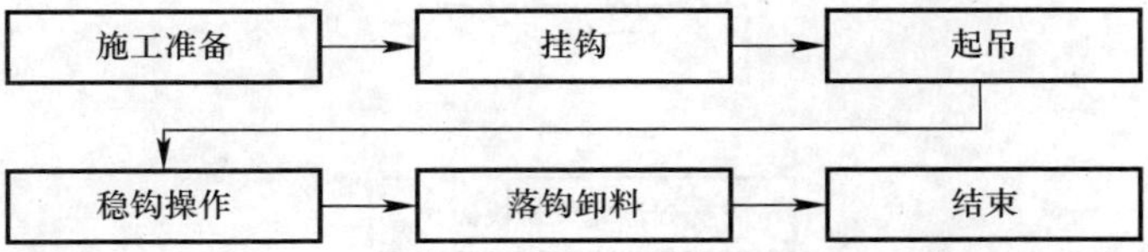

图 12-17　盾构垂直运输流程

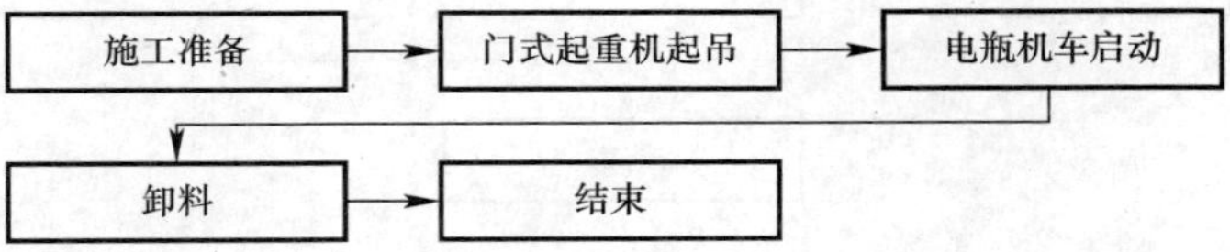

图 12-18　盾构水平运输流程

3）起吊：起吊过程中先慢后快再慢且过渡要平稳。

4）稳钩操作：使摇摆着的吊钩平稳地停于所需要的位置或使吊钩随起重机平稳运行的操作方法，横向摇摆，纵向摇摆，即钩向哪边摆，车就向哪边跟，以抵消吊钩的回摆力，使吊钩平稳。

5）落钩卸料：必须等车和钩都停稳后才能卸料。

（2）水平运输

1）施工准备：门式起重机稳定安全地将被吊物料放到平板运输车正上方。

2）装料：带门式起重机吊钩稳定后将渣车起吊运送到卸渣坑，卸完后回到洞口把空渣车安全的卸装到渣车底盘上。

3）机车启动：机车启动过程中先慢然后匀速行驶。

4）卸料：必须等电瓶机车到达合适位置停稳后才能卸料。

3.8　施工通风、洞内轨道及管线布置作业

3.8.1　工艺流程

施工通风及洞内轨道、管线布置作业贯穿于盾构施工的始终，是隧道施工的重要工序之一，合理的通风系统、理想的通风效果，规范化、标准化的管线布设等是实现隧道文明施工、快速施工、保障施工安全的重要保证。其具体施工流程如图 12-19～图 12-21。

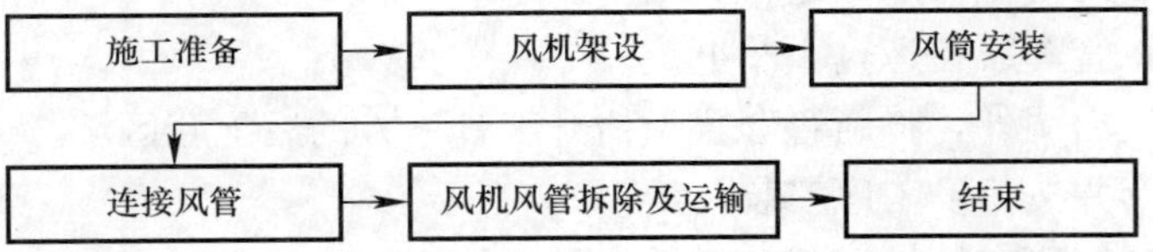

图 12-19　通风作业流程

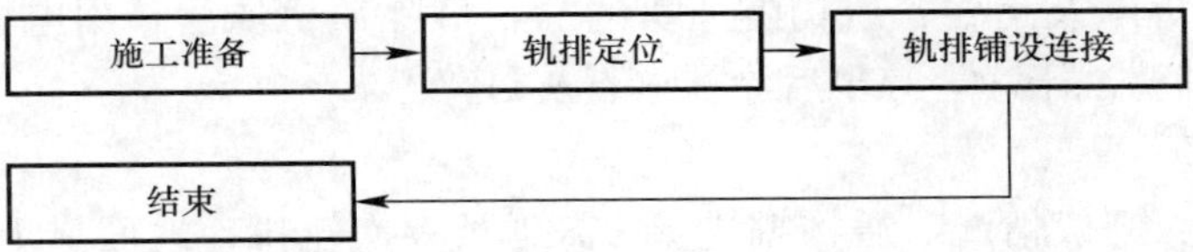

图 12-20　轨道铺设作业流程

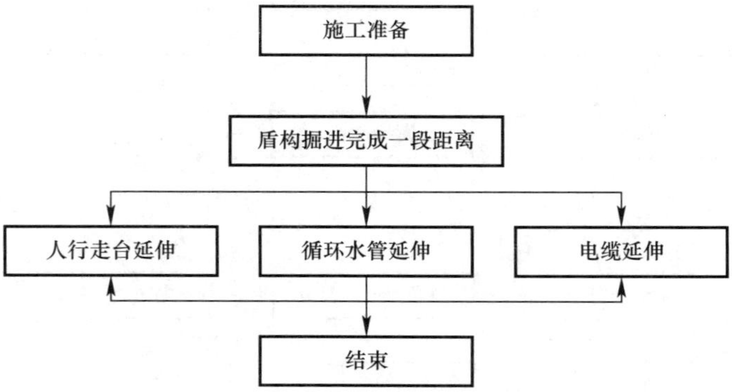

图 12-21 管线布置及延伸作业流程

3.8.2 施工控制要点

（1）通风作业

1）架设风机：风机安装位置应选在通风阴凉处，风机支架应稳固结实，避免运行中振动，风机出口处设置加强型柔性管与风管相连接，风机与柔性管结合处应多道绑扎减少漏风；通风机前后 5m 范围内不得堆放杂物，通风机进气口应离洞门 20m 左右放置，防止将洞内排除的污浊空气重新吸入。盾构隧道距离大于 1000m，可安装接力风机。

2）安装风筒：风筒安装在盾构拖车上内续 100m 风管。

3）连接风管：隧道风管采用悬挂布置即采用 ϕ6mm 钢丝绳，将风管悬挂于隧道上部，保证隧道机车的顺利安全通行，由于始发阶段风管无法安装，所以在风管的初始安装和延伸作业，需要在盾构始发完后才能进行。风管挂设应做到平、直、无扭曲和褶皱。

4）更换风筒、延长风管

① 盾构每掘进 3m 需要在管片的最顶部螺栓孔位置安装一个风管挂钩，然后把延伸风管用的钢丝绳挂到风管上。

② 风管挂钩安装必须牢固，螺栓无松动。

③ 每当盾构掘进达 100m 时，需要重新在储风筒上套上新的风管，套新的风管时应先把风机关闭。

④ 将装有新的风管套的小车运到后配套并放置到合适的位置。

⑤ 松开旧管套的支座，用倒链将其抬升。

⑥ 用卷扬机将管套放在运输小车上。

⑦ 将旧管套运出洞外，将新管套置于抬升工具下方的后配套区域。

⑧ 连接新管套并按相反工序安装。

⑨ 将风管拉到新管套的外面并和隧道的另一接头连接起来。

⑩ 风管延伸作业可以在盾构掘进时候进行，延伸过程中注意防滑和高处坠落。

5）风机风管拆除及运输：盾构隧道贯通后，拆除风机风管，用电瓶车运输至洞外，将风管在地面平铺清洗干净，晾干后涂抹白石灰封存。

（2）轨道铺设

1）施工准备：一般情况，盾构掘进 6m 需延长一次轨排；地面加工好的轨排由电瓶机车运至洞内；铺设前应将铺设区域管片上的浮渣清理干净，安装区域内原则上不允许有渣土及积水。轨枕的规格及数量应符合标准要求，间距偏差不得超过 50mm。

2）轨排定位：利用管片吊机将轨排吊至安装区域上方进行定位，定位时要注意轨排的方向以及连接面的长短差。

3）轨排铺设连接：轨排下放至管片内表面，确认轨排摆放平稳线性正确后安装连接夹板，利用电动扳手对连接处夹板进行紧固。轨道接头的间隙不得大于 5mm，高低左右错差不得大于 2mm。道岔铺设控制要点：

① 道岔必须在地面组装试验合格后，再运到隧洞内进行铺设。

② 由测量人员定出线路轨道中心线，基本轨起点、辙岔起点、终点，支线路轨道中心，定好标桩。

③ 根据图纸规定的尺寸和测量标桩，精确地铺设轨枕岔尖、辙岔、基本轨和护轮轨，固定道岔钢轨先从辙岔开始，在辙岔固定后再铺设基本轨、弯道和护轮轨，最后配上尖轨、连接拉杆及转播器。

④ 道岔铺设后单独对道岔行进通车，检查有没有冲击，钢轨和尖轨有没有下沉和压出现象，发现问题及时处理。

（3）管线布置及延伸作业

1）施工准备：根据掘进进度提前安排材料的运输。

2）人行走台布置及延伸

① 盾构一般完成掘进 2m 时，需延伸人行走台。

② 它由人行支架及人行踏板组成，人行支架固定在管片纵向螺栓上。

③ 在安装人行支架前，首先应清除螺栓孔里面的所有杂物及水，然后拧下安装位置所在螺栓的螺帽和垫片把支架的安装孔套至螺栓上。

④ 支架安装必须稳固无松动且放置踏板的面必须保持水平，踏板安装整齐，然后用细钢丝绑扎牢固防止踏板翘起。

3）循环水管布置及延伸

① 盾构一般完成掘进 6m 时需延伸循环水管。

② 停止掘进、停止外循环水泵运行。

③ 关闭隧道内最近一处进出水蝶阀，拆卸隧道循环水管和水管卷筒胶管连接处螺栓，将循环水管连接处分离，开启水管卷筒电机，使水管卷筒上的软管卷起适当的距离，能够满足新水管的安装。

④ 将新循环水管安装在水管卷筒收软管预留下的空间内，装好垫片，紧固连接螺栓，注意要清除新水管中的杂物，防止循环水管的堵塞。

⑤ 打开进出水蝶阀，循环水管延伸完成，然后打开外循环水泵，开始下一循环，注意每 50m 安装一个蝶阀。

4）电缆布置及延伸（含高压供电和低压照明）

① 高压电缆延长的过程中，盾构用电的供应会受到干扰，除应急灯外，其他机组都是停止的；必须首先关闭高压开关柜的电源开关。

② 高压电缆有专制的电缆挂钩进行悬挂；电缆采用沿隧道壁敷设，洞外部分电缆采用直埋，过路处穿钢管暗埋。为了不影响施工，电缆挂钩的安装应该在盾构整机刚进洞开始安装。

③ 电缆挂钩是安装在管片环与环连接的螺栓上，电缆挂钩固定在螺栓上必须将螺帽拧紧，待挂钩最后取下时必须将固定电缆挂钩的螺丝拧紧。电缆挂钩安装后必须牢固，无安全隐患，每隔 4m 一个挂钩。

④ 低压电缆电线有专制的五线照明支架进行悬挂，电缆支架的安装应该在盾构整机刚进洞开始安装。电缆支架是安装在管片环与环连接的螺栓上，五线照明支架固定在螺栓上必须将螺帽拧紧，待五线照明支架最后取下时必须将固定五线照明支架的螺丝拧紧。五线照明支架安装后必须牢固，无安全隐患，各电线与电线之间必须保持 150mm 的档距。每隔 10m 一个支架。

⑤ 低压电缆延伸必须符合低压电的安装要求，从隧道口开始，每 100m 设置配电箱一个，作为照明线路的分开关和隧道内用电设备的电源开关。

⑥ 隧道内照明采用防潮型日光灯，每隔 10m 设置一盏，每盏 100W。

4 质量检验标准

4.1 基本要求

盾构施工质量须符合国家、省、行业现行有关标准、规范和规程，必须符合现行工程施工验收质量规范及设计要求。

4.2 实测项目

隧道轴线及高程测量、管片拼装及成型管片错台量测允许偏差和检验方法见表 12-8～表 12-11。

管片拼装过程中隧道轴线和高程允许偏差和检验方法 **表 12-8**

序号	项目	允许偏差（mm）	检查方法	检查频率
1	隧道轴线平面位置	±50	用经纬仪测中线	1 点/环
2	隧道轴线高程	±50	用水准仪测高程	1 点/环

成型隧道轴线和高程允许偏差和检验方法 **表 12-9**

序号	项目	允许偏差（mm）	检查方法	检查频率
1	隧道轴线平面位置	±100	用全站仪测中线	10 环
2	隧道轴线高程	±100	用水准仪测高程	10 环

施工中管片拼装允许偏差和检验方法 **表 12-10**

序号	项目	允许偏差（mm）	检查方法	检查频率
1	衬砌环直径椭圆度	±5‰D	尺量后计算	4 点/环
2	相邻管片的径向错台	5	用尺量	4 点/环
3	相邻环片环面错台	6	用尺量	1 点/环

注：D 指隧道的外直径，单位：mm。

成型隧道管片允许偏差和检验方法 **表 12-11**

序号	项目	允许偏差（mm）	检查方法	检查频率
1	衬砌环直径椭圆度	$\pm 6‰D$、	尺量后计算	10 环
2	相邻管片的径向错台	10	用尺量	4 点/环
3	相邻环片环面错台	15	用尺量	1 点/环

注：D 指隧道的外直径，单位：mm。

4.3 外观鉴定

（1）管片不应有露筋、孔洞、疏松、夹渣、有害裂缝、缺棱掉角、飞边等缺陷，麻面面积不得大于管片面积的 5%。

（2）粘贴后的防水密封条应牢固、平整、严密、位置正确，不得有起鼓、超长和缺口。

（3）管片拼装完成后是否有破损、错台、渗漏水等。

第十三章　联络通道施工工艺标准

1　工艺概述

盾构联络通道一般设置在两条隧道中间，起连通、排水及防火等作用。又称“逃生通道”，紧急情况下作为救援逃生通道。联络通道开挖采取暗挖施工，遵循“管超前、严注浆、短进尺、强支护、早封闭、勤量测”十八字方针，尽量少扰动围岩，短进尺，尽快施做初期支护，并使每步断面及早封闭，采用信息化施工，勤量测和反馈以指导施工。施工工艺作业内容包括：施工准备、联络通道测量定位、盾构隧道架支撑、洞内地层加固或支护（冷冻法加固、超前小导管支护、超前管棚支护）、管片破除、洞口防护门施工、土方开挖、初期支护（施作钢筋格栅、钢筋网及喷射混凝土）、铺设防水层、二次衬砌、施做墙板、安装防火门、拆除隧道支撑。联络通道施工一般安排在隧道洞通之后开始施工。其示意图见图 13-1。

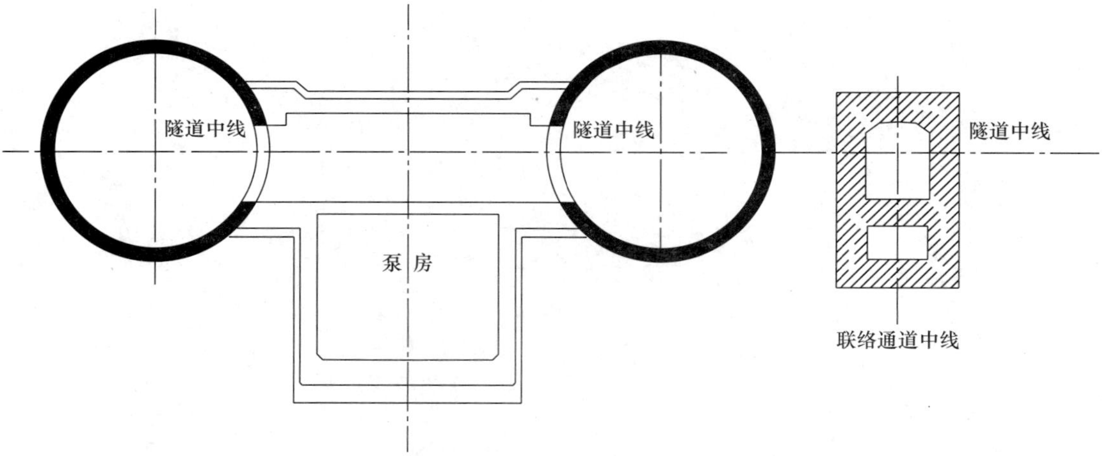

图 13-1　联络通道和泵房示意图

2　工序流程

联络通道施工工艺流程如图 13-2：

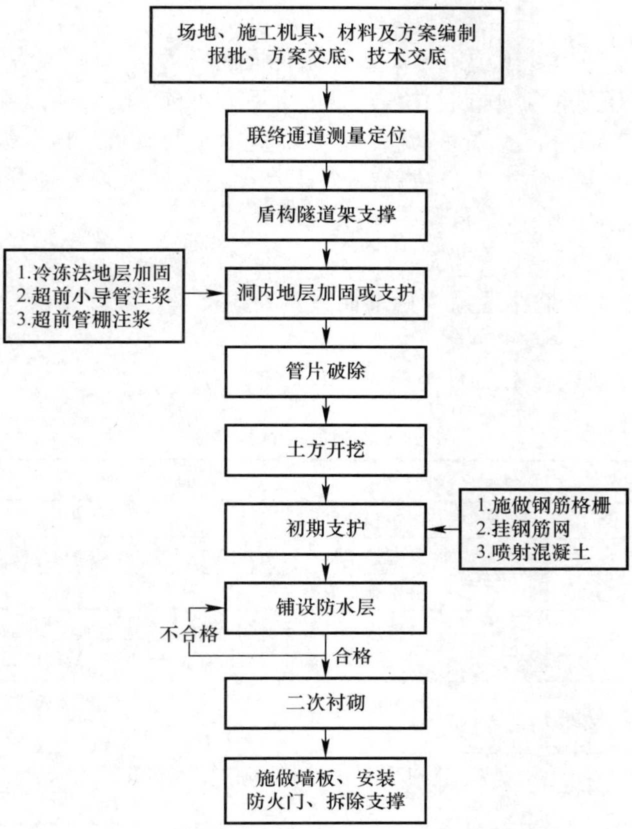

图 13-2　联络通道施工工艺流程

3　施工工艺及控制要点

3.1　施工准备

3.1.1　技术准备

（1）测量准备

进行施工测量，放线定位，准确定出盾构联络通道分界里程及联络通道洞门位置。

（2）试验准备

1）确定砂浆配合比、混凝土配合比、注浆浆液配合比。

2）检查进场混凝土合格证及进行现场试验。

3）对进场的材料进行送检，对进场的机具进行验收。

（3）方案及图纸准备

1）图纸审核与现场核对

组织技术、测量、商务人员对设计图纸进行审核，查看图纸与现场实际是否相符；工程量是否准确；图纸标注尺寸是否清楚；前后是否相符以及有无缺漏等。

2）施工方案

① 编制盾构联络通道专项施工方案，并完善报批手续。

② 编制联络通道安全专项施工方案并经审批后方可施工。

③ 联络通道施工场地布置方案（包含临水、临电、材料堆放区及设备安置平台）。

④ 对管理人员和现场施工人员进行安全技术交底。并组织专业技术工种进行技术培训教育，为工程顺利施工创造条件。

3.1.2 资源准备

资源配备以施工单条联络通道为标准而设置。

（1）人员准备

施工人员配备计划见表13-1。

施工人员配备计划表 **表13-1**

序号	工种及职务		人数	职责	备注
1	管理人员	工长	1	组织和协调	
2		技术人员	1	掌握技术标准、负责施工指导、监督施工质量、记录	
3		专职安全员	1	负责施工安全	
4		质检人员	1	掌握质量标准、进行质量技术交底工作、对施工过程进行质量控制、发现质量问题并及时处理做好记录	
5		监控量测人员	4	测量放样、检查验收、并对整个施工过程进行摄像及监测	
6		试验人员	1	对试件进行取样、加工、制作及测试，并做完整的测试记录	
7	作业人员	冻安工	5	对冻系统进行安装调试及冻结过程控制和维护	仅冷冻法配备
8		钻眼工	3	凿孔施工、准备材料、安装导管	冷冻法加2人
9		机修工	3	对设备进行日常的维护保养和修理检修工作，同时操作人员进行指导	
10		电焊工	2	根据图纸和工艺的要求对工件及材料进行切割或焊接工作，并做好记录	
11		钢筋工	3	对钢格栅、钢拱架及钢筋网片进行加工安装	
12		模板工	2	对模板进行加工及安装	
13		架子工	2	搭设隧道钢支架和模板支架	
14		混凝土工	3	搅拌、喷射、振捣混凝土及后期养护	
15		防水工	2	涂抹防水基层、安装防水卷材和粘贴止水条	
16		电工	2	负责供电线路及供电设备的使用与维修，保证正常供电，并巡查排除事故隐患，做维修保养记录	
17		普工	2	负责材料运输及日常清理工作	

（2）材料准备及要求

1）钢筋：钢筋进场时，应按国家现行相关标准的规定抽取试件作屈服强度、抗拉强度、伸长率、弯曲性能和重量偏差检验，检验结果应符合相应标准的规定。

2）混凝土：混凝土应采用掺外加剂的防水混凝土，配合比经试验确定。抗渗等级和抗压强度应符合现行国家标准《地下铁道工程施工及验收规范》GB 50299—1999的规定。

3）型钢：工字钢、槽钢等，按设计要求选用，其质量应符合相应的产品标准。

4）钢管：按设计要求选用，其质量应符合现行国家标准《地下铁道工程施工及验收规范》GB 50299—1999 的规定。

5）电焊条：按设计要求选用，其质量应符合现行国家标准《非合金钢及细晶粒钢焊条》GB/T 5117、《热强钢焊条》GB/T 5118 的规定。

6）焊接和连接：钢筋、型钢的焊接或连接应符合现行国家标准《钢筋焊接及验收规程》JGJ 18—2012、《钢结构设计规范》GB 50017。

7）防水材料：按设计要求选用，其质量应符合现行国家标准《地下防水工程质量验收规范》GB 50208—2011、《地下铁道工程施工及验收规范》GB 50299—1999 的规定。

8）施工中所采用的钢管、导管、型钢、电焊条、引弧板等材料应有产品合格证书和性能检验报告。

（3）机械准备

施工机具配备见表 13-2。

施工机具配备计划表 **表 13-2**

序号	机具名称	型号规格	单位	数量	备注
1	螺杆冷冻机组	JYSGF300Ⅱ	台	2	冻结法配备
2	盐水泵	IS125-100-200	台	2	冻结法配备
3	冷却水泵	IS125-100-200C	台	4	冻结法配备
4	冷却塔	NBL-50	台	4	冻结法配备
5	打压机	20MPa	台	1	冻结法配备
6	抽氟机		台	1	冻结法配备
7	测温仪	GDM8145	台	1	冻结法配备
8	水泵	65LS16×4	台	2	
9	潜水泵	Q4 型	台	2	
10	空压机	11m^3、3m^3	台	2	
11	钻机		台	2	
12	斗车	0.75m^3	把	6	
13	单（双）液注浆泵		台	2	管棚法配备
14	超前灌浆机	HB-80	台	2	超前小导管配备
15	水泥浆搅拌桶		台	2	
16	储浆桶	2m^3	个	1	
17	钢筋弯曲机	GQW-32	台	1	
18	钢筋调直机	GT4-10	台	1	
19	钢筋切断机	GQ40A	台	1	
20	交流电焊机	BX3-500	台	2	
21	混凝土喷射机	TK-961	台	2	
22	混凝土输送泵		台	1	
23	木工锯	GX-31F1	把	1	
24	混凝土振动捣固棒	ZN35	台	2	
25	砂轮机	MQ3225	台	1	
26	热和机		台	1	
27	流量计		把	1	

续表

序号	机具名称	型号规格	单位	数量	备注
28	混合器		台	1	
29	抗震压力表		把	1	
30	水箱		个	1	
31	经纬仪	J2	台	1	
32	精密水准仪		台	1	
33	收敛仪		台	1	
34	钢卷尺	20m	把	1	
35	秒表		把	1	
36	波美计		个	1	

3.1.3 现场准备

现场盾构机加工场调整为联络通道加工场地，布置钢筋加工区、材料堆放区等；联络通道处隧道内布置空压机等设备及材料堆放区；所有下井材料及时运输到联络通道施工现场；水平运输利用轨道及管片车（管片车上放置自制料斗）；垂直运输采用 45t 龙门吊；水电管路利用盾构施工水电管路。

（1）材料运输：钢筋、临时钢架、模板支架等材料均在地面加工，然后用 45t 龙门吊垂直吊运至管片车上，用机车运输至联络通道。

喷射混凝土所用水泥、砂石等材料采用 45t 龙门吊垂直吊运至端头井底板，就地干拌后，人工铲运至管片车上的料斗内，再用机车运输至联络通道，加水拌合后喷射。

二衬混凝土采用商品混凝土，地面设置一台汽车泵，端头井底板上设置一台地泵，混凝土由汽车泵泵送至地泵料斗内后，地泵加压泵送至联络通道处浇筑。

（2）渣土运输：破除的洞门管片及开挖的土方，均采用人工运至渣土斗内，用管片车运输至端头井处，45t 龙门吊垂直吊出，弃置于渣土坑。

（3）电力供应及施工照明：利用盾构施工供电线路引入联络通道，洞内施工采用三相五线制，电压采用 380/220V，照明采用 24V。电缆采用预埋支架上设置瓷瓶的铺设形式。

（4）施工用水和排水：供水利用盾构施工供水、排水管路，由水管输送到掌子面和各施工部位。在隧道两侧墙角设置排水沟，掌子面设集水坑。用潜水泵将积水抽排，经沉淀后排入指定下水道。

（5）洞内施工供风：洞内供风采用在车站端头地面上设置一台电动空气压缩机组成的高压风站，通过 ϕ150 钢管接至掌子面 10m 处，再用高压橡胶风管连接到风动工具进行施工。

（6）施工通风：通道口利用盾构供风设备进行通风，用风管接入掌子面，保证暗挖通道空气流通。

3.2 盾构隧道架支撑

3.2.1 施工工艺

切割管片前，先安装临时支撑、支撑板等，以控制施工时衬砌环变形，一般架设范围为洞口两侧 3～5 环，其设置图见图 13-3。

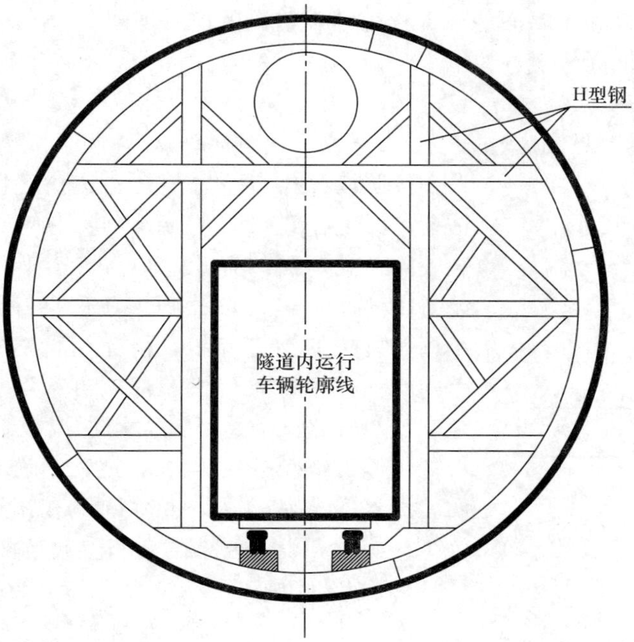

图 13-3　内支撑设置

按照设计图纸要求，加 H 型钢支架，运送至联络通道处，进行组装，组装完成后，根据设计要求，在支架与管片接触点设置楔形块，以达到支顶牢固的效果，同时，若需施加预应力，则通过分体式千斤顶完成，过程中，注意隧道的监测工作。

3.2.2　施工控制要点

(1) 安全员和质检员要对支撑架安装进行全过程的监督检查。

(2) 支撑设置于每环管片的中部，且支撑的钢架各节点与管片需紧密接触，要具有较高的刚度。

(3) 搭设施工平台支撑要着实地，连接要牢固、稳定，防止在施钻时钻机产生不均匀下沉、摆动、位移等影响钻孔质量。

(4) 支撑架安装过程中，注意隧道的监测工作。

(5) 临时支撑施工完毕，履行验收手续，验收合格后方可进入下步工序。

3.2.3　质量控制要点

(1) 各种支架及构件、配件的材质、规格必须符合设计要求。

(2) 支撑架焊接质量、成品平整度和水平轴线偏差、垂直度偏差需满足相关规范要求。

(3) 支撑位置、支撑预应力应符合设计要求，同时，支撑预应力应进行验算。

3.3　联络通道地层加固

盾构联络通道地层加固一般采取冷冻法加固、超前小导管注浆及超前小管棚注浆，其中冷冻法加固施工适用于在软弱含水土层加固；超前小导管注浆主要用于自稳时间短的软弱破碎带、浅埋段、洞口偏压段、砂层段、砂卵石段、断层破碎带等地段的预支护；超前小管棚注浆适用于破碎岩体、塌方体、砂土质地层、强膨胀性地层、强流变性地层、裂隙发育岩体、断层破碎带、浅埋大偏压等围岩，特别是在特殊困难地段的穿越铁路和重要建

（构）筑物的隧道工程和大断面地下工程等特殊情况下地层加固。

3.3.1 冷冻法地层加固

（1）施工工艺

冷冻法施工流程图见图 13-4。

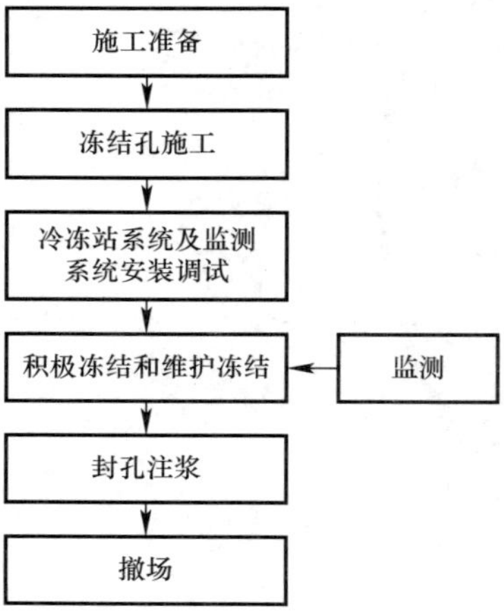

图 13-4 冷冻法施工工艺流程

按照设计孔口位置放线。选用金刚石钻头钻机进行钻孔，深度在 200～250mm，打入加工好的孔口管，并安装闸阀及孔口密封盘根。以冻结管作为钻杆，运用钻孔设备由上而下进行钻孔施工，根据穿透孔的偏差，进一步调整有关的钻进参数。待冻结管达到设计深度后冲洗单向阀，并密封冻结管端部，再安装冻结站。对冷冻机组、盐水管路试漏、清洗后用保温板或棉絮保温。然后，将盐水箱加满清水，溶解氯化钙，送入盐水干管除去杂质。设备安装完毕后，进行调试和试运行，使机组在有关工艺规程和设备要求的技术参数条件下运行。

1）冻结孔施工

冻结孔施工工艺流程及过程见图 13-5。

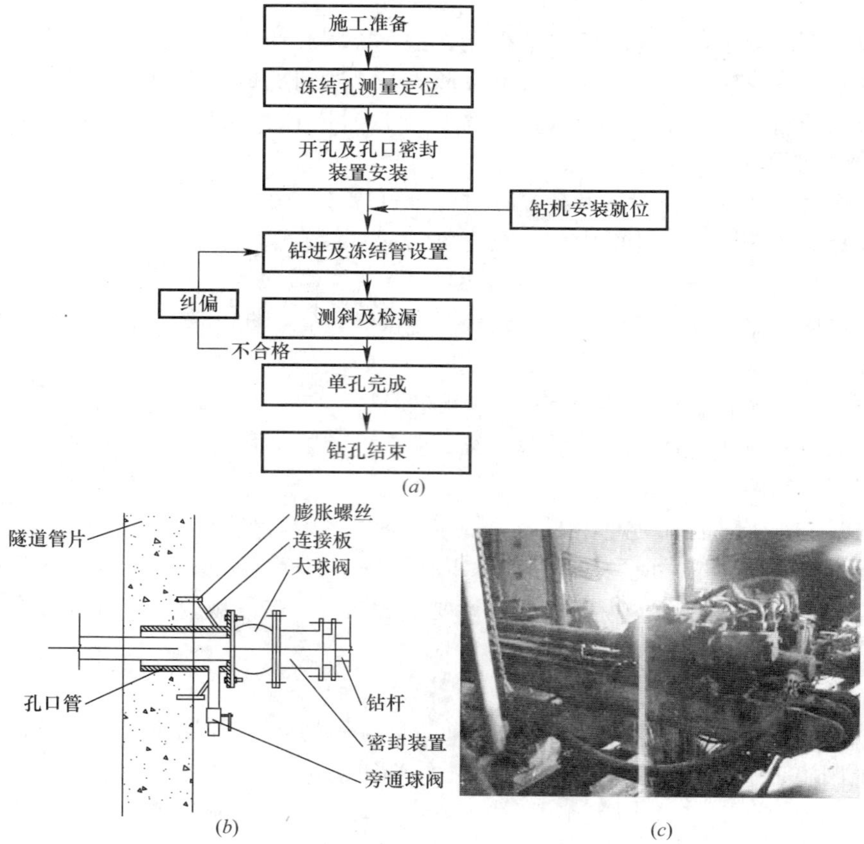

图 13-5 冻结孔施工示意

（*a*）冻结孔施工工艺流程；（*b*）冻结孔开孔及钻孔示意图；（*c*）钻孔过程示意图

① 进行冻结孔施工时，先施工透孔，根据穿透孔的偏差，进一步调整有关的钻进参数。然后根据联络通道施工的孔位，采用由上向下的顺序进行施工，防止因下层冻结孔的施工引起上部地层扰动，减小钻孔施工时的事故发生率。

② 对冻结孔进行定位时，依据施工基准点，按冻结孔施工图进行冻结孔孔位放线，孔位布置首先要依据管片配筋图和钢管片加强筋的位置，在避开主筋、管缝、螺栓及钢管片肋板的前提下可适当调整，不大于 100mm。

③ 进行冻结孔开孔时，钻进深度约 300mm，严格控制不得钻穿管片。用钢楔楔断岩心，取出后，打入加工好的孔口管，并固定牢固点然后安装孔口密封装置，见图 13-5（b）所示。

④ 冻结孔钻进时，采用无水钻进。如果钻进困难时，在钻头部位安装一个特制单向阀门，采用带水钻进。冻结管到达设计深度后冲洗单向阀，并密封冻结管端部。钻进过程中严格监测孔斜情况，发现偏斜要及时纠偏，下好冻结管后，进行冻结管长度的复测，然后再用灯光测斜仪进行测斜并绘制钻孔偏斜图。

2）冷冻站系统和监测系统安装调试

① 在进行冻结站布置与设备安装时，冻结站设在联络通道附近隧道内。站内设备主要包括配电柜、冷冻机组、盐水箱、盐水泵、清水泵、冷却塔及清水池等。设备安装按设备使用说明书的要求进行。其平面布置图见图 13-6（*a*）。

② 进行管路连接、保温与测试仪表安装时，盐水和冷却水管路用法兰连接，并用管架架设在施工平台上或隧道管片上。温度计、压力表和流量计安装按有关规范进行。

③ 溶解氯化钙和机组充氟、加油时，盐水浓度需符合设计要求，且无杂质；机组充氟和冷冻机加油需按照设备使用说明书的要求进行。首先进行制冷系统的检漏和氮气冲洗，在确保系统无渗漏后，再充氟加油；设备安装完毕后进行调试和试运转。

3）积极冻结和维护冻结

① 冻结系统试运转与积极冻结：设备安装完毕后进行调试和试运转。冻结系统运转正常后进入积极冻结，冷冻施工完成见图 13-7。

② 探孔与维护冻结：实测冻土帷幕温度和厚度达到设计值后，打开泄压孔确认无泥水涌出，掘进过程中，根据暴露冻土帷幕的稳定性，可进入维护冻结，但盐水温度不宜高于－20℃。

③ 停止冻结和强制化冻融：浇筑完混凝土内衬后即可停止冻结，可在冻结孔中循环热水，加快隧道底面的冻土融化，以配合地层注浆，改善补偿地层融沉的效果。

④ 冻结孔密封：截去露出隧道管片的孔口管和冻结管，然后在孔口管管口焊接 8mm 厚的钢板。

4）冻结系统拆除

在联络通道施工完成且混凝土达到设定强度时可在泄压后，向冻结管注入水泥浆，封堵管口，泄压孔和测温孔不再使用后同样不拆除管子，向管注入水泥浆封堵管口。在联络通道冻结孔和泄压孔封堵后，拆除冻结系统。

（2）施工控制要点

1）冷冻法应编制专项施工方案并进行专家论证后实施。

2）在钻进第一个冻结孔时，分析钻机过程中参数变化情况，必要时修正冻结钻孔施工参数。限制冻结孔向隧道内偏移，最大孔间距控制在 2m 之内。

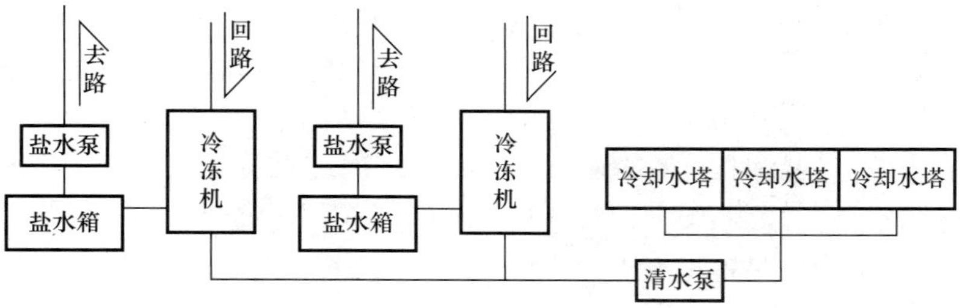

(*a*)

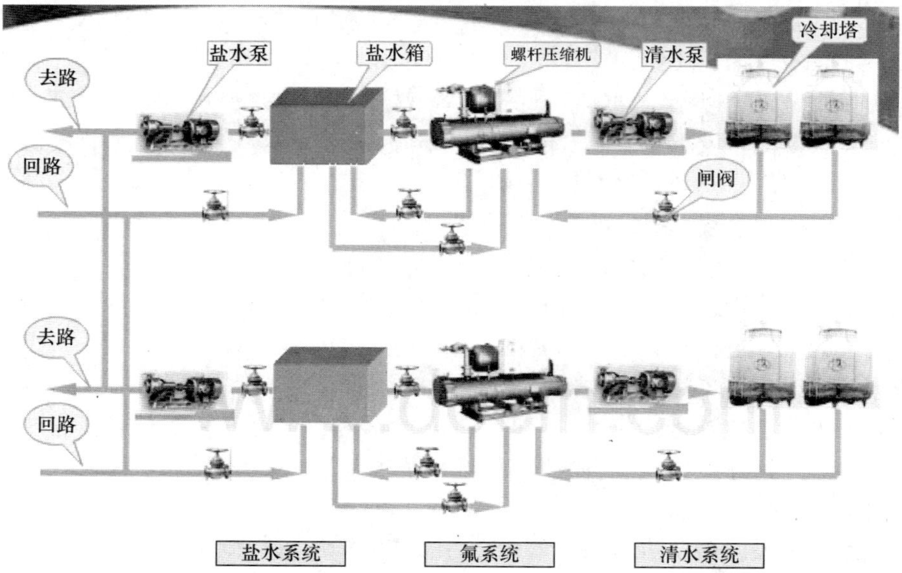

(*b*)

图 13-6　冻结站平面布置及盐水循环流程

（*a*）冻结站平面布置图；（*b*）冻结站盐水循环流程

(*a*)

(*b*)

图 13-7　冷冻施工完成示意

（*a*）冷冻施工完成示意图；（*b*）冷冻施工完成示意图

3）选取高精度的水平陀螺仪、纠偏组合钻具、制冷机组和冻结工程检测系统。

4）钻进过程中严格监测孔斜，发现超偏及时纠正。

5）每个冻结器都要安装进回液阀门，及时调整各个冻结器的流量。

6）用温度监测系统监测冻结孔的温度变化，对其进行动态预报，必要时调整冻结供冷参数。

(3) 质量控制要点

1) 由于冻结法施工工程技术难度高，施工风险大，工程中不可预测因素多，故此对质量要求极高。其质量检验标准可参考国家现行标准《煤矿井巷工程质量验收规范》GB 50213—2010、《煤矿井巷工程质量检验评定标准》MT 5009—1994 的规定。

2) 根据施工基准点，按冻结孔施工图布置冻结孔，且冻结孔孔位偏离设计孔位不大于 50mm；冻结孔偏斜率应尽量控制在 5‰以内；冻结孔深比冻结长度大 0.5～1.5m。

3) 冻结孔钻进深度应不小于设计深度。钻头碰到隧道管片的，不参与制冷循环的长度不大于 150mm。

4) 冻结孔终孔最大允许间距为 1300mm，超出最大允许间距的，可进行补孔或作延长冻结时间进行处理。

5) 冻结管长度和偏斜合格后再进行打压试漏，压力控制在 0.8～1.2MPa，前 15min 压力损失小于 0.05MPa，后 30min 压力稳定无变化者为试压合格。试压不合格的，可拔出冻结管进行重新钻孔，或下套管进行处理。

3.3.2 超前小导管支护

(1) 施工工艺

超前小导管施工工艺流程及施工过程见图 13-8。

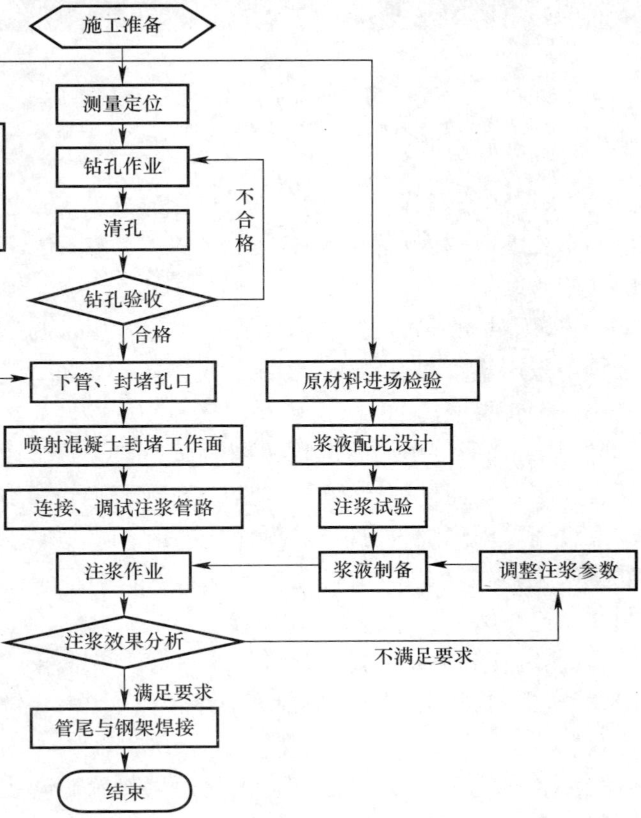

(*a*)

图 13-8 超前小导管施工工艺流程及施工过程（一）

(*a*) 超前小导管施工工艺流程图

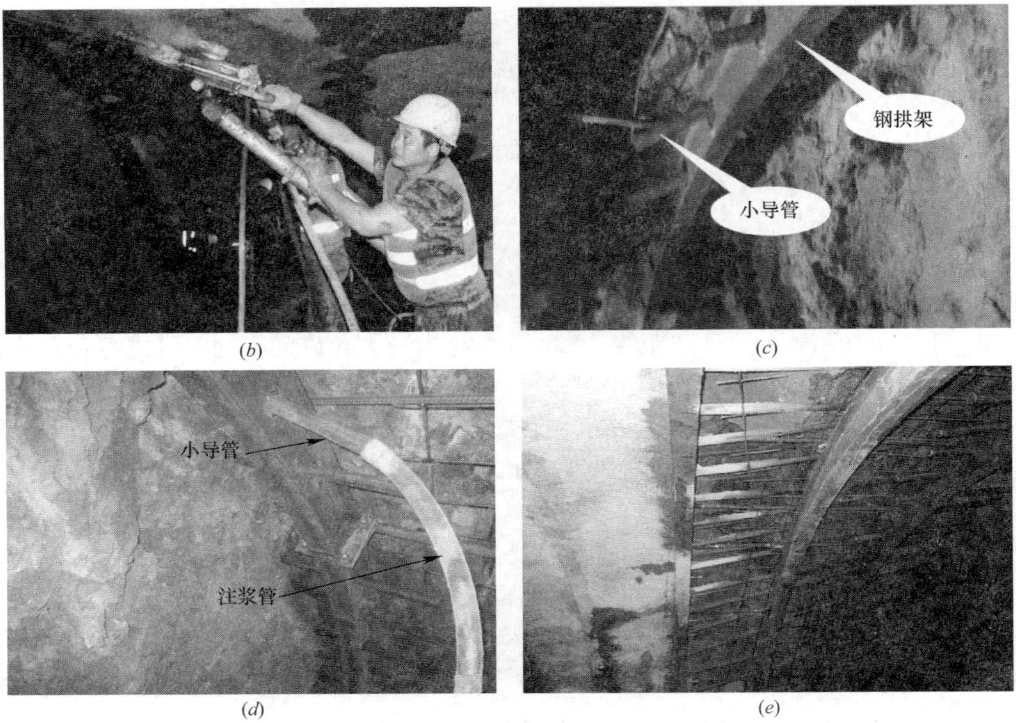

图 13-8　超前小导管施工工艺流程及施工过程（二）

（*b*）钻孔示意图；（*c*）小导管与钢拱架布设；（*d*）注浆示意图；（*e*）小导管注浆超前支护完成示意图

1）小导管加工：采用热轧钢管加工而成，小导管前端加工成锥形，以便插打，并防止浆液前冲，尾部一定长度范围内不钻孔防止漏浆，末端焊接环形箍筋，以防打设小导管时端部开裂，影响注浆管联接。

2）安装小导管：采用风动凿岩机按要求钻孔，小导管尾部与钢格栅焊接在一起，用高压风清除管内杂物，采用塑胶泥封堵孔口。钢管前端中心对准标记，利用风镐进行人工顶入，顶入长度不小于钢管长度的 90%。

3）注浆：开动注浆泵，通过小导管向周边围岩压注水泥浆。注浆前先压水试验管路是否畅通，然后开动注浆泵，通过小导管压入地层。注浆按照由低到高隔孔预注或群孔注浆的方法进行；注浆过程采用注浆压力指标控制；注浆结束拔去注浆管后在注浆孔安装止浆阀，防止浆液外流回压。

（2）施工控制要点

1）钻孔前，精确测定孔的平面位置、倾角、外插角，并对每个孔进行编号。

2）钻进过程中应运用测斜仪，进行钻孔偏斜度测量，严格控制小导管打设方向，出现偏差及时调整。

3）严格控制配合比与凝胶时间，初选配合比后，用凝胶时间控制调节配合比，并测定注浆固结体的强度，选定最佳配合比。

4）配制的浆液应在规定的时间内用完，且浆液在使用过程中要不断搅动，保证浆液均匀，不沉淀。

5）注浆过程中随时观察注浆压力及排浆量情况的变化，分析注浆情况。注浆中途停止超过30min应清洗注浆管路，防止堵管；发生串孔跑浆时应先将跑浆孔堵塞，等轮到该孔注浆时拔出堵塞物，将孔内清洗干净后再重新注浆，发生漏浆时应将漏浆部位的裂缝封堵，再喷射混凝土封堵牢固后再继续注浆。

6）浆液先经过过滤网过滤避免杂物进入注浆泵或进入小导管发生堵塞。注浆过程中发现有大的空洞等，可先注水泥砂浆或混凝土，后进行注浆。

7）为防止孔口漏浆，在花管尾端用麻丝及锚固剂封堵管孔。注浆管与花管采用活接头联结，快速装拆。注浆次序由两侧对称向中间进行，自下而上逐孔注浆。拆下活接头后，快速封堵花管口，防止未凝的浆液外流。

（3）质量控制要点

1）小导管用的钢管规格，间距应符合设计规范要求。导管采用的钢管应顺直，并不钻入圈岩部分可不钻孔，导管如锤击打入时，尾部应补强，前端应加工成尖锥形。

2）钻孔的外插角、纵向间距及环向间距应符合设计要求及相关规范的规定。

3）注浆浆液宜采用水泥或水泥砂浆，注浆浆液必须充满钢管及周围的空隙并密实，其注浆量和压力应根据试验确定。

4）导管安装前应将工作面封闭严密、牢固，清理干净，并测放出钻设位置后方可施工。导管采用钻孔施工时，其孔眼深度应大于导管长度；采用锤击或钻机顶入时，其顶入长度不应小于管长的90%，如果小导管顶入长度不符合要求，应在其附近补打一根。

5）若浆液压力超过1.0MPa或突然压力降低很多，则应停止注浆。

3.3.3 超前管棚支护

（1）施工工艺

管棚施工工艺流程及施工过程见图13-9。

1）施工前用全站仪在工字钢架上定出其平面位置，用水准尺配合坡度板设定导向钢管的倾角，用前后差距法设定孔口管的外插角，确保导向钢管牢固焊接在工字钢上，防止浇筑混凝土时产生位移。

2）套拱施工：在套拱施工前，按设计要求确定套拱的位置，而后施作管棚的导向墙混凝土套拱，架设钢支撑，按设计要求的管棚钢管的间距及外插角，在工字钢外缘用钢筋焊接固定孔口导向管。

3）钻孔：搭设施工平台，在掌子面先喷一层混凝土作为止浆墙，用经纬仪、挂线、钻杆导向相结合的方法对钻机进行定位，运用管棚钻自下而上按奇偶孔号钻孔，钻进过程中用测斜仪测定其位置进行校正。

4）管棚钢管安装：钻孔完成后，采用钻机的冲击力和推力低速顶进或事先在套拱内预埋的拉杆用手拉葫芦顶进钢管，将钢管与钻孔壁间缝隙填塞密实，在钢管外端焊接法兰盘、止浆阀。

5）注浆：注浆前检查管路和机械状况，确认正常后做压浆试验，确定合理的注浆参数，注浆压力达到1MPa时，并持压5min以上可停止注浆，及时封堵注浆口。

（2）施工控制要点

1）套拱上导向管须定位准确，导向管安设的平面位置、倾角、外插角的准确度直接影响管棚的质量，检验符合设计要求后，支模浇筑套拱混凝土。

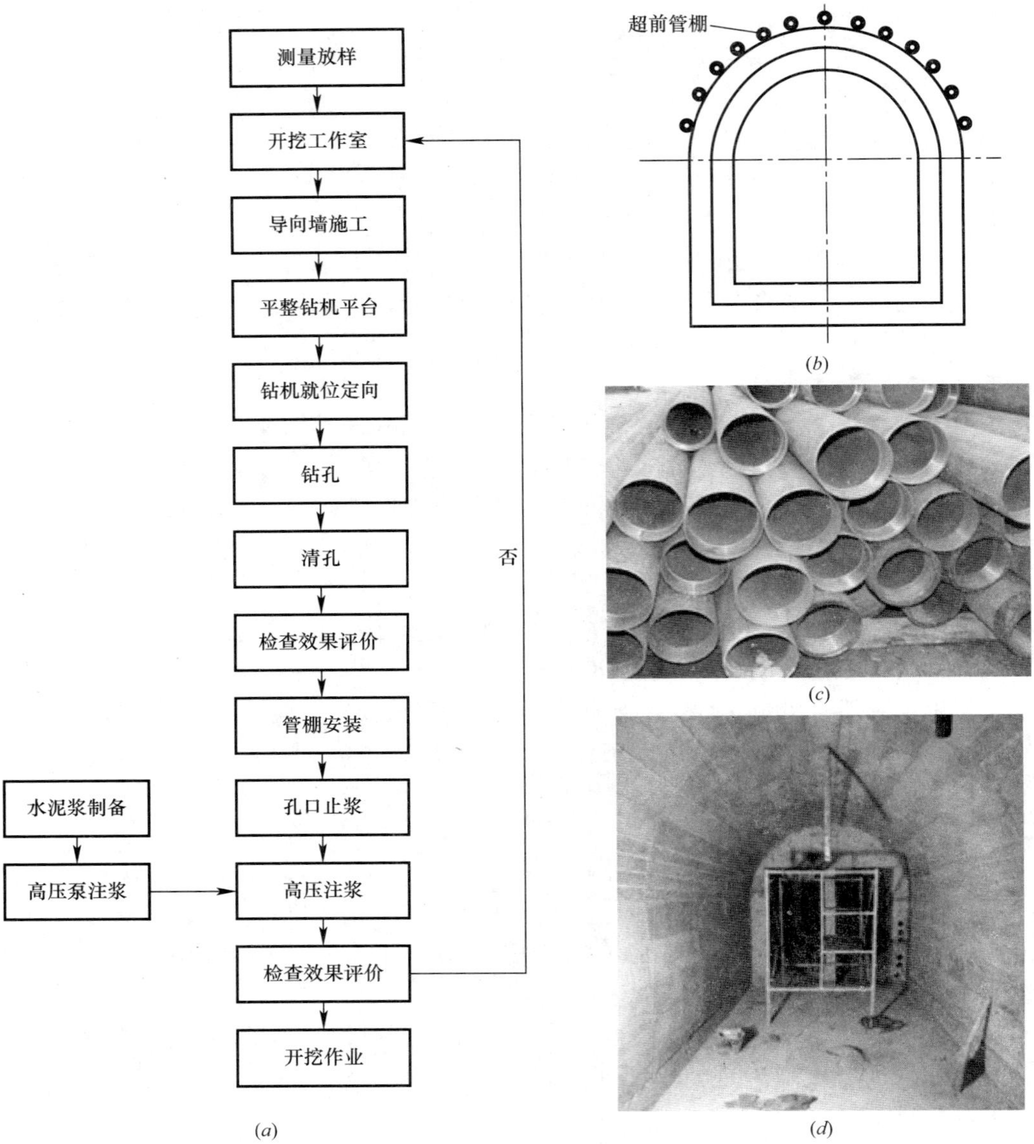

图 13-9　管棚施工工艺流程及施工过程

(*a*) 管棚施工工艺流程；(*b*) 管棚立面图；(*c*) 加工后的管棚钢管；(*d*) 管棚竣工后图片

2）钻孔保持匀速钻进，当遇到夹泥、砂层时，应控制钻进速度，避免发生夹钻现象发生塌孔或卡钻。

3）为便于钢管顶进，钢管前端焊成圆锥形。

4）注浆过程中随时检查孔口、邻孔及覆盖层较薄部位有无串浆现象，如发现串浆现象，应立即停止注浆或采用间歇式注浆封堵串浆口，也可用麻絮、木楔、快硬水泥或锚固剂封堵，直至不再串浆时再继续注浆。

5）隧道洞口管棚采用无缝钢管，以丝扣连接，施工中分段安装，同一断面接头不大于 50%，相邻接头距离大于 1m，其仰角为 1°～3°，钢管环向间距为 50cm。

6）利用管棚钻机钻孔，利用高压水将孔内余渣清洗干净，以防塞管时卡管，钢管采用内丝连接。

7）注浆施工时，在砂卵石地层中宜采用渗入注浆法；在砂层中宜采用劈裂注浆法；在黏土层中宜采用劈裂或电动硅化注浆法；在淤泥质软土层中，宜采用高压喷射注浆法。

8）注浆孔距应经计算确定，壁后回填注浆孔应在初期支护结构施工时预留（埋），距宜为 2～5m；高压喷射注浆的喷射孔距宜为 0.4～2m。

超前导管和管棚支护设计参数值见表 13-3。

超前导管和管棚支护设计参数值　　表 13-3

支护形式	适用地层	钢管直管（mm）	钢管长度（m）		钢管钻设注浆孔的间距（mm）	钢管沿拱的环向布置间距（mm）	钢管沿拱的环向外插角	沿隧道纵向的两排钢管搭接长度（m）
			每根长	总长度				
导管	土层	40～50	3～5	3～5	100～150	300～500	5°～15°	1
管棚	土层或不稳定岩体	80～180	4～6	10～40	100～150	300～500	不大于 3°	1.5

（3）质量控制要点

1）钻孔前，按设计精确画出钻孔位置。

2）注浆完毕用铁锤敲击钢管，如响声清脆，说明浆液未充满钢管，需采取补注或重注；如响声低哑，则说明浆液已填满钢管。

3）开挖后及时观察岩壁面，钢管周围 20cm 范围岩隙应被基本充填密实。

4）管棚钻机应在技术人员和测量人员的指导下摆正大臂，按设计调整好钻孔角度。开钻速度要慢，待钻杆进入岩体 30cm 左右后，常速钻进。

5）钻孔平面误差≤15cm，钻孔角度误差≤0.5°。

6）控制钻孔角度，尤其接长钻杆后钻进角度应严格控制。成孔要孔壁圆、角度准、孔身直、深度够。

7）注浆前先注水清孔、引流，要检查管节两端连接丝扣，有脱扣和裂纹的管节不得使用。

8）注浆时应准确掌握浆液配比，并使浆液在管内充填密实。

9）管棚接头处要错开，以利于整体受力。

10）导管采用钻孔施工时，其孔眼深度应大于导管长度；采用锤击或钻机顶入时，其顶入长度不应小于管长的 90%。

11）钻孔的外插角允许偏差为 5‰，钻孔应由高孔位向低孔位进行，钻孔钻径应比钢管直接大 30～40mm，遇卡钻、塌孔时应注浆后重钻，钻孔合格后应及时安装钢管，其接长时连接必须牢固。

12）注浆浆液宜采用水泥或水泥砂浆，其水泥浆的水灰比为 0.5～1，水泥砂浆配合比为 1∶（0.5～3）。注浆浆液必须充满钢管及周围的空隙并密实，其注浆量和压力应根据试验确定。

3.4 管片破除

3.4.1 施工工艺

洞门处管片拆除施工流程及施工过程见图 13-10。

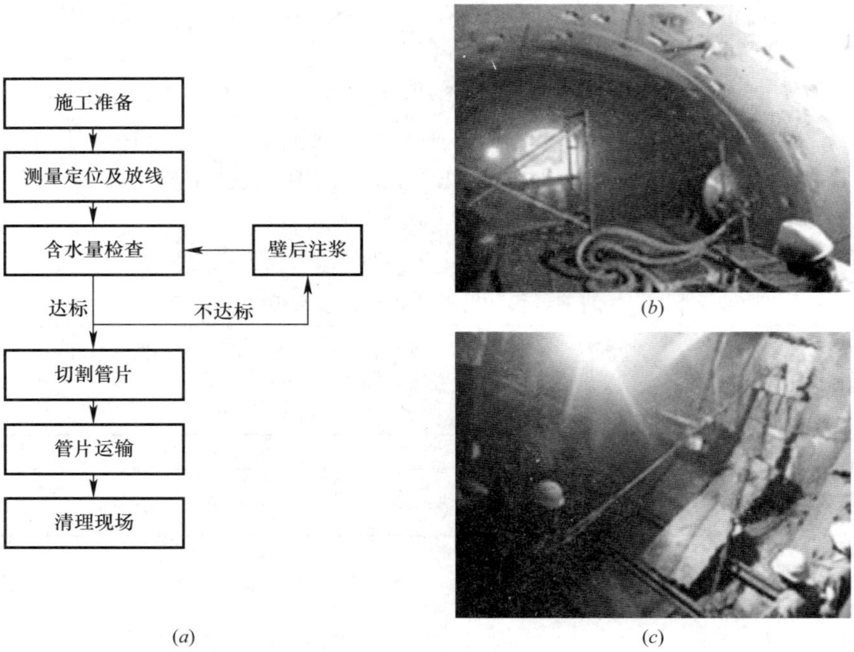

图 13-10 管片拆除施工流程及施工过程

（a）洞门处管片拆除流程图；（b）洞门处管片切割示意图；（c）洞门处管片破除切割示意图

（1）测量定位，定出洞门的准确位置，然后放线，在管片上弹出联络通道洞门的切割边线。

（2）切割前先在要切割的管片面上打眼，探明管片背侧土体的含水量，如发现水量较大，则应补充注浆封水。

（3）切割时严格按标识线固定走刀架进行管片切割，切割时从上到下进行，将切割下来的管片运出隧道，然后清理管片切割面，施作防护门植筋。

（4）切割下来的管片利用区间内行驶的电瓶车运走。

3.4.2 施工控制要点

（1）切割管片前，需确保临时支撑牢固顶紧。

（2）管片拆除可用混凝土切割机分块分组进行拆除。

（3）切割过程严格控制速度，避免破坏相邻管片。

3.4.3 质量控制要点

（1）洞门位置必须严格按照设计规范要求放线。

（2）进行管片切口操作时，沿管片开口线切割，保证联络通道洞门尺寸及外观。

3.5 防护门施工

3.5.1 施工工艺

防护门主要作用是为防止通道开挖中出现涌水及塌方等紧急情况。在管片切割完成后，施作防护门，可通过预埋、植筋或化学锚栓等三种方式安装门框，门框必须安装牢固。

3.5.2 施工控制要点

防护门框预埋件必须固定牢固。

3.5.3 质量控制要点

防护门框预埋件的位置、尺寸及受力必须符合规范要求。

3.6 土方开挖

3.6.1 施工工艺

土方开挖施工流程及施工过程见图 13-11。

（1）隧道开挖前应制定防坍塌方案，备好抢险物资，并在现场堆码整齐。

（2）开挖前，先进行水平探孔，取出芯样，若联络通道范围内的土体加固情况较好，地层较稳定，则进行开挖施工，若土体自稳性较差，含水量较大，则对土体进行注浆加固。

（3）开口宜采用爬坡开挖，爬坡角度控制在 30°以内。通道开挖根据实际地质情况，采用上下短台阶开挖，台阶长度通常为 2m；开挖一个循环后，立即喷射混凝土封闭围岩；在上台阶格栅拱架拱脚处须施作锁脚锚杆以限制初支下沉和防止初支向通道内收敛变形。

（4）土方开挖时严禁带水作业，当发现掌子面水量较大时，先行封闭掌子面，再研究具体处理措施。

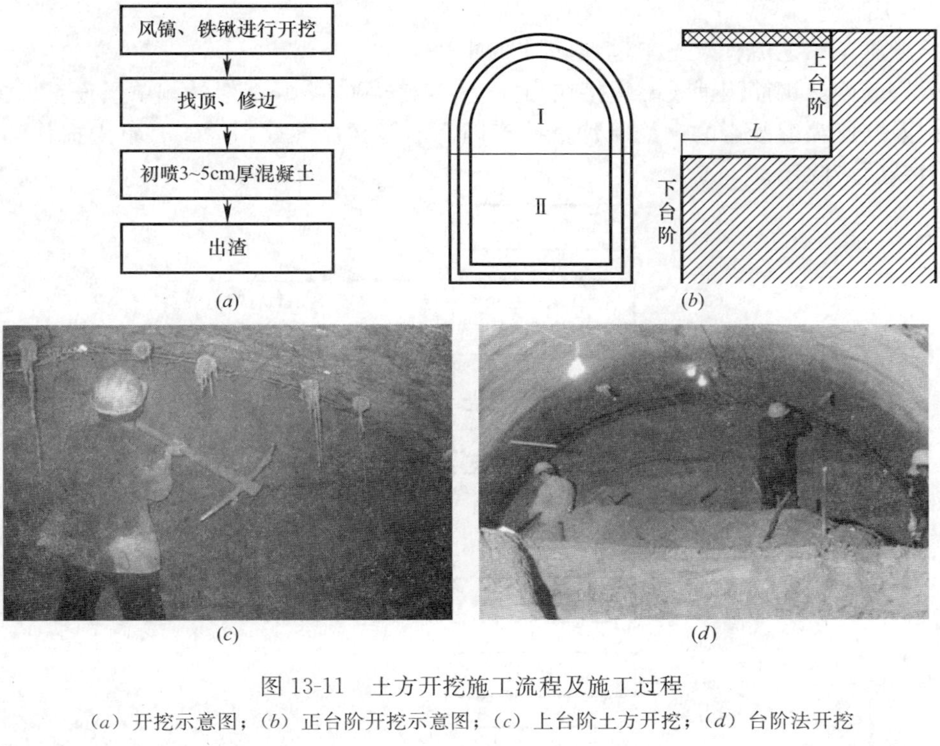

图 13-11 土方开挖施工流程及施工过程

(*a*) 开挖示意图；(*b*) 正台阶开挖示意图；(*c*) 上台阶土方开挖；(*d*) 台阶法开挖

3.6.2 施工控制要点

（1）开挖断面尺寸应满足设计要求。

（2）开挖作业不得危及初期支护、衬砌和设备的安全，并应保护好量测用的测点。

（3）下台阶开挖应在上台阶初期支护基本稳定后进行，下台阶墙体一般采用单侧落底或双侧交错落底，避免拱脚悬空，下台阶边墙落底后应及时施工初期支护结构。

（4）开挖后，应做好地质构造的核对和监测量测工作，发现洞体位移速率增大时，应及时封闭仰拱。

（5）隧道开挖过程中，应进行地质描述并做好记录，必要时尚应进行超前地质勘探。

3.6.3 质量控制要点

（1）台阶法施工，应在拱部初期支护结构基本稳定且喷射混凝土达到设计强度的70%以上时，方可进行下部台阶开挖。

（2）一次循环开挖进尺长度，应符合施工方案的要求，开挖尺寸应按设计尺寸严格控制开挖断面，不得欠挖，应尽量减少超挖，超挖部分必须用初期支护等强度的混凝土回填密实。

（3）边墙应采用单侧或双侧交错开挖，不得使上部结构同时悬空。边墙挖至设计高程后，必须立即支立钢筋格栅拱架并喷射混凝土。

（4）仰拱应根据监控量测结果及时施工。

（5）开挖循环进尺，在土层和不稳定岩体中为0.5～1.2m，在稳定岩体中为1～1.5m。

3.7 施做钢筋格栅及钢筋网

3.7.1 施工工艺

钢格栅施工工艺流程及施工过程见图13-12。

（1）钢筋网：钢筋网铺设时焊接在锚杆上，钢筋网在格栅钢架外侧单层设置；钢筋网片之间以及与已喷混凝土的钢筋网片搭接牢固，钢筋网片堆放和运输时不得损伤和变形，安装前有锈时应除锈。

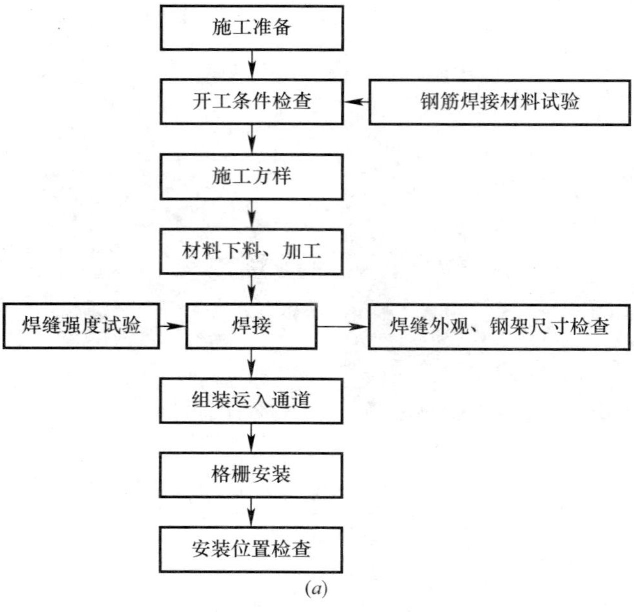

(*a*)

图13-12 钢格栅施工工艺流程及施工过程（一）

（*a*）钢格栅施工流程

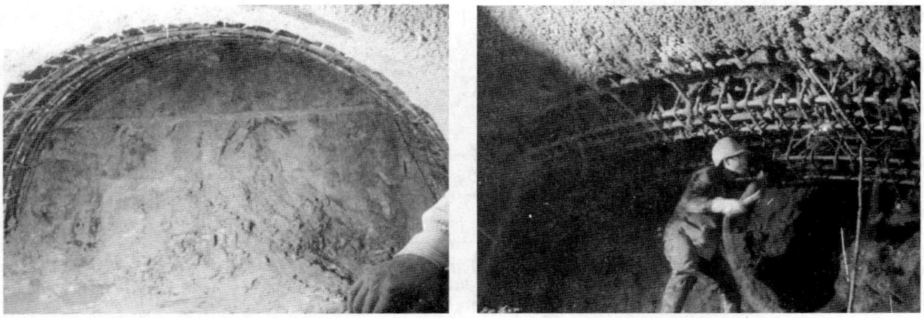

(b)　　　　　　　　　　　　　　　　(c)

图 13-12　钢格栅施工工艺流程及施工过程（二）

（b）初期支护；（c）格栅钢架架设

（2）钢筋格栅：钢筋格栅与钢拱架配合使用，每榀拱架安装时，测量定位准确，轮廓要符合设计要求；每榀拱架安装好后，在每个拱脚处设置两根锁脚锚杆，以限制初支下沉和防止初支向通道内收敛变形，其尾部与拱架焊接牢固；锚管安装完成后，及时注浆填充，注浆材料为水泥砂浆。

3.7.2　施工控制要点

（1）钢筋格栅和钢筋网宜在加工场地制作，钢筋格栅首榀制作好后应试拼，经检验合格后方可批量生产。

（2）钢架拱脚必须放在牢固的基础上，应清除底脚下的虚渣及其他杂物，脚底超挖部分应用喷射混凝土填充密实。

（3）钢筋格栅与壁面应楔紧，每片钢筋格栅节点及相邻格栅纵向必须分别连接牢固。钢筋格栅采用双层钢筋网时，应在第一层铺设好后再铺设第二层。

3.7.3　质量控制要点

（1）钢筋格栅和钢筋网采用的钢筋种类、型号、规格应符合设计要求，其施焊应符合设计及钢筋焊接标准的规定。

（2）拱架（包括顶拱和墙拱架）应圆顺，直墙架应直顺，允许偏差为：拱架矢高及弧长 0～＋20mm，墙角长度±20mm，拱、墙架横断面尺寸（高、宽）0～＋10mm。

（3）钢筋格栅组装后应在同一平面内，允许偏差为：高度±30mm，宽度±20mm，扭曲度 20mm。

（4）钢筋网加工允许偏差为：钢筋间距±10mm，钢筋网搭接长度±15mm。

（5）每层钢筋网之间应搭接牢固，且搭接长度不应小于 200mm。

（6）钢筋格栅应垂直于线路中线，允许偏差为：横向±30mm，纵向±50mm，高程±30mm，垂直度 5‰。

3.8　喷射混凝土

3.8.1　施工工艺

喷射混凝土施工工艺流程及施工过程见图 13-13。

（1）喷射混凝土前，应对开挖轮廓面进行检查，首先将超欠挖控制在规定允许范围内，然后对围岩表面进行清理，清除浮灰和松动土块，埋设控制喷射混凝土厚度的标志；对机具设备进行试运转。

（2）对喷射混凝土采用强制式搅拌机拌和，搅拌时间应符合相关规范要求。

（3）喷射作业时应自下而上分段、分部、分块，按先墙后拱的顺序进行，有较大凹洼处，先喷射填平。在前一层混凝土终凝后，应及时清理喷层表面。

图 13-13　喷射混凝土施工工艺流程及施工过程

（*a*）喷射混凝土施工工艺流程图；（*b*）混凝土地面搅拌；（*c*）喷射混凝土

3.8.2　施工控制要点

（1）初喷混凝土紧跟掌子面，复喷前先按设计要求完成超前小导管、格栅拱、钢筋网的安装工作。

（2）喷射混凝土的喷射机应具有良好的密封性，输料连续均匀，输料能力应满足混凝土施工的需求。

（3）试验室负责优选喷射混凝土的配合比与现场控制，喷射施工前先进行试喷，试喷合格后再投入喷射施工，并按规定制作检验试件。

（4）喷射混凝土应掺速凝剂，原材料应满足设计及有关规范的要求。使用前应做与水泥相容性试验及水泥净浆凝结效果试验，初凝时间不应超过 5min，终凝时间不应超过 10min。

（5）喷射混凝土配合比应满足设计及有关规范的要求水泥与砂石重量比应取 1∶(4～4.5)。砂率应取 45%～55%，水灰比应取 0.4～0.45。速凝剂掺量应通过实验确定。原材料称量允许偏差：水泥和速凝剂±2%，砂石±3%。

（6）运输和存放中严防受潮，大块石等杂物不得混入，装入喷射机前应过筛，混合料应随拌随用，存放时间不应超过 20min。

（7）喷射时，喷头处的风压应控制在 0.1～0.15MPa，水压应控制在 0.05～0.1MPa。

喷头与受喷面保持垂直，距离受喷面应保持在 0.8～1.0m 内。如遇受喷面被格栅拱架覆盖时，应先喷格栅拱架处再喷两格栅拱架之间。喷射格栅拱架时，可将喷头稍偏斜 10°～20°。

（8）喷混凝土面不得有锚杆尾端和钢筋外露，不得出现贯通裂缝和大面积塞鼓现象，发现后凿除重喷。

（9）每次喷混凝土完毕后，即时检查厚度，若厚度不够需进行补喷达到设计厚度。坚决禁止将回弹料作为喷射料使用。

3.8.3 质量控制要点

（1）喷射混凝土强度等级不小于 C20，抗渗等级不小于 P6（月平均气温低于－15℃，抗渗等级不小于 P8）。

（2）喷射混凝土应密实、平整、无裂缝、脱落、漏喷、漏筋、空鼓、渗漏水现象。平整度允许偏差为 30mm，且矢弦比不应大于 1/6。

（3）喷射混凝土应分片依次自下而上进行并先喷射钢筋格栅与壁面间混凝土，然后再喷两钢筋格栅之间的混凝土。

（4）每次喷射厚度为：边墙 70～100mm，拱顶 50～60mm。

（5）分层喷射时，应在前一层混凝土终凝后进行，如终凝 1h 后再喷射，应清洗喷层表面。

（6）喷层混凝土回弹量，边墙不宜大于 15％，拱部不宜大于 25％。

（7）喷射混凝土施工区气温和混合料进入喷射机温度均不得低于＋5℃。喷射混凝土低于设计强度的 40％时不得受冻。

（8）喷射混凝土 2h 后应养护，养护时间不应少于 14d，当气温低于 5℃时，不得喷水养护。

3.9 防水施工

3.9.1 施工工艺

防水施工工艺流程及施工过程见图 13-14。

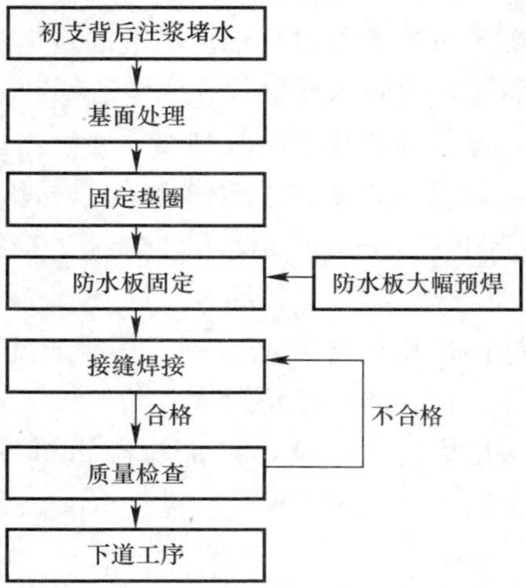

(*a*)

图 13-14 防水施工工艺流程及施工过程（一）

（*a*）防水卷材施工流程图

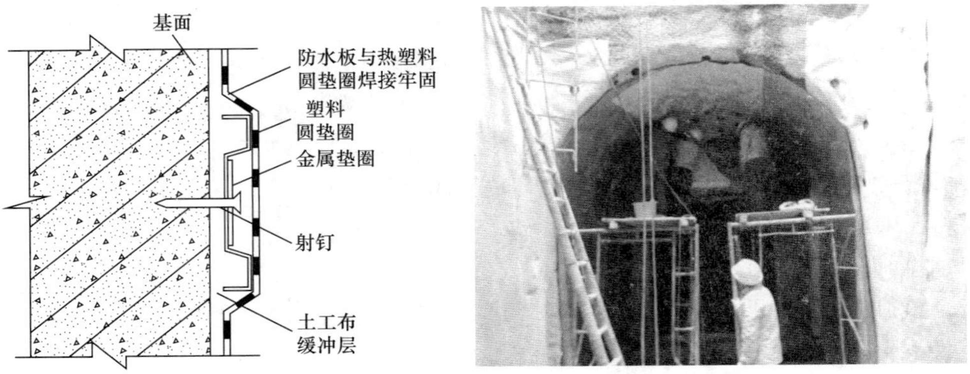

(*b*)　　　　　(*c*)

图 13-14　防水施工工艺流程及施工过程（二）

（*b*）防水卷材固定示意图；（*c*）防水卷材铺设

（1）喷射混凝土基面处理：在喷射混凝土强度达设计强度后，表面涂抹一层约 2cm 厚的砂浆抹平层，以及对喷混凝土表面进行处理。

（2）无纺布铺设：采用射钉固定。

（3）防水卷材铺设：防水卷材环向铺设时，先拱后墙，下部防水卷材应压住上部防水卷材，防水卷材全部铺设完后施作二衬。

（4）防水卷材收口、搭接以及热熔施工：焊缝采用双缝焊接，即将两层防水卷材的边缘搭接，通过热熔加压而有效粘结。

3.9.2　施工控制要点

（1）喷射混凝土基面处理：将基面钢筋及凸出的管件等尖锐突出物，从混凝土表面处割除，并在割除部位涂抹砂浆，砂浆面抹成曲面；通道断面变化处的角抹成圆弧；基面若有明水，进行引排或采取注浆等堵漏措施，确保基面干净、渗漏水现象。

（2）无纺布铺设：顺通道纵向竖向垂直铺设；底部铺设：顺通道纵向铺设。

（3）防水卷材铺设：先在无纺布上用射钉布设热塑性塑料垫片，梅花型布设；在拱顶无纺布上弹出通道纵向中心墨线，使防水卷材的纵向中心线与墨线重合，先将拱顶的防水卷材与塑料圆垫片热熔焊接，再从拱顶开始向两侧下垂铺设，边铺边与垫片热熔焊接。

（4）防水卷材收口、搭接以及热熔施工：防水卷材搭接宽度短边不小于 150mm，长边不小于 100mm，焊缝宽度不小于 10mm；防水层的接头处应擦拭干净，去除表面油物灰尘，以保证焊接质量。

（5）防水卷材修补：修补仍采用热合办法，补丁不得过小，离破坏孔边不小于 7cm，补丁剪成圆角，不要有正方形、长方形、三角形等尖角。

（6）防水层的保护：防水层做好后，通道底部施作 3cm 厚的 C15 细石混凝土作为保护层，并及时灌注防水混凝土。

3.9.3　质量控制要点

（1）防水层应在初期支护结构趋于基本稳定，并经隐检合格后方可进行铺贴。

（2）铺贴防水层的基面应坚实、平整、圆顺、无漏水现场，基面不平整度为 50mm，基面阴阳角处应做好 100mm 圆弧或者 50mm×50mm 钝角。

（3）防水层的衬层应沿隧道环向由拱顶向两侧依次铺贴平顺，并与基面固定牢固，其长、短边搭接应符合下列规定：

1）卷材应沿隧道环向由拱顶两侧依次铺贴，其搭接长度为：长、短边不应小于100mm。

2）相邻两幅卷材处应采用双焊缝焊接、焊接宽度不应小于10mm，且均匀连续，不得有假焊、漏焊、焊穿的现象。

3）相邻两幅卷材接缝应错开，错开位置距结构转角处不应小于600mm。

3.10 二次衬砌

3.10.1 施工工艺

二次衬砌施工分为底部施工（污水泵房段不施工底部二衬）和洞身施工。先施工二衬底部，然后施工洞身二衬，其二次衬砌施工工艺流程及施工过程见图13-15。

（1）底部施工方法：防水卷材全段铺设，铺设完后经检查合格后平铺30mm厚的C15细石混凝土保护层，待砂浆达到设计强度后绑扎钢筋，绑扎钢筋时环向筋须错开外露。

（2）通道洞身二次衬砌的施工：底部二次衬砌施工结束，待混凝土达到设计强度后，方可施工通道洞身二次衬砌。

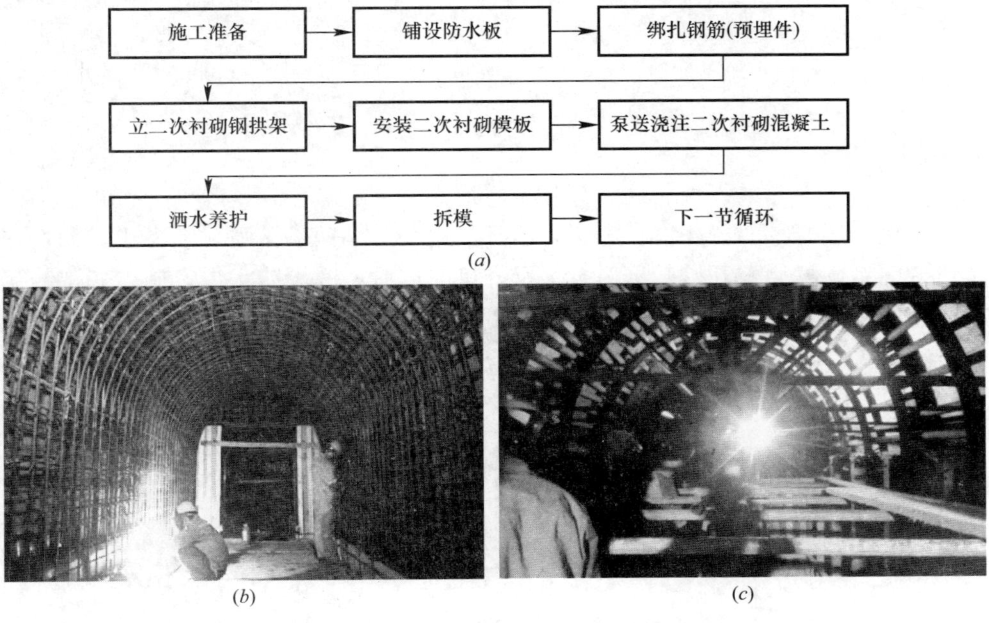

图13-15 二次衬砌施工工艺流程及施工过程

（a）二次衬砌施工流程图；（b）钢筋绑扎；（c）模板加固

3.10.2 施工控制要点

（1）二衬钢筋加工前，首先按设计进行配筋设计，根据配筋设计在洞外钢筋厂下料加工成型，并分类堆放，挂牌标识，以防混用。

（2）钢筋绑扎、焊接施工时必须采取必要的防护措施，防止钢筋施工时损伤防水层。

（3）模板安装前必须经过正确放样，检查无误后再立模，安装好后，必须复核中线及标高是否正确，模板表面清理干净，涂刷好隔离剂。

（4）所有预埋件和钢筋骨架固定在一起，以免灌筑混凝土时移位。

3.10.3 质量控制要点

（1）拱部模板应预留 10～30mm 沉落量，其高程允许偏差为设计高程加预留沉落量 0～10mm。

（2）变形缝及垂直施工缝端头模板处的填缝板中心应与初期支护结构变形缝重合，嵌堵严密，支立必须垂直、牢固，安装时应检查中线、高程、断面和净空尺寸。

（3）模板安装前，应仔细检查防水板、排水盲管、衬砌钢筋、预埋件等隐蔽工程，做好记录。

（4）边墙与拱部模板应预留混凝土灌注及振捣孔口。

（5）混凝土宜采用输送泵输送，坍落度应为：墙体 100～150mm，拱部 160～210mm；振捣不得触及防水层、钢筋、预埋件和模板。

（6）混凝土灌注至墙拱交界处，应间歇 1～1.50h 后方可继续灌注。

（7）严禁使用含氯化物的水泥，混凝土中氯化物总含量应符合规范规定。

（8）混凝土入模温度，冬期施工时不低于 5℃，夏季施工时不低于 32℃。

（9）拱顶混凝土衬砌浇筑时，应在拱顶预留注浆孔，注浆孔间距不大于 3m，拱顶注浆时，宜在衬砌混凝土强度达到 100%后进行，注入砂浆的强度等级应满足设计要求，注浆压力应控制在 0.1MPa 内。

（10）混凝土强度达到 2.5MPa 时方可拆模。

4 泵房施工

泵房采用分层开挖的方式进行施工，边开挖边及时挂钢格栅喷射混凝土，做好初期支护，架设十字钢支撑稳定开挖基坑，泵房全开挖完成后，铺设防水层，施做二次衬砌。施工步骤如表 13-4。

泵房施工步骤 **表 13-4**

序号	图示	说明
1	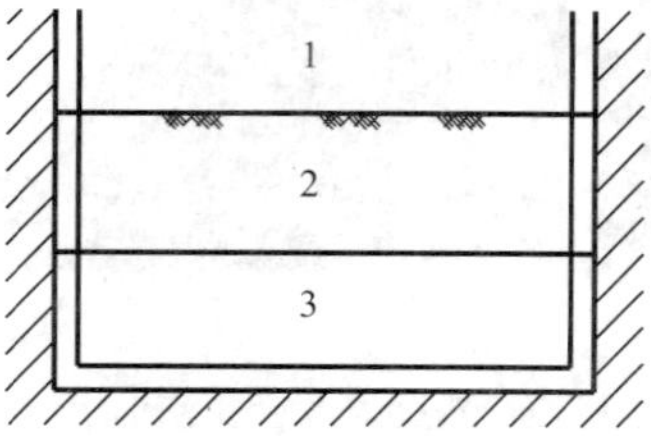	第一步：开挖第一层，及时挂钢格栅喷射混凝土，施做初期支护
2	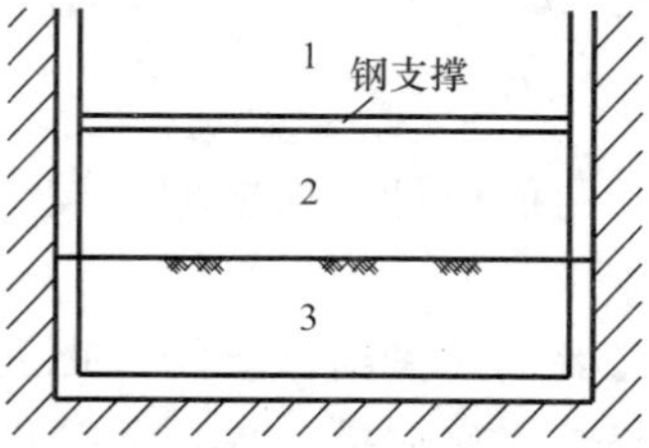	第二步：架设钢架支撑开挖第二层；及时挂钢格栅喷射混凝土，施做初期支护

续表

序号	图示	说明
3	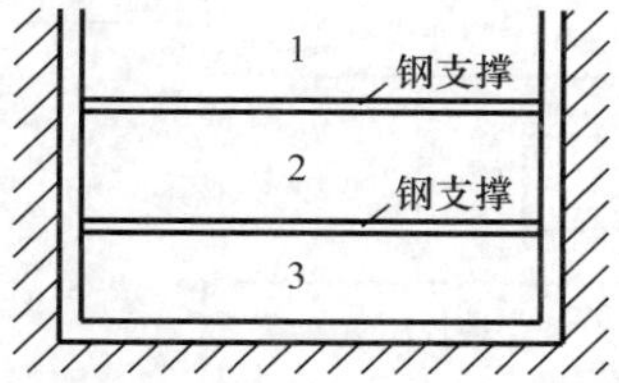	第三步：开挖第三层，架设钢架支撑；及时挂钢格栅喷射混凝土，施做初期支护
4	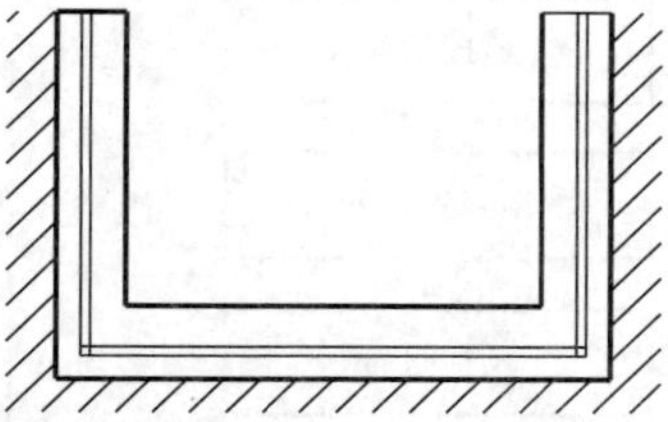	第四步：拆除钢架支撑，铺设防水夹层，施做二次衬砌，完成泵房的施工

5　监控量测

联络通道和泵房施工过程中，为保证结构安全与围岩的稳定，确保地面建筑物、地下管线的正常使用和地面交通安全，必须在施工的全过程进行全面、系统的监测工作并建立专门组织机构开展监测工作。

5.1　监测目的

（1）充分掌握地下通道在开挖过程初期支护、围护结构变形情况，对结构的稳定性进行评价；

（2）对周边地面沉降、地下管线和建（构）筑物的沉降等进行监控，了解施工对周边环境的影响情况；

（3）通过获得的结构及周围环境在施工中的综合信息，进行施工的日常管理，为优化和合理组织施工提供可靠信息，指导施工、改进施工工艺、合理安排施工进度，确定二次衬砌施作时机，实现动态设计和信息化施工；

（4）积累资料，总结地下工程规律和特点，为今后类似工程提供参考。

5.2　监测流程图

监测流程图见图 13-16。

5.3　监测内容

5.3.1　监测项目

根据设计图纸以及工程的具体情况，需对联络通道结构和周围受影响的地面环境等进行安全监测。监测项目以位移监测为主，主要为地表及建筑物的沉降，通道沉降及水平收敛。监测数据相互印证，确保监测结果的可靠性。

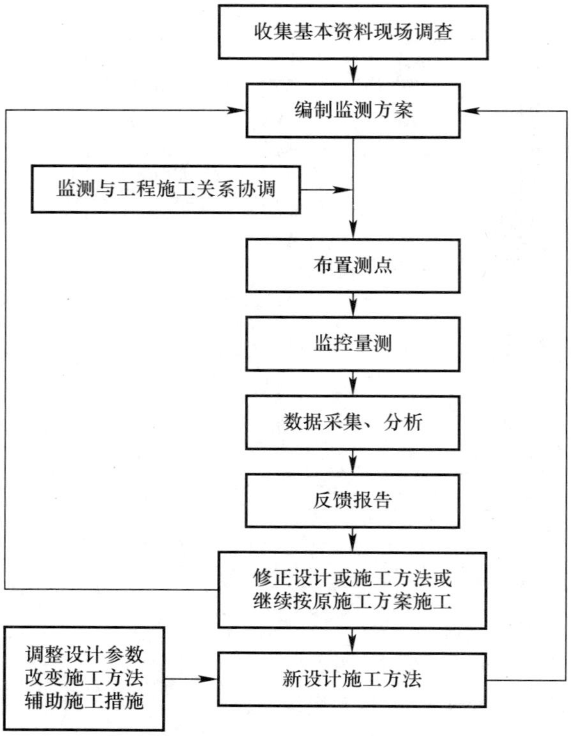

图 13-16　监测流程

暗挖施工监测量控表见表 13-5，变形三级预警管理表见表 13-6。

暗挖施工监测量控表　　**表 13-5**

序号	监测项目	监测方法与仪表	监测范围	测点间距	测试精度	控制标准	量测频率	图例
1	洞内、外观察	现场观察、地质预探	开挖工作面、初支完成区、内衬完成区、洞口及地表	随时进行	①开挖面围岩的自立柱；②支护衬砌的变形、开裂等情况；③岩土类别的核对		开挖后立即进行	
2	隧道周围地表沉降	经纬仪 水准仪	具体见图		1mm	普通段：30mm，2mm/d 过管线段：15mm，1mm/d	1d	
3	净空变化	收敛计	每导洞一条	通道内 3 个	0.1mm	20mm，1mm/d	1d	
4	拱顶下沉	水准仪 钢尺	每导洞一条	通道内 3 个	1mm	普通段：30mm，2mm/d 过管线段：15mm，1mm/d	1d	
5	管线监测	经纬仪 水准仪	① 通道宽度＋两侧各 3 倍 ② 埋深管线的上方布设	间距小于 10m	1mm	20mm，0.0025，3mm/d	1d	

续表

序号	监测项目	监测方法与仪表	监测范围	测点间距	测试精度	控制标准	量测频率	图例
6	建、构筑物及倾斜监测	经纬仪 水准仪	① 通道宽度＋两侧各 3 倍 ② 埋深范围内的建、构筑物	结合地表沉降点布设建筑物四角	1mm	既有建筑物的沉降、倾斜容许值见范围的有关规定	1d	
7	钢筋应力应变	钢筋计 应变仪	初支格栅钢筋、内衬环向钢筋	底板、侧墙、拱顶、通道中部一个	0.1MPa		1d	
8	隧底隆起	水准仪	每导洞一条	通道内 3 个	1mm	20mm，1mm/d	1d	
9	监控报警值为极限值得 70%，警戒值为极限值 80%；情况出现异常时，增大监测频率							

变形三级预警管理表 **表 13-6**

预警级别	预警状态	管理状态
黄色预警	实测位移（或沉降）的绝对值和速率值双控指标之一达到极限值的 60%时	监测组和施工单位应加密监测频率，加强对地面和建筑物沉降动态观察尤其应加强对预警点附近污水管和有压管线的检查和处理
橙色预警	实测位移（或沉降）的绝对值和速率值双控指标之一达到极限值的 80%时	应继续加强上述监测、观察、检查和处理外，应根据预警状态的特点进一步完善针对该状态的预警方案，同时应对施工方案、开挖进度、支护参数、工艺方法等作检查和完善，在获得设计和建设单位同意后执行
红色预警	实测位移（或沉降）的绝对值和速率值双控指标均达到极限值，与此同时，还出现下列情况之一：实测位移（或沉降）速率出现急剧增长；隧道或基坑支护混凝土表面已出现裂缝，同时裂缝处已开始渗流水	应立即向上述单位报警外还应立即采取补强措施，并经设计、施工、监理和建设单位分析和认定后，改变施工程序或设计参数，必要时应立即停止开挖，进行施工处理

5.3.2 监测点布置

联络通道施工过程中，监测点分为地面监测点和通道内监测点，其布置图见图 13-17。(作为参考)

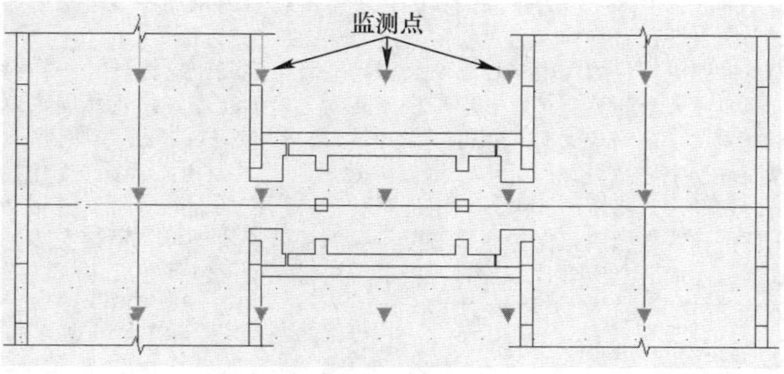

(*a*)

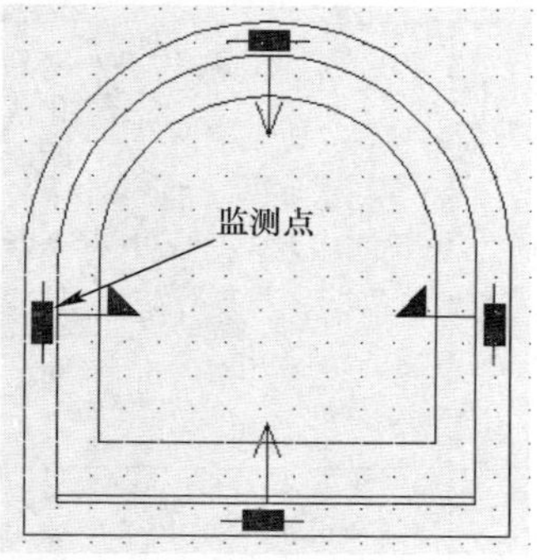

(*b*)

图 13-17 监测点布置

(*a*) 地面监测点布置图；(*b*) 通道内监测点布置图

5.3.3 监测方法

联络通道施工监测方法包括洞内外观察、地表沉降变形量观测、净空变化监测、顶部下沉监测、管线位移监测、钢筋应力应变监测、底部隆起、监测出现问题的应急措施及注意事项。监测方法统计表见表 13-7。

监测方法统计表 表 13-7

序号	监测方法	埋设方法	测试方法
1	洞内外观察	对开挖工作面观察：①开挖工作面的稳定状态；②涌水情况：位置、水量、水压；③底板是否有隆起现象； 对开挖后已支护地段的观测：①混凝土有无裂隙和剥离或剪切破坏；②钢拱架有无被压变形情况； 观察围岩破坏形态并分析：①危险性不大，不会发生急剧破坏，如加临时支护之后就可稳定的情况；②应当引起注意的破坏，如拱顶混凝土喷层因受弯曲压缩的影响而出现的裂隙；③危险征兆的破坏，如拱顶混凝土喷层出现有对称性局部崩落，侧墙内移	
2	地表沉降变形量观测	放出测点位置，钻穿路面，将土普通水准标识送入路面以下，或将道钉打入测点位置	沉降测量在施工影响范围之外布设2～3个高程起算点，且均与已知水准点定期联测，对起算点定期复核，确保起算点的准确性。测量采用精密水准仪，按国家二等水准要求观测。以附合或闭合路线在水准路线上联测各监测点，以水准控制点为基准，测算出各监测点标高
3	净空变化监测	按要求放出测点位置，在测点处用钻孔，孔深约为 25cm。在孔中填满水泥砂浆后插入收敛预埋件，尽量使两预埋件轴线在基线方向上，待砂浆凝固后即可量测	采用收敛仪进行量测，量测时应记录环境温度，以便对测得数据进行修正
4	顶部下沉监测	在每个量测断面的拱顶中心埋设自制的钢筋预埋件。埋设前，先在待测部位成孔，然后将预埋件放入，并用混凝土填塞，待混凝土凝固后即可量测	利用收敛尺或钢尺，一端挂在拱顶自制预埋件上。按国家二等水准要求施测。每次测量时以高程传递点为起始点引测
5	管线位移监测	地下管线监测点的埋设除能利用原有管线设备点外采用套洞法埋设。即在地下管线对应地表打设或埋设硬套管，将顶面刻划“+”的钢筋置入其中，并用黏土或砂将其固定	同地表沉降
6	钢筋应力应变监测	量测目的：钢筋、混凝土应力量测的目的在于了解初衬内钢筋、混凝土应力的变化情况，为施工设计做指导。 断面布置：钢筋应力量测仅限于Ⅳ、Ⅴ级围岩地段，混凝土应力计位于初衬混凝土内，与钢筋应力量测测点布置在同一量测断面上，测点布置位置相同，单洞每个断面 5 个测点。钢筋应力计安装前，在钢拱架待测部位并联焊接钢弦式钢筋计，在焊接过程中注意对钢筋计淋水降温，然后将钢拱架由工人搬至洞内立好，记下钢筋计型号，并将钢筋计编号，用透明胶布将写在纸上的编号紧密粘贴在导线上。注意将导线集结成束保护好，避免在洞内被施工所破坏。钢架安装完以后即可测取读数。混凝土应力计布置时，要求被初衬混凝土包裹好	
7	底部隆起	放出测点位置，将水准标识送入埋入	每次测量时以高程传递点为起始点引测
8	监测出现问题的应急措施	对各项目进行监测的过程中，若有某一监测项目超出允许值时，马上向有关部门反映，同时研究并采取有效地进行处理，防止继续扩散，并尽可能进行修复工作	

5.4　数据分析和信息反馈

（1）对量测资料认真检查、审核和计算，每次量测结束后，及时将量测结果整理、填入有关图表，分析数据反映的变化规律，便于各断面和不同量测手段之间的对比，及时向施工负责人汇报洞内围岩、支护结构周围土体稳定状态，并定期提出围岩稳定性和支护可靠性的书面报告。

（2）量测数据整理结果应配合地质、施工等各方面信息，再与由经验和理论所建立的标准进行比较，对于设计所确定的结构形式、支护衬砌设计参数、预留变形量、施工方法和工艺及各工序施作时间等进行检验，以验证设计或作为修改设计、改变施工方法、调整施工作业时间的依据。

（3）当量测结果出现反常或危险信息时，立即采取紧急处理措施，加大量测频率，密切注视洞内外动态，必要时停止施工，并通知甲方、监理和设计等有关单位，磋商后进行进一步的处理。

（4）本工程地面最大沉降量不大于30mm，对于邻近构筑物地段则按允许的限值控制，围岩稳定性判别标准执行有关的规范并考虑周边环境因素。

（5）监测报告及时提交业主、监理和设计单位。

5.5　监测控制要点

（1）妥善协调好施工和观测设备埋设间的相互干扰，将观测设备的埋设计划列入工程进度控制计划中，及时提供工作面，创造条件保证监测埋设工作的正常进行。

（2）开挖工作面的观察，在每个开挖面进行，开挖后立即核对地质情况，绘出地质素描图，记录开挖面稳定状态，顶部有无土体剥落和坍塌现象，记录涌水位置、涌水量、涌水压力和水质，若遇特殊不稳定情况时，派专人进行不间断的观察，对已支护地段，观察喷射混凝土是否发生裂隙和剥落或剪切破坏，格栅钢架有无被压曲变形情况。

（3）洞周收敛采用收敛计进行量测，对短台阶法施工的隧道，每断面设二条水平基线。

（4）顶部下沉量测和洞周收敛量测设于同一断面。

（5）地表下沉量测，测点尽量设在隧道中线上，并与顶部下沉测点设在同一断面上，在隧道开挖前就开始进行，以获得开挖过程中的全位移曲线。

（6）施工监测随隧道施工的进度连续进行，在开挖卸载高峰阶段，加大量测频率。

（7）施工前做好路面和地面建筑物及地下管线的调查和记录工作，必要时进行现场拍摄。

（8）测点布置应结合后续主体工程施工，教育施工人员采取切实有效措施，防止一切观测设备和电缆受到机械和人为的损坏，尽量避免将来施工时被破坏。

5.6　监测质量控制

5.6.1　初期控制

在施工前，根据总的施工设计方案，通过现场勘察，确定测试仪器、布置位置、数量及深度。根据总的施工顺序和进度计划，初步确定测点布置顺序。

5.6.2　施工控制

在仪器安装埋设的全过程中，必须对仪器、传感器和设备等进行连续的检验，以确保他们质量的稳定性，并作好如下记录：

（1）仪器的种类、型号、编号和说明；

（2）测试元件布置的位置及编号；

（3）测试点布置日期；

（4）测试时的气候状况；

（5）安装和测试时周围施工状况或掘进里程；

（6）安装期间的调试及多次测取初始数据。

5.6.3 监测控制

监测阶段，作好数据采集记录和信息反馈，仪器的维护和标定。根据规定的采集频率，满足系统在时间上的连续性的要求，以仪器的精度和准确度为标准检验或判断数据的偏差是否正常。所有监测工作均应考虑和施工穿插进行。观测时间应尽量避开白天客流量、车流量大的时间（必须和施工同时进行的除外）。在联络通道施工期间，加强相邻管片、建筑、管线监测，适当加大监测频率。

5.6.4 数据分析处理控制

全部采用计算机处理，自动图表处理数据。

6 质量检验标准

6.1 模板工程验收标准

模板及支架的拆除应符合现行国家标准《混凝土结构工程施工规范》GB 50666 的规定和施工方案的要求，其检验质量标准见表 13-8。

模板支立规范要求 **表 13-8**

序号	验收标准
1	模板设计应符合下列规定：模板和支架应可靠的承受钢筋混凝土结构及施工的各项荷载；保证结构形状、位置和尺寸正确；构造简单，施工方便，装拆灵活，利于搬运，能满足钢筋安装、绑扎和混凝土灌注等工艺要求；墙、柱（钢管柱除外）模板预留吹扫孔和振捣窗
2	模板支立前应清理干净并涂刷隔离剂，铺设应牢固、平整、接缝严密不漏浆，相邻两块模板接缝高低差不应大于 2mm。支架系统连接应牢固稳定
3	模板应采用拉杆螺栓固定，两端应加垫块，拆模后其垫块孔应用膨胀水泥砂浆堵塞严密
4	垫层混凝土模板支立应平顺，位置正确。高程－20～10mm；宽度以中线为准，左右各±20mm；变形缝不直顺度在全长范围内不得大于 1‰；里程±20mm
5	底板结构先贴防水层的保护墙应支撑牢固，结构梗斜和底梁模板支立位置应正确、牢固、平整
6	顶板结构应先支立支架后铺设模板，并预留 10～30mm 沉落量，顶板结构模板允许偏差为：设计高程加预留沉落量 0～10mm；中线±10mm；宽度－15～＋15mm
7	墙体结构应根据放线位置分层支立模板，内模板与顶模板连接好并调整净空合格后固定；外侧模板应在钢筋绑扎完后支立。模板支立允许偏差为：垂直度 2‰；平面位置±10mm
8	钢筋混凝土柱的模板应自下而上分层支立，支撑应牢固，允许偏差为：垂直度 1‰；平面位置，顺线路方向± 20mm，垂直线路方向±10mm。钢管柱垂直度、平面位置除符合以上规定外，柱顶高程允许偏差为 0～10mm

续表

序号	验收标准
9	结构变形缝处的端头模板应钉填缝板，填缝板与嵌入式止水带中心线应和变形缝中心线重合，并用模板固定牢固。止水带不得穿孔或用铁钉固定。端头模板支立允许偏差为±10mm，垂直度2‰
10	结构留置垂直施工缝时，端头必须安放模板，如设置止水带，除端头模板不设填缝板外
11	结构拆模时间：不承重侧墙模板，在混凝土强度达到2.5MPa时即可拆除；承重结构顶板和梁，跨度在2m及其以下的强度达到50%，跨度在2～8m的强度达到70%，跨度在8m以上的强度达到100%时方可拆除
12	拆除的模板应清除灰渣，及时维修，妥善保管

6.2 钢筋工程验收标准

钢筋工程验收标准应符合现行国家标准《混凝土结构工程施工质量验收规范》GB 50204—2015、《地下铁道工程施工及验收规范》GB 50299—1999的相关规定。相关参数见表13-9～表13-11。

钢筋加工允许偏差值（mm） **表13-9**

项目		允许偏差
调直后局部弯曲		$d/4$
受力钢筋顺长度方向全长尺寸		±10
弯起成型钢筋	弯起点位置	±10
	弯起高度	0 −10
	弯起角度	2°
	钢筋宽度	±10
钢筋宽和高		+5 −10

钢筋焊接片形骨架尺寸允许偏差值（mm） **表13-10**

项目	允许偏差
钢筋骨架高度	±5
钢筋骨架宽度	±10
主筋间距	±10
箍筋间距	±10
钢筋网片长和宽	±10
钢筋网眼尺寸	±10

钢筋绑扎位置允许偏差值（mm） **表13-11**

项目		允许偏差
箍筋间距		±10
主筋间距	列间距	±10
	层间距	±5

续表

项目		允许偏差
钢筋弯起点位移		±10
受力钢筋保护层		±5
预埋件	中心线位移	±10
	水平及高程	±5

6.3 混凝土工程验收标准

混凝土工程验收标准应符合现行国家标准《混凝土结构工程施工质量验收规范》GB 50204—2015、《地下铁道工程施工及验收规范》GB 50299—1999 的相关规定。混凝土验收要求见表 13-12。

混凝土验收要求　　表 13-12

序号	验收标准
1	隧道结构均应采用防水混凝土
2	混凝土灌注前应对模板、钢筋、预埋件、端头止水带等进行检查，清除模内杂物，隐检合格后，方可灌注混凝土
3	垫层混凝土应沿线路方向灌注，布灰应均匀，其允许偏差为：高程－10～＋5mm，表面平整度 3mm
4	底板混凝土应沿线路方向分层留台阶灌注。混凝土灌注至高程初凝前，应用表面振捣器振一遍后抹面，其允许偏差为：高程±10mm，表面平整度 10mm
5	墙体混凝土左右对称、水平、分层连续灌注，至顶板交界处间歇 1～1.5h，然后再灌注顶板混凝土。顶板混凝土连续水平、分台阶由边墙、中墙分别向结构中间方向进行灌注。混凝土灌至高程初凝前，应用表面振捣器振捣一遍后抹面，其允许偏差为：高程±10mm，表面平整度 5mm
6	结构变形缝设置嵌入式止水带时，灌注前应校正止水带位置，表面清理干净，止水带损坏处应修补；顶、底板结构止水带的下侧混凝土应振实，将止水带压紧后方可继续灌注混凝；边墙处止水带必须固定牢固，内外侧混凝土应均匀、水平灌注，保持止水带位置正确、平宜、无卷曲现象
7	混凝土灌注过程中应随时观测模板、支架、钢筋、预埋件和顶留孔洞等情况，发现问题，及时处理
8	混凝土终凝后应及时养护，垫层混凝土养护期不得少于 7d，结构混凝土养护期不得少于 14d

第十四章 洞口施工工艺标准

1 工艺概述

洞门是指盾构区间和始发、接收井连接构造，主要作用为防止建筑空隙内的泥水进入主体结构，起到防水的作用。洞门施工工艺主要作业内容包括：施工准备、注浆堵水、搭设脚手架、管片拆除、防水施工、钢筋绑扎、模板安装、混凝土浇筑、拆模及养护、洞门防水效果检查及现场清理。一般在区间洞通之后开始施工。洞门示意图见图 14-1。

图 14-1 洞门

2 工序流程

洞门施工工艺流程见图 14-2。

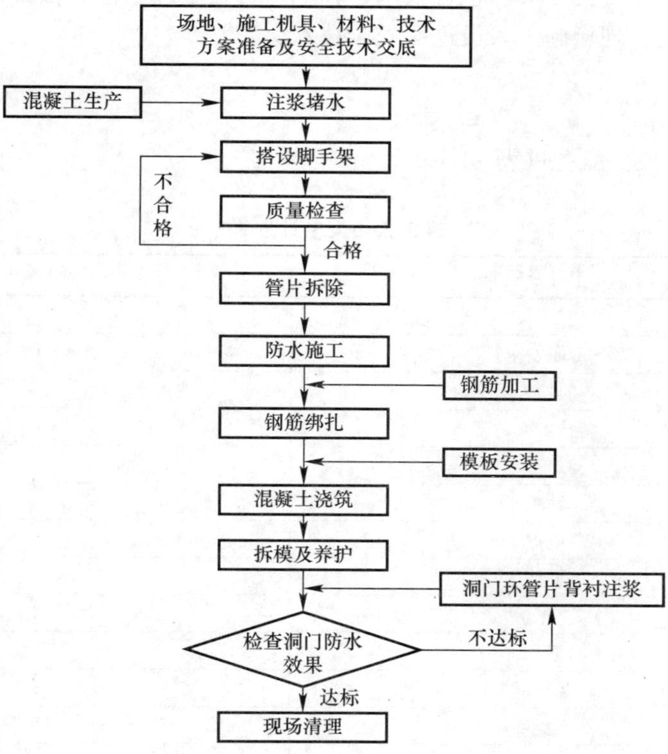

图 14-2 洞门施工流程

3 施工工艺及控制要点

3.1 施工准备

3.1.1 技术准备

（1）测量准备

进行施工测量，放线定位，准确定出盾构洞门分界里程及洞门三维坐标。

（2）试验准备

1）确定砂浆配合比、混凝土配合比、注浆浆液配合比。

2）检查进场混凝土合格证及进行现场试验。

3）对进场的材料进行送检，对进场的机具进行验收。

（3）方案及图纸准备

1）图纸审核与现场核对

组织技术、测量、商务人员对设计图纸进行审核，查看图纸与现场实际是否相符；工程量是否准确；图纸标注尺寸是否清楚；前后是否相符以及有无缺漏等。

2）施工方案

① 编制盾构洞门专项施工方案，并完善报批手续。

② 编制洞门安全专项施工方案并经审批后方可施工。

③ 洞门施工场地布置方案（包含临水、临电、材料堆放区及设备安置平台）。

④ 对管理人员和现场施工人员进行安全技术交底。

3.1.2 资源准备

（1）人员准备

单个洞门施工人员配备见表 14-1。

施工人员配备计划表　　　　表 14-1

序号	工种及职务	人数
1	工长	1
2	专职安全员	1
3	质检人员	1
4	技术人员	1
5	测量人员	2
6	钻眼工	2
7	电焊工	2
8	钢筋工	3
9	木工	2
10	架子工	2
11	混凝土工	3
12	普工	1
13	电工	1

（2）材料准备

所有进场防水材料应有产品合格证、产品性能检验报告和材料进场检验报告。单个洞门施工材料配备计划见表 14-2。

施工材料配备计划表 **表 14-2**

序号	材料品种	规格型号	单位	数量
1	商品混凝土（掺入水玻璃）	C40-P10	m^3	8
2	钢筋	ϕ10～ϕ20	t	0.73
3	遇水膨胀止水条	10mm×20mm	m	60
4	定型钢模板		m^2	15
5	脚手架（立杆、横杆、斜杆）	ϕ51	t	2
6	10mm×10mm 方木及木模板			若干
7	预埋注浆管		m	60
8	管片连接螺栓		个	16

说明：以上为单个井接头数量，按平均 60cm 估算，施工中按实际长度进行调整。

（3）机械准备

所有机械设备进场后需按要求完成报审和备案工作，方可投入使用；仪器需进行校验和标定后方可使用。单个施工机械及仪器配置见表 14-3：

施工机具配备计划表 **表 14-3**

序号	机具名称	型号规格	单位	数量	备注
1	钢筋切割机	GJ5-40	台	1	钢筋制作
2	钢筋弯曲机	GJ7-40	台	1	钢筋制作
3	交直流电焊机	BX1-300-2	台	2	钢筋焊接
4	风镐	G10A	台	3	捣碎混凝土
5	空压机	10m^3/min	台	1	提供压缩空气
6	混凝土输送泵车	HB60	台	1	混凝土输送
7	双液注浆泵	FBY50/70	台	1	混凝土灌注
8	插入式捣固器	CZ25/35	台	2	混凝土振捣
9	氧气、乙炔		套	1	钢板切割
10	潜水泵	扬程≥30m	台	2	坑内抽排水
11	电动手磨		个	2	打磨洞门钢环
12	导链		条	2	
13	铁丝刷		把	5	清理杂物
14	铁锹		把	3	
15	检测尺		把	1	洞门水平检测
16	卷尺	10m	把	1	洞门尺寸检测

（4）现场准备

洞门施工时现场需要准备用水用电、材料堆放区、搭建放置注浆机平台及安全防护设施。

1）施工用水采用现有盾构隧道或车站施工供水管路，从接水点采用 ϕ50mm 水管接入，用 ϕ25mm 水管引至洞门各使用点。

2）施工用电采用现有盾构隧道或车站供电系统接到工地。

3）施工前检查供水管路、电线是否铺设合理，有无漏水漏电现象，是否妨碍后续施工。

4）洞门处的场地需清理干净，地面干燥无杂物，不打滑。

5）材料堆放区设置在洞门附近车站底板上，不能设置于电瓶车轨道上，材料需分类摆放，并设置材料规格牌。

6）注浆机放置平台设置于电瓶车轨道两侧，并做好安全防护。

3.2 注浆堵水

3.2.1 施工工艺

在洞门 0 环片拆除前，为进一步提高背衬注浆层的防水性和密实度，确保洞门施工中隧道安全和达到防水的目的，先对洞门的隧道进行壁后注浆。注浆的范围为 0～5 环；每环选取四个点位，通过拼装头预留的注浆孔对管片背后进行注浆。注浆堵水的施工工艺与二次注浆施工工艺相同，其施工工艺流程图见图 14-3。

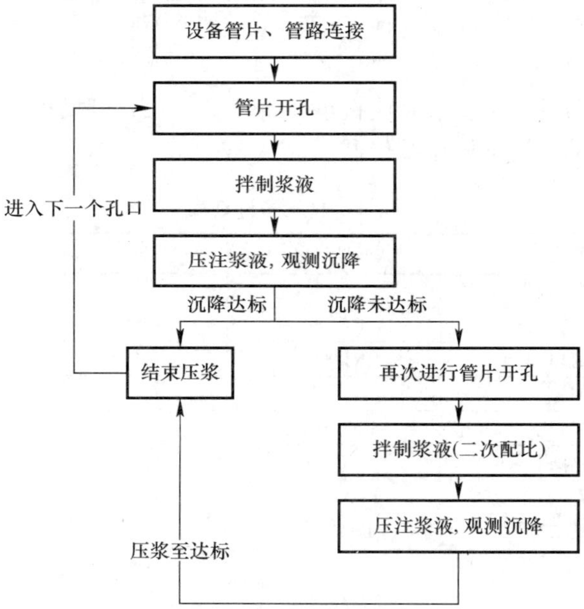

图 14-3 注浆堵水流程

3.2.2 施工控制要点

（1）注浆前应对注浆孔、注浆管路和设备进行检查，完工后及时将管路设备清洗干净。

（2）注意浆液应根据地质、地面超载及变形速度等条件选用，配合比应经试验确定。

（3）注浆过程严格控制注浆压力、注浆量和注浆时间。

（4）分析对比地面沉降监测数据，并用超声波探测仪检查管片后部有无空洞，综合判断注浆效果，及时优化注浆参数。

（5）每环注浆前确认注浆系统处于正常，且浆液储量足够，保证注浆作业连续不中断。

（6）注浆结束后及时将管路、设备清洗干净。

3.2.3 质量控制要点

（1）注浆采用双液浆即水泥浆液和水玻璃，其中水泥浆液水灰比为 1∶1，水泥浆与水玻璃比例为1∶1，注意浆凝胶时间、固结体强度、浆液结实率、稠度和稳定性指标符合设计要求。

（2）注浆压力取1.1～1.2倍静止水压力，最大不超过0.35MPa。

（3）注浆结束标准：采用注浆压力和注浆量双指标控制，注浆压力达到设计值，注浆量达到设计值的85%以上时，认为达到注浆质量要求。

（4）注浆对地面产生的沉降量不得超过30mm，地面的隆起不得超过20mm。

3.3 搭设脚手架

3.3.1 施工工艺

在进行管片切割、拆除施工前，为便于施工和安全，需搭设施工脚手架，其搭设流程如下：

在隧道结构底板上弹线、立杆定位→铺设垫板和安放立杆底座→摆放纵向扫地杆→树立杆并与纵向扫地杆紧扣→装扫地小横杆，并与立杆、纵向扫地杆紧扣，同时固定立杆（固定立杆底端前，应吊线确保立杆垂直），每边竖起3～4根立杆后，随即装设第一步纵向平杆（与立杆扣接固定）和横向平杆（小横杆，靠近立杆并与纵向平杆扣接固定）、校正立杆垂直和平杆水平使其符合要求后，拧紧扣件螺栓，形成构架的起始段→按上述要求依次向前延伸搭设，直至第一步架交圈完成。交圈后，再全面检查一遍构架质量和地基情况，严格确保设计要求和构架质量→设置连墙件（或加抛撑）→按第一步架的作业程序和要求搭设第二步、第三步→随搭设进程及时装设连墙件和剪刀撑→装设作业层间横杆（在构架横向平杆之间加设的、用于缩小铺板支承跨度的横杆）、铺设脚手板和装设作业层栏杆、挡脚板或围护，封闭措施。

脚手架搭建见图14-4。

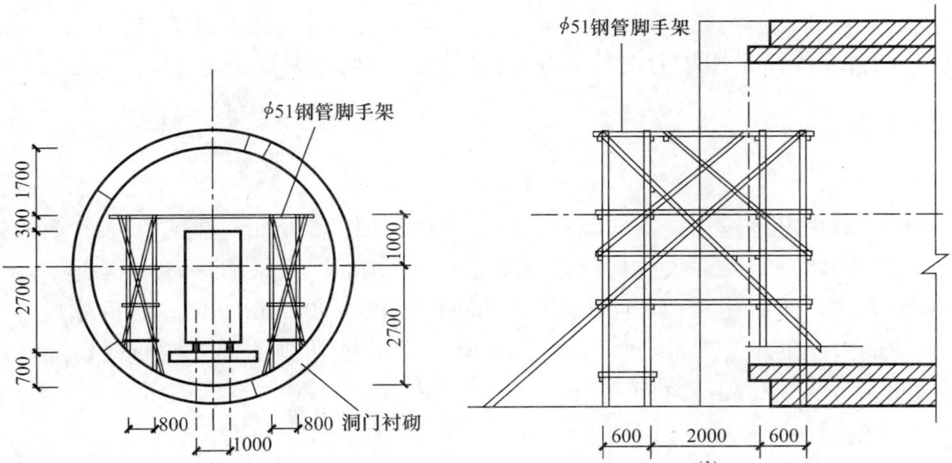

图14-4 脚手架搭建

3.3.2 施工控制要点

（1）脚手架搭设控制要点

1）脚手架搭设前，需对钢管、扣件、脚手板、可调托撑进行检查验收。

2）搭设前需对立杆位置进行放线定位，并在对应的位置放置铸铁或钢底座。

3）搭设过程中，需按照专项施工方案进行搭设，且必须符合设计规范要求。

4）脚手架必须保留可让机车通过的通道。

（2）脚手架拆除控制要点

1）连墙件待其上部杆件拆除完毕（伸上来的立杆除外）后才能松开拆去。

2）松开扣件的平杆件应随即撤下，不得松挂在架上。

3）拆除长杆件时应两人协同作业，以避免单人作业时的闪失事故。

4）一定要采取先搭设起始段而后向前延伸的方式，当两组作业时，可分别从相对角开始搭设。

5）拆下的杆配件应吊运至地面，不得向下抛掷。

3.3.3 质量控制要点

（1）脚手架搭设过程中确保底座位置准确、铺放平稳，不得悬空。

（2）脚手架搭设过程严禁 $\phi48$ 和 $\phi51$ 钢管及其相应扣件混用。

（3）底立杆应按立杆接长要求选择不同长度的钢管交错设置，至少应有两种适合的不同长度的钢管作立杆。

（4）每搭完一步脚手架，必须校正步距、纵距、横距及立杆的垂直度。

（5）在设置第一排连墙件前，应约每隔 6 跨设一道抛撑，以确保架子稳定。

（6）连墙件和剪刀撑应及时设置，不得滞后超过 2 步。

（7）杆件端部伸出扣件之外的长度不得小于 100mm。

（8）在顶排连墙件之上的架高（以纵向平杆计）不得多于两步，否则应每隔 6 跨加设 1 道撑位措施。

（9）对接平板脚手板时，对接处的两侧必须设置间横杆。

（10）作业层的栏杆和挡脚板一般应设在立杆的内侧。栏杆接长亦应符合对接或搭接的相应规定。

（11）扣件紧固质量用扭力扳手检查，抽样按随机均布原则确定。

3.4 管片拆除

3.4.1 施工工艺

管片拆除的难度比较大，零环管片已经进入内衬墙内。因此，需要采取有效的拆除方法进行拆除。若零环管片嵌入内衬墙内深度大于 900mm，则最后一环不得拆除，采取凿除或切割的方式，使得切除后环面与洞门结构面在 500～900mm 之间；若拆除后，零环管片嵌入内衬墙内深度小于 500mm，则将后一环再凿除或切割一部分，使得切除后环面与洞门结构面在 500～900mm 之间。

3.4.2 K 块的拆除

K 块的拆除主要通过切割破碎的方式拆除。沿隧道方向切割两道，切割面倾向 K 块中心，以方便碎块取出。横向切割三道。注意切割时切割深度不得超过管片的厚度，预留 3～5cm。切割完毕再逐块破碎取出。见图 14-5。

3.4.3 B2 块的拆除

由于管片吊装孔已经隐藏在隧道内，且管片外侧已经注入双液浆，拆除比较困难。在 K 块拆除后，按照 B2 块的位置，其拆除顺序及示意图见图 14-6。

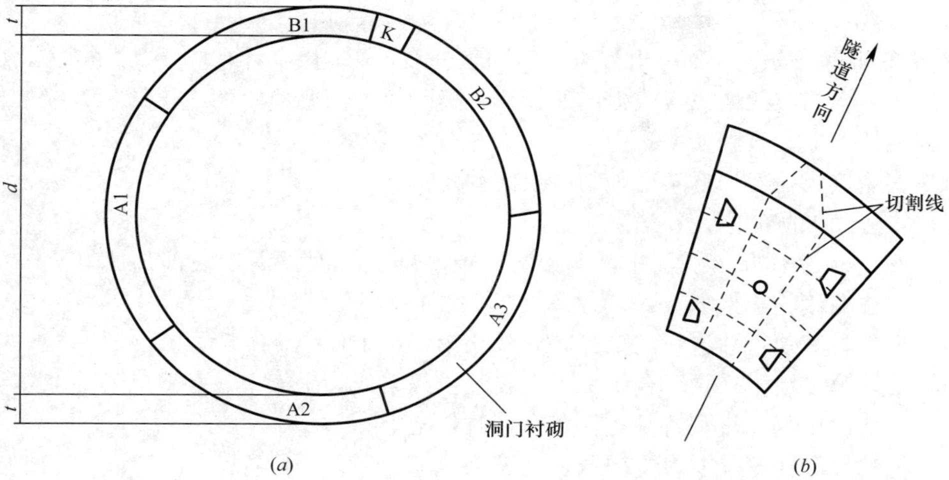

图 14-5　衬砌块标号及 K 块切割
（*a*）衬砌块编号示意图；（*b*）K 块切割

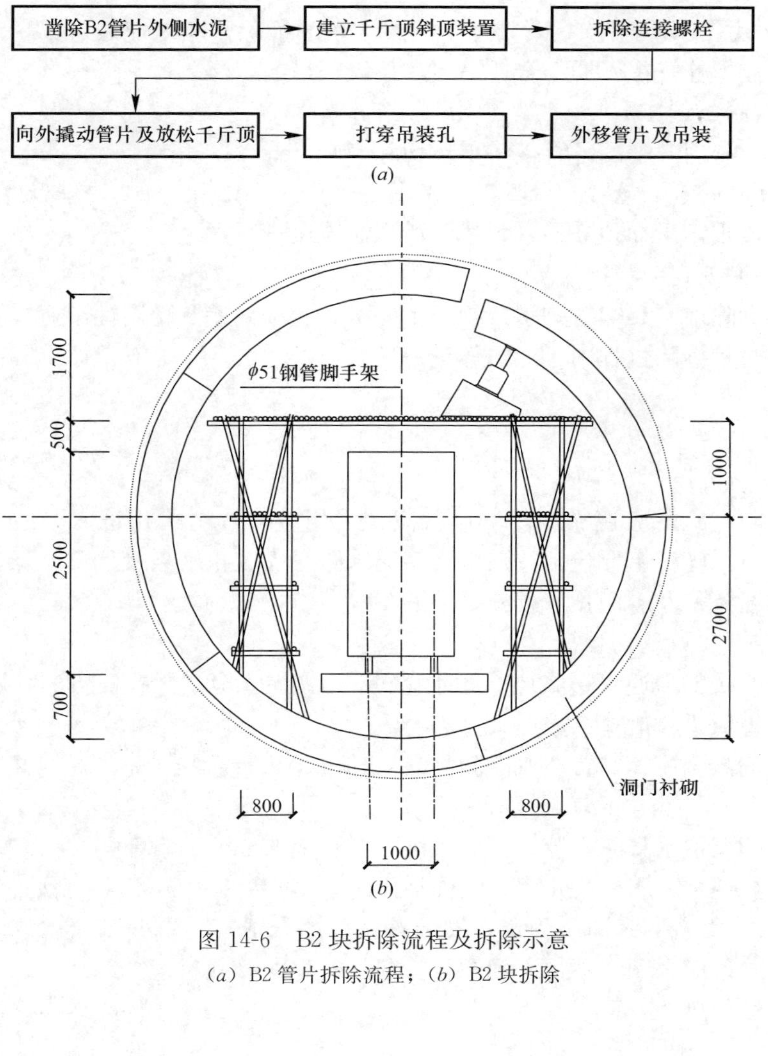

图 14-6　B2 块拆除流程及拆除示意
（*a*）B2 管片拆除流程；（*b*）B2 块拆除

3.4.4 B1 块的拆除

B1 块的拆除方法与 B2 块相类似。不同之处在于 B1 块全部在脚手架的上方，因此需要另外加工一个接收托架来接收拆出的管片，拆除时，需要使用两组千斤顶互换，使管片逐步平放在托架上。步骤如下：

（1）安装接收托架。托架必须与脚手架固定。

（2）将管片外侧的水泥石凿除。

（3）安装第一组千斤顶，并顶牢。千斤顶高度不够时，需在底部垫 150×150 枕木，并可以直接枕在接收托架上。

（4）拆除与其他管片连接的螺栓，并放松第一组千斤顶。

（5）安装第二组千斤顶。视情况可以安装于托架或脚手架上，顶紧管片，将第一组千斤顶拆出。如此反复，直到管片完全落在接收托架上。

（6）将管片沿托架往洞口方向撬，直至到达适合吊装的位置。

（7）打穿管片吊装孔，穿入钢丝绳，用 50t 龙门吊将其吊出。

B1 管片拆除流程及拆除示意见图 14-7。

3.4.5 剩余块的拆除

K 块、B2 块、B1 块拆除后，A1、A2、A3 块的拆除则相对比较容易。凿除管片外侧水泥→拆除连接螺栓→往外撬至合适吊装的位置→吊装。

3.4.6 施工控制要点

（1）零环与洞门齐平的，直接将零环切除 500mm。

（2）拆除顺序按照：K 块→B2 块→B1 块→A1 块→A2 块→A3 块进行拆除。

（3）拆除过程，千斤顶需顶紧管片，泄压需缓慢进行。

3.4.7 质量控制要点

（1）管片拆除前，必须对脚手架的技术要求、允许偏差及稳定性进行检查。

（2）零环管片拆除过程中不能损坏正一环。

3.5 防水施工

3.5.1 施工工艺

地下工程防水施工应遵循“防、排、截、堵相结合，刚柔相济，因地制宜，综合治理”的原则。防水施工主要包括粘贴缓膨型遇水膨胀橡胶止水条及洞门环梁浇筑抗渗混凝土。其施工工艺流程及洞门止水条粘贴见图 14-8：

3.5.2 施工控制要点

（1）在粘贴缓膨型遇水膨胀橡胶止水条的部位用高压水枪清洗干净，待表面干燥后，在均匀涂刷单组氯丁-酚醛粘结剂。

（2）粘结剂涂刷后，晾置一段时间（10～15min），待手指接触不粘时，在将橡胶条粘结压实。

（3）沿缓膨型遇水膨胀橡胶止水条长度方向每隔 500mm 用高强钉加以固定。

（4）缓膨型遇水膨胀橡胶止水条延伸使用时，接头处采用重叠的方法进行搭接，搭接长度 100mm，并用高强钉加以固定，安装路径应闭合成环，其间不得留断点。缓膨型遇水膨胀橡胶止水条应平顺，不得出现脱胶、起鼓、歪曲等现象。

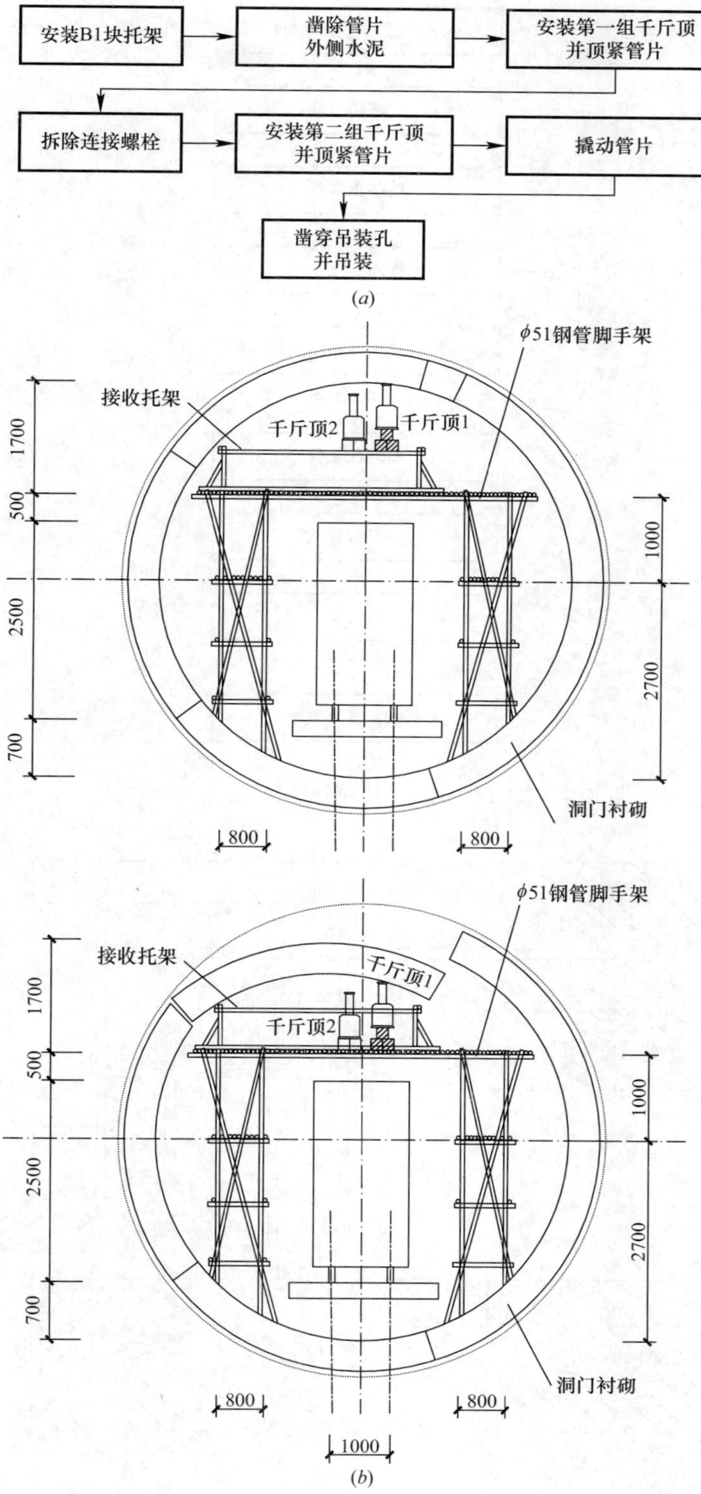

图 14-7　B1 管片拆除流程及拆除示意

(*a*) B1 管片拆除流程；(*b*) B1 块拆除示意图

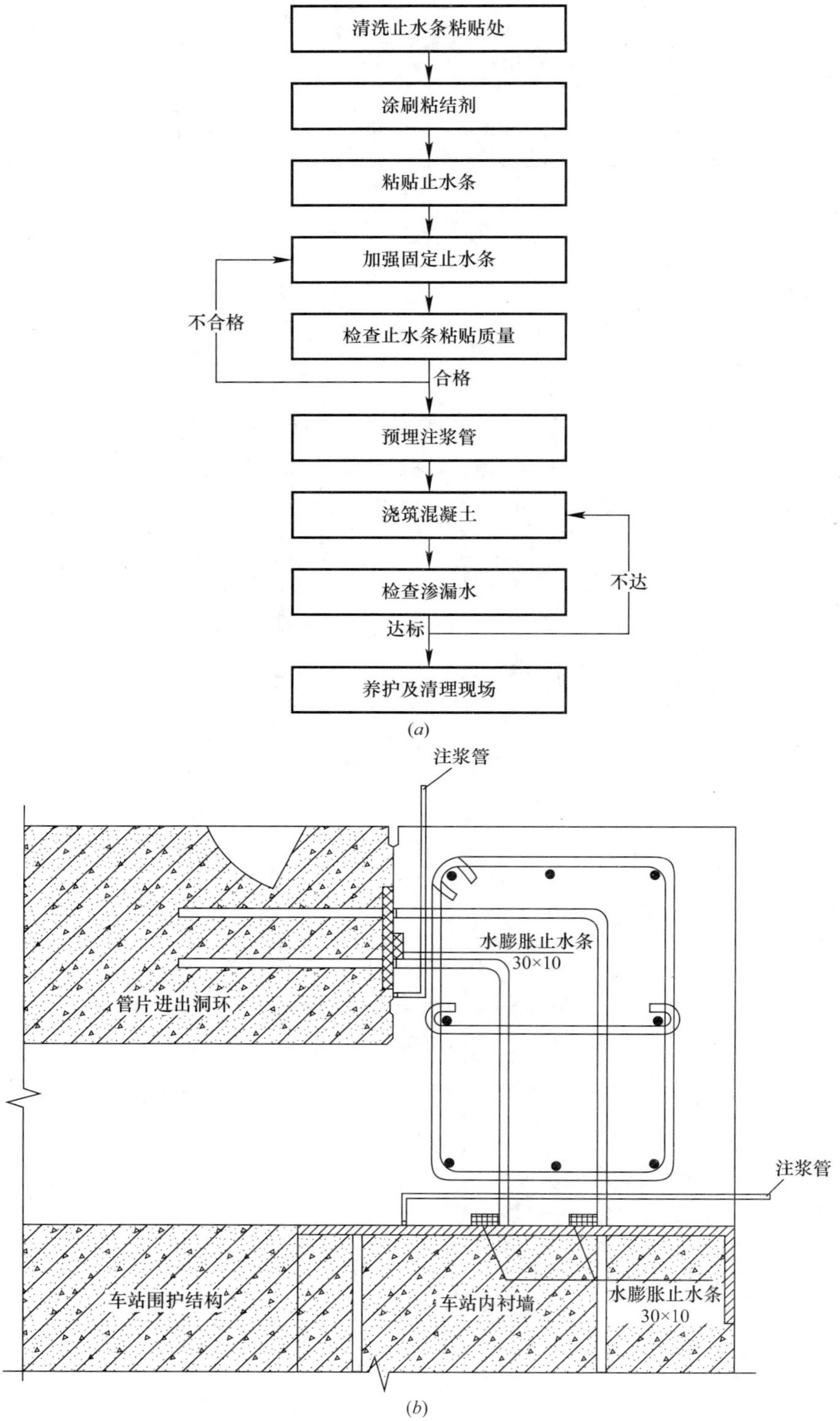

图 14-8 防水施工工艺流程及洞门止水条粘贴

（a）防水施工工艺流程；（b）洞门止水条粘贴

（5）浇筑混凝土振捣时，应避免振捣棒触及缓膨型遇水膨胀橡胶止水条。

（6）预埋 ϕ42mm 注浆管，待结构稳定后，如有渗漏，可进行注浆止水。

3.5.3 质量控制要点

（1）防水等级必须符合《地下工程防水技术规范》要求一级标准。

（2）粘贴止水条部位必须清洗干净，无浮浆和杂物。

（3）遇水膨胀止水条表面需涂缓膨胀剂，防止由于降雨或施工用水等使止水条过早膨胀。

（4）止水条应牢固地安装在缝表面或预留凹槽内，保证止水条与施工缝基面密贴。

（5）遇水膨胀止水胶涂胶宽度及厚度应符合设计要求。

（6）止水胶固化期内应采取临时保护措施。

（7）止水胶固化前不得浇筑混凝土。

（8）注浆导管与注浆管连接必须牢固、严密。

3.6 钢筋绑扎

3.6.1 施工工艺

钢筋绑扎施工流程及施工过程见图 14-9。

（1）洞门配筋须按照相关规范及设计要求进行配筋。

（2）钢筋加工在加工场地进行，保证主筋弧度长度准确、圆顺，运至工作面进行绑扎、焊接。

（3）凿出进洞管片内预埋环向钢板，在钢板上焊接的两排 ϕ12 的锚筋（单排最少 80 根），两排间距 100mm，内排锚筋至管片棱角距离 120～130mm，ϕ12 的锚筋与管片钢板焊接时，可将钢筋焊接处端头加工成“L”形，增加焊接接触面积，确保焊接质量，锚固钢筋另一端与端墙主体结构处事先预埋的钢筋进行焊接。焊接前应把管片预埋钢板表面清理干净。

（4）洞门钢筋绑扎时，可将按设计要求数量的箍筋分段固定至洞门环框梁处，然后穿入主筋，主筋穿入符合要求的主筋数量后将箍筋按环向间距 300mm 和主筋进行绑扎，最后绑扎拉筋。

（5）洞门环框梁结构钢筋绑扎完成后，在洞门相邻管片环向螺栓孔处穿入一端平直一端弯曲事先加工好的螺栓，带螺母端放置管片螺栓孔处，平直端与洞门钢筋相连，连接采用焊接方式。

3.6.2 施工控制要点

（1）必须使用以检验合格并挂上有“合格”标识的钢筋。

（2）钢筋开料工应按钢筋工长下达的作业表对钢筋进行切断加工，开料前必须熟悉下料清单，对钢筋下料变更通知应及时了解并对变更做出明显标识。

（3）经切断后的材料必须按规定整齐叠放在指定的位置，地上有垫木支承，并挂上标识。

（4）钢筋弯曲应严格按设计图纸要求，成型后表面不得有裂缝。

（5）钢筋焊接成型时，焊缝不得出现咬肉、气孔、夹杂现象。洞内焊接时要确保不烧伤防水板及止水带等，以免影响防水效果。

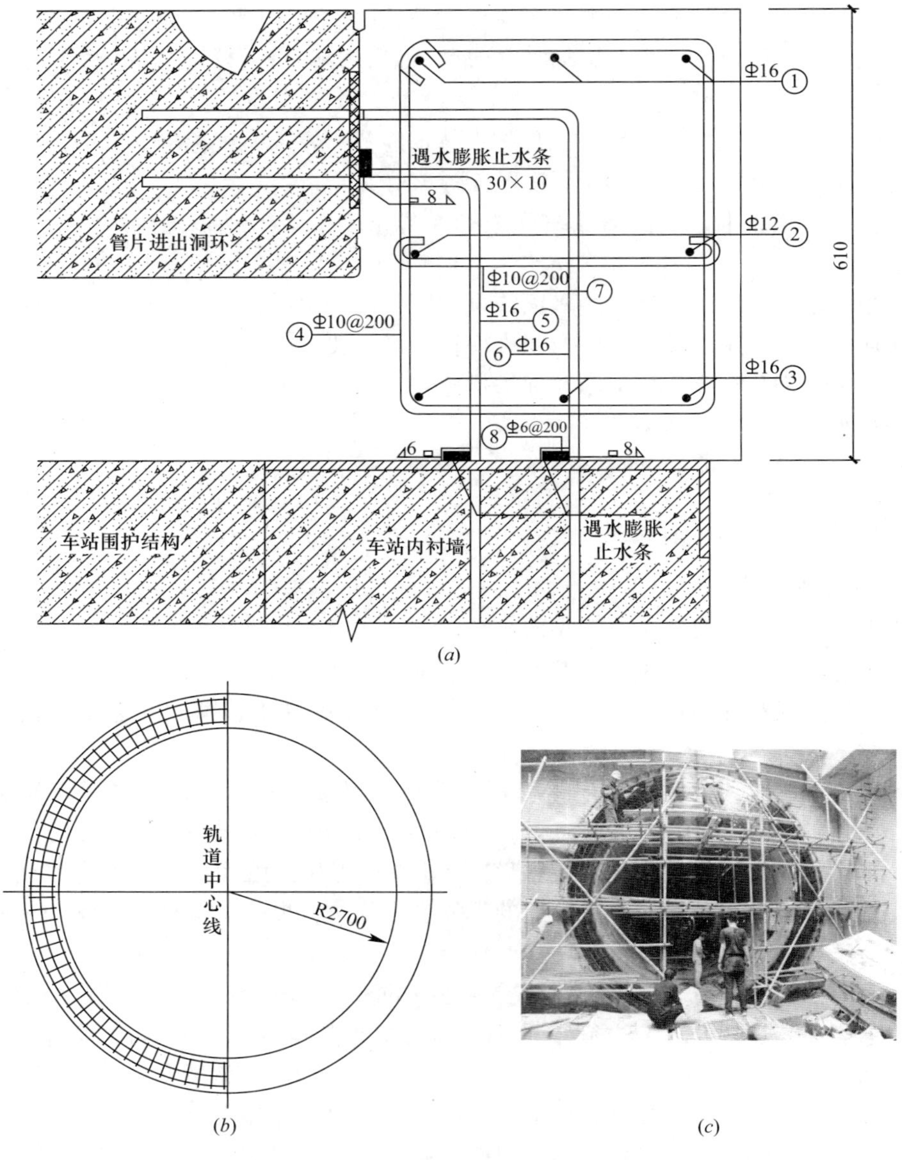

图 14-9　洞门钢筋绑扎

(*a*) 洞门配筋立面图；(*b*) 洞门配筋整体示意图；(*c*) 洞门环梁钢筋绑扎

3.6.3 质量控制要点

钢筋混凝土内外侧保护层厚度为 50mm，在模板侧的钢筋绑扎混凝土预制垫块，以保证混凝土保护层厚度，避免发生露筋现象。钢筋搭接焊质量要求：单面焊焊缝长度为 $10d$，焊缝高 $0.3d$，宽 $0.7d$（d 为搭接主筋的直径，单位 mm）。

3.7 模板安装

3.7.1 施工工艺

模板安装施工流程及安装示意图见图 14-10。

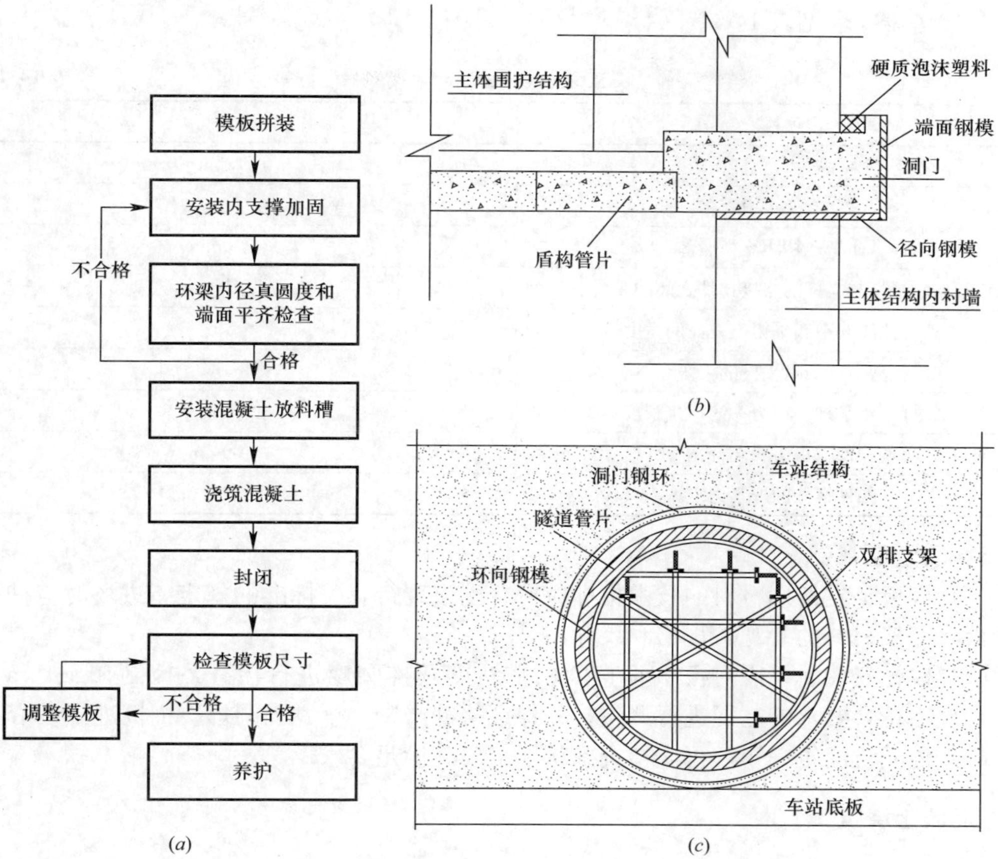

图 14-10 模板安装流程及安装示意

(*a*) 模板安装工艺流程；(*b*) 洞门模板安装示意图；(*c*) 洞门模板支架示意图

洞门井接头采用定型钢模施工，与隧道管片及环梁尺寸一致。模板与模板之间采用螺栓和“V”形卡扣连接固定。洞门直径方向模板支撑采用 $\phi51$ 钢管脚手架及十字扣件，底端与轨枕焊牢，并配合顶托调节长度顶紧模板，隧道线路方向采用钢筋与管片螺栓拉紧防止外移。端头模板采用洞门钢环环面焊接拉杆固定，并配合平台支架斜撑加固。

3.7.2 施工控制要点

（1）安装模板时，应进行测量放线，并应采取保证模板位置准确的定位措施。

（2）混凝土浇筑前，把预留行车通道处搭设脚手架，并设立顶托进行加固，防止混凝土浇筑过程中预留通道模板处胀模或跑模。

（3）端头模板在底部、两腰预留振捣窗口，并设置活动钢板盖，振捣完成后可立即封闭，顶部预留浇筑窗口并安装混凝土放料槽。

（4）模板应预留排气孔，防止混凝土浇筑过程中，模内气体不能排出，造成压力过大，发生胀模或跑模施工。

（5）模板安装前应涂刷隔离剂，确保混凝土表面的光洁、美观；隔离剂要经济适用，不沾污钢筋。

（6）钢筋笼内部设置的各种钢筋或绑扎铁丝，不得接触模板。

支架搭设要求见表 14-4。

支架搭设要求（mm） **表 14-4**

项目	要求
立杆纵距、立杆横距	≤1.5m
支架步距	≤2m
纵向扫地杆距立杆底部	≤200mm
双向水平杆与立杆的连接扣件之间的距离	≤150mm
剪力撑的间距和单幅剪力撑的宽度	≤8m
剪力撑与水平杆的夹角	45°～60°
立杆、水平杆、剪力撑的搭接长度	≥0.8m
扣件盖板边缘至杆端	≥100mm
扣件螺栓的拧紧力矩	≥40N·m 且≤65N·m

3.7.3 质量控制要点

（1）模板及支架用材料的技术指标应符合国家现行有关标准的规定。进场时应抽样检验模板和支架材料的外观、规格和尺寸。

（2）模板安装后，需对模板垂直度、平整度及椭圆度进行检查，控制在±10mm 以内，发现不符合要求的立即进行调整，并保证接缝严密，个别孔洞焊接钢板进行封堵。

（3）混凝土浇筑完毕，再次检查确认模板尺寸满足要求。

3.8 混凝土浇筑

3.8.1 施工工艺

混凝土采用汽车泵或输送泵通过洞门顶部位置预留下料口进行左右对称灌注，沿洞门高度分层进行，连续灌注。

混凝土采用插入式捣固棒振捣，通过洞门顶部位置的预留下料口进行振捣，振捣时间为 10～30s，并以泛浆和不冒气泡为准，振捣棒移动距离不大于作用半径一倍，插入下层混凝土深度不小于 5cm，振捣时不得碰撞钢筋、模板等。浇筑流程见图 14-11。

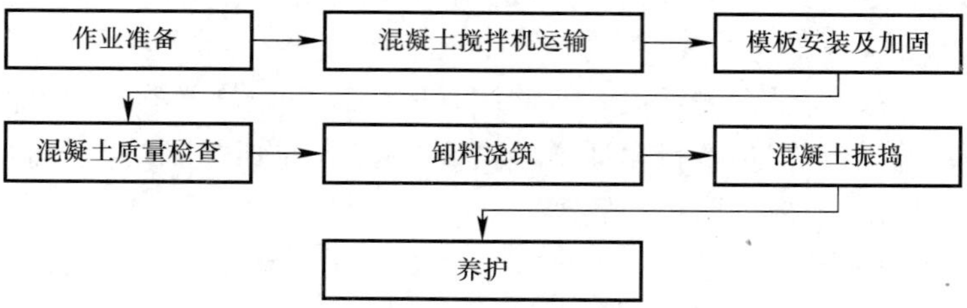

图 14-11　混凝土浇筑流程

3.8.2 施工控制要点

（1）泵送混凝土前，先采用砂浆进行润管，管路打通后方能进行混凝土的浇筑。

（2）混凝土通过模板顶部侧墙处预留混凝土浇筑孔进行浇筑，浇筑时按一定次序、方向分层倒料入模，混凝土入模，不得集中倾倒冲击模板或钢筋骨架，防止发生混凝土砂浆与骨料分离。

（3）混凝土灌注过程中有专人随时观察模板、支架、钢筋等情况，发现问题及时处理。

（4）混凝土浇筑过程中，遵循对称、匀速浇筑，按照不大于1m/h的浇筑速度浇筑，防止浇筑速度过快，发生胀模或跑模。必要时可间断进行浇筑，待下层混凝土适当固结后初凝前进行下层混凝土浇筑。

（5）混凝土浇筑过程中做好混凝土振捣工作，因洞门模板为封闭模板，可采用振动模板方式进行振动或采用橡胶锤进行敲震，确保混凝土浇筑密实，切忌过振，以免造成离析甚至模板支架的变形，防止出现蜂窝麻面、浇筑不饱满情况。

（6）混凝土浇筑过程中做好应安排专人对模板进行关注，发现有胀模或跑模等不良情况或预兆时，应立即停止对混凝土的浇筑工作，对模板重新进行加固，验收合格后方能进行混凝土浇筑。

（7）浇筑至洞门顶部预留混凝土浇筑孔位置时，应逐步封闭模板，采用人工上料的方式，把洞门顶部位置混凝土浇筑密实。

3.8.3 质量控制要点

（1）浇筑混凝土前需检查止水条的铺设，端头木模板，洞门钢模板等是否符合设计及规范要求，模板台架是否稳固。

（2）施工缝处混凝土必须认真振捣，新旧混凝土结合紧密。

（3）混凝土振捣过程中严格按工艺操作，快插慢拔，布点均匀，防止漏振，捣棒端头距施工缝应在30～50cm，防止过近破坏止水条，过远漏振使浆液不能到达接缝处，产生露骨。

3.9 拆模及养护

3.9.1 施工工艺

（1）按照75%强度进行拆模，必须以同条件试块抗压强度为准，一般到3～5d拆模。

（2）拆除过程中按照先拆除端头模板，由上而下的顺序进行拆除，拆除前，做好作业面的防护和隔离，所有拆出的模板卡具应保养分类堆放。

（3）模板拆除后，做好螺杆头的处理，立即对局部孔洞、漏浆麻面、缺楞角、错台等不影响结构质量的缺陷进行修整，对于模板锈蚀产生的色差尽量采用砂纸打磨。

3.9.2 施工控制要点

（1）覆盖浇水养护应在混凝土浇筑完毕后的12h内进行。

（2）专人洒水养护时间为14d以上。

（3）浇水次数应根据能保持混凝土处于湿润的状态来决定。

（4）混凝土的养护用水宜与拌制水相同。

（5）当日平均气温低于5℃时，不得浇水。

（6）混凝土结构浇筑后，达到一定强度，方可拆模。模板拆卸日期，应按结构特点和混凝土所达到的强度来确定。

3.9.3 质量控制要点

（1）确保混凝土密实，无蜂窝、麻面等现象。

（2）混凝土不得产生裂纹，影响防水效果。

3.10 洞门防水检查

3.10.1 施工工艺

洞门防水检查包括环梁与管片连接处、环梁与内衬墙相交处以及注浆孔附近。

3.10.2 施工控制要点

膨胀止水条是在钢筋绑扎前即完成安装、固定工作，因此在后续工序施工时，要做好对止水条的保护且避免雨水浸湿，以免因破坏或提前膨胀达不到止水的效果。

3.10.3 质量控制要点

（1）混凝土抗压强度和抗渗压力应符合设计要求；

（2）穿墙管与防水层连接紧密，无渗漏水现象；

（3）防水层接缝严密，涂膜防水层厚度符合设计要求，各层之间和防水层与基层面之间接合紧密，无裂缝、损伤、气泡、脱层或滑动等现象。

4 质量检验标准

4.1 模板安装质量检验标准

模板及支架的拆除应符合现行国家标准《混凝土结构工程施工规范》GB 50666 的规定和施工方案的要求，其检验质量标准见表 14-5 及表 14-6。

预埋件和预留孔洞的安装允许偏差值（mm） **表 14-5**

项目		允许偏差
预埋板中心线位置		3
预埋管、预留孔中心线位置		3
插筋	中心线位置	5
	外露长度	+10，0
预埋螺栓	中心线位置	2
	外露长度	+10，0
预留洞	中线位置	10
	尺寸	+10，0

支架搭设及模板安装允许偏差值（mm） **表 14-6**

项目	允许偏差	检验方法
支架立杆搭设的垂直偏差	≤1/200	经纬仪或吊线、尺量
立杆间距偏差	≤50	尺量
水平杆间距偏差	≤50	尺量
模板安装轴线位置	5	尺量
底模上表面标高	±5	水准仪或拉线、尺量
梁模板内部尺寸	±5	尺量
相邻模板表面高差	2	尺量
表面平整度	5	2m 靠尺和塞尺量测

4.2 钢筋工程质量检验标准

钢筋工程验收标准应符合现行国家标准《混凝土结构工程施工质量验收规范》GB 50204—2015、《地下铁道工程施工及验收规范》GB 50299—1999 的相关规定。相关要求见表 14-7～表 14-9。

钢筋加工允许偏差值（mm） 表 14-7

项目		允许偏差
调直后局部弯曲		d/4
受力钢筋顺长度方向全长尺寸		±10
弯起成型钢筋	弯起点位置	±10
	弯起高度	0 −10
	弯起角度	2°
	钢筋宽度	±10
钢筋宽和高		+5 −10

钢筋焊接片形骨架尺寸允许偏差值（mm） 表 14-8

项目	允许偏差
钢筋骨架高度	±5
钢筋骨架宽度	±10
主筋间距	±10
箍筋间距	±10
钢筋网片长和宽	±10
钢筋网眼尺寸	±10

钢筋绑扎位置允许偏差值（mm） 表 14-9

项目		允许偏差
箍筋间距		±10
主筋间距	列间距	±10
	层间距	±5
钢筋弯起点位移		±10
受力钢筋保护层		±5
预埋件	中心线位移	±10
	水平及高程	±5

4.3 混凝土工程质量检验标准

混凝土工程验收标准应符合现行国家标准《混凝土结构工程施工质量验收规范》GB 50204—2015 的相关规定。相关要求见表 14-10。

现浇结构位置和尺寸允许偏差及检验方法（mm）　　表 14-10

项目		允许偏差	检验方法
梁轴线位置		8	尺量
垂直度		10	经纬仪或吊线、尺量
梁截面尺寸		+10，−5	尺量
表面平整度		8	2m 靠尺和塞尺量测
预埋件中心位置	预埋板	10	尺量
	预埋螺栓	5	尺量
	预埋管	5	尺量
	其他	10	尺量
预留洞、孔中心线位置		15	尺量

后　记

本册工艺是依据最新的地铁工程施工质量验收规范，结合行业成熟的施工工艺，根据公司基础设施已建、在建工程的建造与管理等方面取得的实践经验，结合行业成熟的施工工艺编写而成。

本标准工艺主要依据以下标准进行编制：

1 《地铁工程施工安全评价标准》GB 50715—2011；

2 《城市轨道交通建设项目管理规范》GB 50722—2011；

2 《城市轨道交通地下工程建设风险管理规范》GB 50652—2011；

3 《施工企业安全生产管理规范》GB 50656—2011；

4 《城市轨道交通工程测量规范》GB 50308—2008；

5 《城市轨道交通岩土工程勘察规范》GB 50307—2012；

6 《盾构隧道管片质量检测技术标准》CJJ/T 164—2011；

7 《建筑施工机械使用安全技术规程》JGJ 33—2001

8 《盾构法隧道施工与验收规范》GB 50446—2008；

9 《地下防水工程质量验收规范》GB 50208—2011。

手册结合基础设施建设中容易出现的质量通病，着重从施工工序、工艺、施工质量控制的角度，对施工过程中控制要点采用规范化的图片结合文字形式进行阐述，旨在更有效地消除质量通病，提高施工管理水平，实现公司基础设施施工标准化，确保工程施工质量。

请记住，没有一套规范能涉及所有领域，能解决所有施工过程中存在的问题。此手册也不例外，虽然我们尽可能包容、以期能尽善尽美，但这手册不可能涵盖所有，况且施工的过程都是动态的，它随着科技和工艺的进步在不断变化。但有一点是不变的，即当你遇到任何疑问或面临任何问题时，都可以找到解决的办法。